## www.edition-elch.de

Updates zu Buchinhalten,
Leseproben, Leserpost,
Links in den Norden,
Verlagsprogramm

---

Ausgewiesene Landeskenner schreiben für Individualtouristen:
kompetent, zuverlässig, aktuell – **die Skandinavien-Spezialisten**

### NORWEGEN
Lofoten (Möbius) *
Fjordruta – Wandern in Norwegen (Geh)
Fjorde, Gletscher, Wasserfälle – Radwandern in Norwegen (Geh)

### SCHWEDEN
Småland, Öland, Blekinge (Bock-Schröder / Geh)
Kanuwandern in Schweden (Schulte, Hrsg.)

### FINNLAND
Åland-Inseln (Labonde / Kuehn-Velten)
Saimaa und Karelien (Labonde / Kuehn-Velten)
Südwestküste mit Turku (Labonde / Kuehn-Velten)

### DÄNEMARK
Dänische Inseln 1: Fünen, Langeland, Ærø (Geh)
Dänische Inseln 2: Lolland, Falster, Møn (Geh) *

### EINZELTITEL SKANDINAVIEN
Färöer (Wachter)
Nordskandinavien – Der Wanderführer (Bickel)
Skandinavien – Pflanzen im Fjäll (Gottschalk)

\*   Neuauflage in Vorbereitung

# specials Färöer

## – eine Auswahl

Das Wetter erfordert Geduld: **Land of Maybe** .............................................. 17

**Papageitaucher und Basstölpel**: Protagonisten der Vogelwelt ............... 27

Kultur, Kultur: **Literaturtipps und Musikfestivals** ................................. 43/45

**Färöische Küchen**: Kulinarisches im Nordostatlantik ............................. 48

Sprachliche Kuriosa und Spezialitäten: **Tórshavn gleich Havn** ............... 53

**Hafen des Thor**: Die Hauptstadt der 18 Inseln ......................................... 56

Färöische Geschichte: **Thing und Nationalfeiertag** ................................. 62

**Postverk Føroyar**: Mehr als 750 Färöer-Briefmarken ............................... 73

Im längsten Tal der Färöer: **Abstecher nach Saksun** .............................. 87

**Risin und Kellingin**: Der Riese und das Trollweib ..................................... 89

Fußballgeschichte: **Den Großen ein Bein stellen** .................................. 103

Wem die Färinger ihre **Sonderbuchstaben** verdanken .......................... 109

**Barbara – das schöne Biest**: Oft erzählt und zweifach verfilmt ............ 113

Warum Paare **Mykines** nur gemeinsam besuchen sollten ...................... 117

Im Reich der Sagen und Legenden: **Der Basstölpel ist gut** ................. 120

**Klaksvík**: Ein bisschen sticheln gegen die Hauptstädter ......................... 123

Am Strand von Kalsoy: **Die Sage um das Robbenmädchen** ................. 133

**Nationalheld Nólsoyar Páll**: Verschollen auf dem Meer ........................ 139

Wo die Wikinger einst Recht sprachen: **Thingplatz Øravík** ................... 161

**Die färöische Flagge**: In der Kirche von Fámjin hängt der Prototyp ...... 162

Mode aus 100 % färöischer Wolle: **Sirri, Guðrun & Guðrun** ................. 164

**Grindadráp, der Grindwalfang**: Auf den Inseln unumstritten .................. 232

Alexander Wachter: Seit 1998 arbeitet der Diplom-Geograph hauptberuflich als Studienreiseleiter. Auf seinen zahlreichen Reisen – von Süddänemark bis zur Packeisgrenze sowie von Grönland bis Murmansk – hat er per pedes, mit dem Fahrrad, Auto, Bus, Bahn oder Schiff fast jedes Eck im Norden kennen gelernt. Alexander Wachter ist Mitglied im »Arbeitskreis für geographische Nordeuropaforschung in der Deutschen Gesellschaft für Geographie« sowie im »Deutsch-Färöischen Freundeskreis«. Zwischen seinen Reisen ist er als freier Journalist und als Werbegrafiker tätig. Entspannung findet er bei seiner Familie und einem guten Tropfen Weißwein.

Ein herzliches Dankeschön für diese Auflage geht an: Hanus Kamban, Ole Jakob Nielsen und Guðrið Helmsdal, Petur Martin Petersen, Súsanna Sørensen, Elin Brimheim Heinesen, an alle LeserInnen, die uns freundlich und konstruktiv ihre Erfahrungen auf den Färöern mitgeteilt haben, und natürlich an meine Familie. Für die Unterstützung und Gastfreundschaft möchte ich mich des Weiteren bei Atlantic Airways, Hotel Føroyar, Hotel Tórshavn sowie 62°N bedanken.
In Erinnerung an André Niclasen.

Alexander Wachter

# FÄRÖER

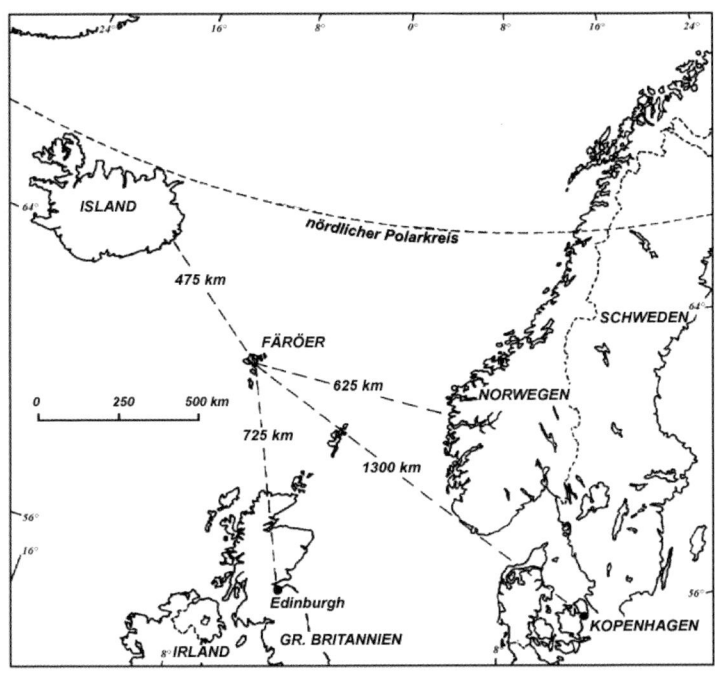

Edition Elch

Der Autor dieses Reiseführers hat die zusammengetragenen Angaben nach bestem Wissen erstellt, die Redaktion hat sie mit größtmöglicher Sorgfalt überprüft. Trotzdem sind inhaltliche Fehler nicht vollständig auszuschließen. Daher besteht auf die Angaben keinerlei Garantie seitens des Verlages oder des Autors. Im Fall von inhaltlichen Abweichungen übernehmen weder der Verlag noch der Autor dafür Verantwortung und Haftung; dies gilt sowohl für übliche Änderungen, etwa von Telefonnummern, Öffnungszeiten und Preisen, als auch im Hinblick auf mögliche Unfälle, zum Beispiel im Rahmen von Wanderungen und anderen Aktivitäten. Die Pfade in die Bergwildnis verlaufen häufig durch anspruchsvolles Terrain. Bitte denken Sie vor Ort zuallererst an Ihre Verantwortung für sich und Ihre Mitreisenden und gehen Sie niemals ein Risiko ein.

## LESERTIPPS

Schreiben Sie uns bitte, sofern Sie vor Ort Änderungen erlebt oder falls Sie Ergänzungsvorschläge haben. Wird Ihr Tipp in der nächsten überarbeiteten Ausgabe verwendet, bedanken wir uns mit einem Freiexemplar. Verlag und Autor freuen sich über jede Wortmeldung:

Edition Elch
Stichwort: Färöer
Hamburger Straße 70
D – 63073 Offenbach am Main

E-mail: ee28@edition-elch.de
Internet: www.edition-elch.de

**Dritte, vollständig aktualisierte Auflage 2015**

Alle Rechte vorbehalten
© **2015** by Edition Elch Alexander Geh, Offenbach am Main

Elch-Logo: © *Petra Gran*
Redaktion und Satz: *Pekka Sjöblom*
Fotos: *siehe Bildnachweis auf Seite 262*
Karten: *Alexander Wachter*
Produktion: *druckhaus köthen, Köthen/Anhalt*
Umschlag und technische Unterstützung: *Brigitte Otto, Konstanz*

# Inhalt

## PORTRÄT

Einstimmung ................... 8
Geografische Lage ............ 10
Geologie u. Oberflächengestalt .. 11
Klima und Wetter .............. 15
Flora und Fauna .............. 18
– Die Pflanzenwelt ............ 18
– Die Tierwelt ................ 21
– Die Vogelkolonien ........... 22
– Die Brutvögel der Färöer .... 25
Geschichte und Gegenwart ...... 28
Wirtschaft .................... 36
Religion ...................... 38
Kunst und Kultur .............. 40
– Bildende Kunst .............. 40
– Literatur ................... 42
– Musik ....................... 43
– Kettentanz .................. 45
– Trachten .................... 46
Essen und Trinken ............. 47
Die färöische Sprache ......... 50
– Mini-Lexikon für den Alltag .. 51
– Kuriosa und Spezialitäten ... 53

## INSELROUTEN ............ 55

TÓRSHAVN ...................... 56
Information ................... 57
Stadtspaziergänge ............. 57
Sehenswert / Adressen ......... 68
Unterkunft ................... 69
Essen und Trinken ............. 70
Info-Mix / Weiterreise ........ 72

STREYMOY ...................... 74
Route 1: von Tórshavn nach
 Kirkjubøur ................... 74
Route 2: von Tórshavn nach
 Vestmanna .................... 80
Route 3: von Tórshavn nach
 Tjørnuvík .................... 85
Streymoy im Überblick ......... 90

EYSTUROY ...................... 92
Route 4: von Oyrarbakki nach
 Oyndarfjørður ................ 92
Route 5: von Fuglafjørur nach
 Rituvík ...................... 98
Eysturoy im Überblick ........ 104

VÁGAR ........................ 108
Route 6: von Vágatunnilin nach
 Gásadalur ................... 108
Vágar im Überblick ........... 114

MYKINES ...................... 117
Unterwegs auf Mykines ........ 118
Mykines im Überblick ......... 121

NORDINSELN ................... 122
Route 7: von Klaksvík nach
 Viðareiði ................... 124
Route 8: Hvannasund – Svínoy
 – Fugloy .................... 129
Route 9: von Klaksvík nach
 Trøllanes ................... 132
Nordinseln im Überblick ...... 135

NÓLSOY ....................... 138
Unterwegs auf Nólsoy ......... 138
Nólsoy im Überblick .......... 140

HESTUR ....................... 143
KOLTUR ....................... 145

SANDOY .................................. 147
Route 10: Skopun – Dalur ......... 147
Sandoy im Überblick ................. 150

SKÚVOY .................................. 151

STÓRA DÍMUN ......................... 152

LÍTLA DÍMUN ........................... 155

SUÐUROY ............................... 156
Route 11: von Tvøroyri nach
  Sumba ................................. 158
Route 12: von Trongisvágur
  nach Sandvík ...................... 167
Suðuroy im Überblick ................ 170

## WANDERUNGEN .......... 173

ABC DER WANDERER .......... 175
AUF DEM RECHTEN WEG .... 180
Wanderung 1: Streymoy
 – Auf patriotischen Wegen
   ins Mittelalter ...................... 182
Wanderung 2: Streymoy
 – Kontraste: von der Hauptstadt
   zum Einsiedlerhof ................ 184
Wanderung 3: Streymoy
 – Von Vestmanna
   zur alten Walbucht .............. 188
Wanderung 4: Streymoy
 – Über den Húsadalsskarð
   zum Lachssee ..................... 192
Wanderung 5: Streymoy
 – Färöer von der schönsten
   Seite ................................... 196
Wanderung 6: Streymoy
 – Im Spiel der Gezeiten ......... 201

Wanderung 7: Eysturoy
 – Das Höchste der Gefühle .... 203
Wanderung 8: Eysturoy
 – Zur Taufe nach
   Oyndarfjørður ...................... 205
Wanderung 9: Vágar
 – Auf alten Pfaden zu
   verlassenen Siedlungen ...... 208
Wanderung 10: Mykines
 – Unter Papageitauchern ....... 218
Wanderung 11: Borðoy
 – Erste demokratische Formen in
   monumentaler Umgebung .. 221
Wanderung 12: Kalsoy
 – Das hohe C der Blockflöte ... 223
Wanderung 13: Nólsoy
 – Über die Langabrekka
   zum ältesten Leuchtturm
   der Färöer .......................... 225
Wanderung 14: Suðuroy
 – Die Bucht der Seehunde ..... 228

## PRAKTISCHER TEIL .. 233

VOR DER REISE .................... 234
Information ............................... 234
Botschaften .............................. 235
Einreisebestimmungen ............. 235
Geld .......................................... 235
Klima und Reisezeit .................. 236
Kleidung ................................... 236
Gesundheit ............................... 236
Körperbehinderte ..................... 237
Karten ...................................... 237

ANREISE ................................ 238
Mit dem Schiff .......................... 238
Mit dem Flugzeug ..................... 238

## INHALT

| | | | |
|---|---|---|---|
| UNTERWEGS IM ARCHIPEL.. | 239 | Im Notfall | 249 |
| Transport | 239 | | |
| – Mit eigenem Fahrzeug | 239 | FERIEN AKTIV | 251 |
| – Mit Bus und Fähre | 240 | Angeln | 251 |
| – Mit dem Helikopter | 242 | Rad fahren | 251 |
| – Mit dem Taxi | 243 | Reiten | 252 |
| – Autovermietung | 244 | Schwimmen | 252 |
| Unterkunft | 244 | Tauchen | 252 |
| – Hotels | 244 | Wandern | 252 |
| – Hostels und Pensionen | 244 | – Gepäck Rucksackreisende | 253 |
| – Bed & Breakfast | 245 | | |
| – Camping | 245 | REGISTER | 255 |
| Praktisches A–Z | 246 | BILDNACHWEIS | 262 |

### INFO FÜR ISLAND-TOURISTEN MIT FÄRÖER-STOPP

Die einzige öffentliche Möglichkeit, Island auf dem Seeweg zu erreichen, bietet die Reederei »Smyril Line« mit der »M/S Norröna« ab Dänemark via Färöer. Während aus Dänemark kommende Island-Reisende früher einen Stopp auf den Färöern einlegen mussten, da die Fähre vor der Weiterreise Abstecher nach Norwegen und Schottland unternahm, sind diese inzwischen gestrichen. In der Hauptsaison von Mitte Juni bis Ende August kann man heute sowohl bis Island durchfahren (sofern man dienstags in Dänemark abfährt) als auch die Reise von Sonntagnacht bis Mittwochabend mit einem dreitägigen Aufenthalt auf den Färöern beginnen (sofern man samstags in Dänemark abfährt); was wegen der geteilten Hinfahrt-Buchung aber einen Aufpreis bedeutet.
Als Ausflugsziele auf den Färöern empfehlen sich der kurzen Anfahrt wegen vor allem die Inseln Streymoy, Eysturoy, Vágar und Nólsoy; auch die Nordinseln sind denkbar, seit der Tunnel Norðoyatunnilin Eysturoy und Borðoy miteinander verbindet. Wegen des unsteten Wetters sollte man sich während des Kurzaufenthalts von keinem Transfer mit Helikopter (und selbst Fähre) abhängig machen. Zu entdecken und wandern gibt es auf den empfohlenen Inseln genug. Alle Routen und Wanderungen, die wir in diesem Sinne anraten, finden sich im Buch mit einem Island-Symbol gekennzeichnet:

| | | |
|---|---|---|
| Besuch der Hauptstadt Tórshavn | (IS) | 56 – 72 |
| 6 Routen auf den Inseln Streymoy, Eyturoy und Vágar | (IS) | 74 – 116 |
| Besuch der Nordinseln Borðoy, Kunoy und Viðoy | (IS) | 122 – 129 |
| Besuch der Insel Nólsoy | (IS) | 138 – 142 |
| 8 Wanderungen auf den Inseln Streymoy und Eysturoy | (IS) | 182 – 207 |
| Wanderung auf der Insel Borðoy | (IS) | 221 – 223 |
| Wanderung zum Leuchtturm auf der Insel Nólsoy | (IS) | 225 – 228 |

# *Einstimmung*

Selbst viele Nordland-Freunde tun sich schwer, die Inselgruppe der Färöer auf der Weltkarte richtig zu platzieren, dort draußen im Nordatlantik, zwischen Island, Schottland und Norwegen gelegen.

Dass für zwei Schüler, die auf einer entlegenen Insel leben, eigens ein Lehrer per Helikopter eingeflogen wird, der dann einige Zeit auf der Insel wohnt, mag einen ersten Eindruck geben, dass die Färöer nicht ohne Weiteres mit anderen Ländern zu vergleichen sind. Der Heli ist auf den Inseln ein alltägliches Transportmittel – und auch ein erschwingliches, da subventioniert; ebenso wie die Busse der Hauptstadtregion gratis verkehren. Sucht man partout nach Gemeinsamkeiten, findet man sie schon am Ehesten im sonstigen Skandinavien, wo es traditionell einen Wert darstellt, ins Gemeinwohl zu investieren.

Kurz vor Weihnachten herrscht Hochbetrieb am Kai von Tórshavn, der Inselhauptstadt. »Nur weil es bei uns keine Tannenbäume gibt, wollen wir doch nicht auf ein schmuckes Weihnachtsbäumchen verzichten!«, sagen die Färinger und warten auf die Frachtschiffe, die bis unters Deck voller Tannenbäume stecken. Man hat so seine eigenen Erfahrungen auf den dem Wind ausgelieferten, fast baumlosen Inseln: weder Alleen noch Straßenkreuzungen, an denen ein Baum die Sicht versperrt. Die blauen Rastplatzschilder, denen man auf den Färöern oft begegnet, haben dennoch (außer Tisch und Bank) einen Baum als Symbol vorzuweisen: Man will im internationalen Verkehrszeichendschungel eben keine halben Sachen machen.

Bei Feiertagen hingegen schon: Halbe Feiertage sind nichts Ungewöhnliches, Feiern kann man trotzdem. Der Nationalfeiertag wird gleich zwei Tage lang gefeiert. Dass es übrigens der Namenstag eines katholischen Heiligen ist, der hier zelebriert wird, hält niemand in dem protestantischen Land vom Feiern ab. Apropos Glauben: Seit es elektrisches Licht gibt, glaubt man hier nicht mehr an Trolle. Was nicht bedeutet, dass die traditionsreichen Sagas im Regal verstauben.

Die Färöer umfassen 18 Inseln mit einer Gesamtfläche von knapp 1.400 km$^2$. Während die fast 50.000 Färinger derzeit auf 16 der 18 Inseln leben, sind die annähernd 80.000 Schafe überall anzutreffen, selbst auf der kleinsten Insel, die nur 0,8 km$^2$ misst. Die Schafe haben es in den Namen des Archipels geschafft (Färöer gleich Schafsinseln), in sein Wappen und darum auch aufs Cover dieses Buches.

Alltägliches Transportmittel: ein Helikopter von »Atlantic Airways« bei der Zwischenlandung auf Borðoy ▶

## EINSTIMMUNG

Die offizielle Geschichtsschreibung beginnt vor über 1.000 Jahren, als Harald Schönhaar in Norwegen alle dortigen Kleinfürsten unter seine Herrschaft bringen wollte. »Da könnte ja jeder kommen«, dachten sich die späteren Färinger und Isländer und suchten das Weite. Man sagte, wer nicht ganz so viel Angst vor dem langen Arm Haralds hatte, ließ sich auf den Färöern nieder. Die größeren Angsthasen segelten weiter bis nach Island. Fragt man allerdings die Isländer, weshalb einige bereits auf den Färöern die Boote verließen, heißt es, dass man auf den Färöern nur die Seekranken zurückgelassen habe.

Wer die gute alte Zeit schätzt, als es noch ruhiger und beschaulicher zuging, wird auf diesen Inseln sein Paradies finden. Und den Besuchern wird sich auch keine andere Wahl stellen, als die Beschaulichkeit mitzuleben. Als Lieblingswort der Färinger gilt »kanska«: vielleicht. Ein Wort, das unbedarften Touristen bei Fährabfahrtzeiten oft wie ein Brecher entgegenschlägt. Wer die kleine Inselgruppe besuchen möchte, muss Zeit mitbringen, denn auf die Fährzeiten ist zwar im Prinzip Verlass, auf das Wetter hingegen weniger. Nun macht gerade dies einen Reiz der Inseln aus. »Färöer kann man vergleichen mit...–... Färöer!« Bei einer Umfrage von »National Geographic« zu den faszinierendsten Inseln, die man im Leben gesehen haben muss, belegten die Färöer Platz 1. Was sich inzwischen herumgesprochen hat, denn außer dem bewährten Stamm an Individualtouristen finden sich zunehmend Kreuzfahrtschiffe hier im Nordatlantik ein. Wie auch immer Sie die Färöer entdecken wollen: Viel Spaß beim Reisen und Lesen wünschen Autor und Verlag.

# Geografische Lage

Wer die Färöer auf einer Weltkarte sucht, tut gut daran, eine Lupe zu verwenden. Gerade mal 1.395 km² Fläche weisen die 18 INSELN gemeinsam auf; dies entspricht etwa der halben Größe des Saarlandes. Mit 0,8 km² ist Lítla Dímun die kleinste und mit 374 km² Streymoy die größte Insel. Die Inselgruppe erstreckt sich etwa in Gestalt eines Dreiecks, dessen spitzer Winkel nach Süden reicht.

Die Färöer sind in den letzten Jahren übrigens neu vermessen worden, weshalb sich die eine oder andere Höhenangabe in dieser Auflage geändert hat.

Geografisch gesehen, liegen die Färöer zwischen 61°20'N und 62°24'N Höhe und 6°15'W und 7°41'W Breite. Die Südspitze Grönlands liegt somit weiter südlich als die Färöer. Dennoch ist es auf den Inseln um einiges wärmer, da sie inmitten des Golfstroms liegen, der »Warmwasserheizung« Nordeuropas; mehr dazu im Kapitel »Klima und Wetter« auf Seite 15 f. Die Nord-Süd-Ausdehnung des Archipels beträgt 118 Kilometer, die West-Ost-Ausdehnung 75 Kilometer.

Das Landschaftsbild, das sich dem Besucher zeigt, ist allerdings nur die GIPFELREGION eines riesigen untermeerischen Gebirges (siehe im nächsten Kapitel). Die höchste Erhebung ist mit 880 Metern über dem Meeresspiegel der SLÆTTARATINDUR. Die durchschnittliche Höhe der Inselgruppe liegt bei 300 Metern. Das mit Abstand größte Binnengewässer, der See LEITISVATN (auch: SØRVÁGSVATN), erstreckt sich, immerhin 6 km lang und 500 m breit, auf der Insel Vágar.

Zum Meer hat man es hier nirgends besonders weit, die DISTANZ des entferntesten Festlandpunktes vom Meer beträgt gerade mal 5 Kilometer. Die Küstenlinie hingegen misst stolze 1.289 km Länge. Die nächstgelegenen Länder sind die Shetland-Inseln im Süden mit einer Entfernung von etwa 300 Kilometern und das schottische Festland mit 580 Kilometern, Island im Nordwesten mit 475 Kilometern und Norwegen im Osten mit 625 Kilometern. Der Seeweg nach Kopenhagen beträgt mehr als 1.500 Kilometer, der Luftweg etwa 200 Kilometer weniger.

Der färöische HOHEITSANSPRUCH am Nordmeer, der 1977 VON 12 AUF 200 SEEMEILEN erweitert wurde, umfasst heute 275.000 km². Vergleichbar hierzu besitzt Deutschland gerade mal ein Siebtel dieser Fläche.

# Geologie und Oberflächengestalt

Gebirge gibt es auf der ganzen Erde, d.h. auch unter der Meeresoberfläche. Auf dem submarinen Wyville-Thomson-Rücken, der von Grönland über Island und Färöer bis hin nach Schottland reicht, stellen die Färöer die Gipfelregion dieses Rückens dar. Jahrmillionen hat es gedauert, bis Lava- und Ascheschichten den 3.000 m mächtigen Rücken bildeten. Im Unterschied zum mittelatlantischen Rücken treten hier keine Erdbeben und Vulkanausbrüche mehr auf, wie dies auf Island der Fall ist.

Der **GEOLOGISCHE AUFBAU** der Inseln gliedert sich in unterschiedlich harte SCHICHTEN. Die schwer verwitterbaren Schichten – bestehend aus Flutbasalten – wechseln sich mit weicheren und leicht verwitterbaren Schichten aus Tuffen ab. Beide Schichten sind magmatischen bzw. vulkanischen Ursprungs und treten mit zum Teil recht unterschiedlichen Mächtigkeiten auf. Die ungleiche Härte der Gesteine verleiht den Inseln ihr charakteristisches treppenartiges Erscheinungsbild, das von den Färingern als »Hamar« bezeichnet wird.

Die genannten Schichten verlaufen nicht parallel zur Oberfläche, sondern sind leicht geneigt. Insgesamt weisen die Inseln ein schwaches Einfallen mit einem Winkel von 2–5°, in seltenen Fällen bis 15° gegen Nordosten, Osten oder Südosten auf. Die hohen Klippen an der West- und die relativ flachen Küstenstreifen an der Ostküste sind die sichtbaren Auswirkungen dieser Neigungen.

Eine Besonderheit stellen die kohleführenden Schichten auf Suðuroy dar. Die aus dem Tertiär (ca. 65 bis 1,8 Mill. Jahren vor heute) stammende Braunkohle wird heute noch in geradezu vorindustrieller Weise in einem kleinen Bergwerksstollen bei Hvalba abgebaut. Der Besuch lohnt sich!

Neben diesen kleineren Rohstofflagerstätten fand man bei Bohrungen auf der Insel Suðuroy vor einigen Jahren ölhaltige Gesteinsschichten gefunden. Die Euphorie auf zukünftige Ölfunde, die Anfang 2000 noch überall spürbar war, ist mittlerweile einer gewissen Ernüchterung gewichen. Zum Einen liegt dies an der Tatsache, dass immer noch kein Öl auf den Inseln sprudelt, und zum Anderen hat sich die Wirtschaftslage wieder weitgehend stabilisiert. (Mehr dazu ab Seite 36 im Kapitel »Wirtschaft«.)

Ein weiteres die Landschaft prägendes Bild der Färöer sind die über das ganze Land verteilten KLÜFTE (fär. *gjógvs)*. Hierbei handelt es sich um lange, schmale, Cañon-artige Einschnitte, deren ursprüngliches magmatisches Füllmaterial ab- bzw. auserodiert wurde. So hinderlich diese zum Teil tiefen Einkerbungen für den Straßenbau oder die Landwirtschaft sind, so vorteilhaft wurden sie an einigen Stellen als natürlicher Hafen genutzt: am eindrucksvollsten wohl in der gleichnamigen Siedlung GJÓGV auf Eysturoy.

Wer auf den Inseln wandern möchte, wird vermutlich zunächst einen interessierten Blick auf eine topografische Karte werfen, um zu sehen, wie steil das Relief der Färöer ist.

Betrachtet man die Höhenschichten, ist deutlich zu erkennen, WIE ENTSCHEIDEND DIE NATURRÄUMLICHEN GEGEBENHEITEN AUF LEBEN UND WIRTSCHAFTEN DER FÄRINGER EINFLUSS NAHMEN UND heute noch NEHMEN. Unter landwirtschaftlichen Gesichtspunkten zum Beispiel sind die Inseln als sogenannter »Ungunstraum« einzustufen.

Wie bereits erwähnt, prägt ein deutlicher West-Ost-Formenwandel die nordatlantische Inselgruppe: Nach Westen hin fallen die Inseln mit bis zu 800 Metern steil ins Meer ab, während das Land sich nach Osten meist sanft neigt. Zum Vergleich erreichen die berühmten Cliffs of Moher in Irland lediglich eine Höhe von 200 Metern. Dieser Landschaftswandel spiegelt sich deutlich in der Lage der natürlichen Häfen wieder. Entsprechend befindet sich die Mehrzahl der Siedlungen (bis auf wenige Ausnahmen) an den Ostufern oder östlichen Hängen der Inseln. Hinzu kommen die starken Westwinde, die gewaltige Brandung und die allgemein ungeschützte Lage zur Wetterseite. Kein Wunder, dass die meisten Färinger seit jeher geschütztere Wohnorte vorziehen. Eine der schönsten Ausnahmen ist der Ort FÁMJIN auf Suðuroy, der bei einem Besuch der Südinsel nicht ausgelassen werden sollte. Weshalb solche Orte, die dem Unbilden des Nordatlantiks schutzloser ausgesetzt sind, trotzdem besiedelt wurden, mag am Bevölkerungsdruck gelegen haben, der von dem spärlich zur Verfügung stehenden Ackerland ausging.

Das heutige Landschaftsbild der Färöer schuf die letzte große **EISZEIT**, die vor etwa 10.000 Jahre endete. Die gewaltigen Gletschermassen Skandinaviens und Englands reichten nicht bis hierher. Die Inseln waren von einem eigenen 500 m hohen Eisschild überdeckt. Nur die höchsten Berge schauten damals noch aus dieser weißen Landschaft heraus. Diese als TINDUR bezeichneten Erhebungen sind an der spitz zulaufenden Gipfelform zu erkennen.

Die großen muldenförmigen Ursprungsstellen der Gletscher, sogenannte KARE (fär. *botn),* sind ein weiteres typisches Landschaftsmerkmal, das zum Beispiel sehr schön an der Ostküste Borðoys zu bewundern ist, reist man entweder mit der Fähre nach Svínoy oder mit einem motorisierten Fahrzeug nach Viðareiði.

Oben das Musterbeispiel einer Gjógv, der gleichnamige Ort auf Eysturoy (siehe auch Seite 95 unten links), unten Basaltformationen auf Suðuroy ▶

## 14 GEOLOGIE UND OBERFLÄCHENGESTALT

HEUTZUTAGE finden sich KEINE GLETSCHER MEHR auf den Inseln, und auch die für die skandinavischen Nachbarländer typische Landhebung seit dem Ende der Eiszeit kommt nur in geringem Maße vor.

Die vorwiegend in Nordwest-Südost-Richtung verlaufenden U- oder TROG-TÄLER, FJORDE und SUNDE, einst durch die Gletscher geformt, SIND maßgebliche SIEDLUNGSLEITLINIEN. Die Kare mit ihren häufig übertieften Karböden bilden typische Moorlagen, die jahrhundertelang zur Torfgewinnung genutzt wurden. Die Torfnutzung ist wegen des geringen Ertrages allerdings schon lange nicht mehr üblich.

Die Bodendecke beträgt häufig nur wenige Dezimeter und hält dadurch landwirtschaftliche Nutzflächenerweiterungen in ihren natürlichen Grenzen. LANDWIRTSCHAFTSFLÄCHEN *(indmark, bøur)* GENIESSEN deshalb BESONDEREN SCHUTZ. Allen Wanderern und Besuchern sei deshalb mit auf den Weg gegeben, besonders BEHUTSAM mit der Natur umzugehen.

Neben den flachen Arealen finden sich an der Südost- und Ostseite auch einige Fjorde, zwar nicht so gewaltig wie jene, die man zum Beispiel aus Norwegen kennt, durch die treppenstufige Geländeform jedoch auf ihre Weise nicht minder imposant und reizvoll.

*Einfache Halterung zum Schutz gegen Stürme:
Hütte bei Skælingur; mehr dazu auf der rechten Seite* ▲

# *Klima und Wetter*

## REGEN, NEBEL, WIND UND WETTER – ODER: DAS LAND, IN DEM WASSER NACH OBEN FLIESST

Man muss es LIEBEN, dieses FEUCHTE WETTER, den schier undurchdringlichen Nebel und das Auf und Ab der Wellen. Braun gebrannt wird kaum jemand von einem Färöer-Urlaub zurückkommen. Selten überwinden die Sommertemperaturen die 26-Grad-Marke, und nie zuvor habe ich mein Barometer solche Kapriolen drehen sehen.

Dennoch, das FASZINIERENDE LICHTSPIEL, wenn die graue Wolkenfront aufreißt und die Sonne die Landschaft in Gold verwandelt, entschädigt für alles. Und irgendwo reißt es immer auf.

Doch manchmal ist auch hier alles ganz anders, so etwa im Sommer 2000, als der Regen so lange ausblieb, dass das Trinkwasser in der Hauptstadt rationiert werden musste und T-Shirts das wichtigste Kleidungsstück waren.

Man sollte in jedem Fall auf das Wetter vorbereitet sein und neben der obligatorischen Regenbekleidung auch Sommerliches einpacken, da sich die klare Luft bei Sonnenschein schnell auf über 20°C erwärmen kann.

Auf den Inseln herrscht ein **OZEANISCHES KLIMA** mit milden Wintern und kühlen Sommern. Der Winter ist meist durch eine geringe Schneedecke und starke STÜRME geprägt. Gerade die starken Winterstürme nehmen negativen Einfluss auf Fähr- und Luftverbindungen. Auch so manche Gebäude bekamen dies zu spüren, so wurden beispielsweise 1876 die Kirche von Mykines und 1886 die von Sørvágur regelrecht weggefegt. Moderne Stahlseilkonstruktionen oder primitive Halterungen an Gebäuden finden sich deshalb immer wieder (siehe dazu die Abbildung auf der linken Seite).

Viele Wasserläufe fallen über einen Felsabsatz ins Tal hinab. Nordatlantische WINDE können in solcher Stärke auftreten, dass sie das Wasser nach wenigen Metern freien Falls wieder auf den Berg hinaufwehen und nichts am Talboden ankommt. Ein SCHAUSPIEL der ganz besonderen Art.

Wer die gewaltigen Naturelemente am eigenen Leib erfahren mag, der oder dem empfehle ich eine abenteuerliche Winterreise auf die Inseln, nach wie vor die große Ausnahme für Färöer-Aufenthalte. Stürme gibt es jedoch auch in den Sommermonaten, obwohl sie dann meist schwächer ausfallen.

Milde Winter und kühle Sommer: Die mittlere TEMPERATUR im Januar liegt zwischen 3–4°C, die mittlere Julitemperatur bei 11°C. Der ganzjährig hohe NIEDERSCHLAG misst etwa 1.500 mm, was etwa doppelt so hoch ist wie in Mitteleuropa. Dennoch gibt es starke lokale Schwankungen, die sich vor allem, aber nicht generell von West nach Ost ziehen. So fallen in Vestmanna auf Streymoy 3.108 mm Niederschlag im Jahr, auf Mykines, das weiter westlich liegt, nur 769 mm. Über 60% des Niederschlags fällt von Oktober bis Januar. Der Juni ist der Monat mit der längsten Sonnenscheindauer: 140 Stunden. Die bevorzugte REISEZEIT ist Ende Mai bis Anfang September.

Die klimatischen Verhältnisse sind auf zwei grundlegende örtliche Gegebenheiten zurückzuführen. Erstens auf den **GOLFSTROM**, die HEIZUNG der Nordatlantikdrift, die direkt um die Färöer führt, deren genaues Funktionieren in der Fachwelt jedoch derzeit umstrittener denn je ist. Und zweitens die **FRONTALZONE** der atmosphärischen Zirkulation, was soviel bedeutet, dass vor Ort kalte Polarluftmassen auf warme Tropikluftmassen treffen, die sich ständig zu Zyklonen, den sogenannten ISLANDTIEFS verwirbeln. Diese lebhafte Dynamik wird dem Färöer-Besucher manchmal schon auf der Fährfahrt vermittelt – wofür vorausschauende Zeitgenossen stets Reisekaugummis im Gepäck haben.

**NEBEL** – ein ganz spezielles Thema auf den Inseln. Der Ausspruch: »SAGT MAN IN ANDEREN LÄNDERN, MAN KONNE DIE HAND NICHT MEHR VOR AUGEN SEHEN, GLAUBT MAN BEI FÄRÖISCHEM NEBEL GAR KEINE HAND MEHR ZU BESITZEN«, beschreibt wohl am besten, was den Besucher hier erwarten kann. Dicke Nebelschwaden lassen die Landschaft oft hinter einen grauen Schleier fallen. Dank der variierenden Windverhältnisse ist diese Erscheinung oft eine lokale. So fuhr ich eines Tages von Tórshavn nach Vestmanna: Die Sichtweite in der Hauptstadt betrug weniger als zehn Meter, im 49 Kilometer entfernten Vestmanna angekommen, erwartete mich dagegen bei schönstem Sonnenschein eine herrliche Bootstour.

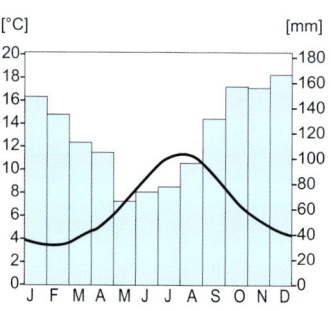

Klimadiagramm Station Hoyvík/Färöer ( N 62°02', W 6°45'W; 20 m ü. NN)

Wenn der Himmel Kapriolen schlägt: Vogelfelsen Tindhólmur vor Vágar ▶

## LAND OF MAYBE

»... die Inseln mit den mildesten Wintern für diese Breiten auf der gesamten Nordhalbkugel, aber auch die mit mehr Stunden Sturm, Regen und Schlackenwetter.« So schrieb einst der bedeutende deutsche Klimatologe *Wladimir Peter Köppen*. Was auch immer mit Schlackenwetter gemeint sein mag, soll jeder Besucher selbst erkunden, doch darf dieses scheinbare Negativbild der Inseln nicht falsch verstanden werden. Wie bereits erwähnt, entsteht durch den häufigen Wetterwechsel ein beeindruckendes Wechselspiel von Licht und Schatten, das für Naturliebhaber von größter Faszination ist und für Fotografen eine Herausforderung darstellt.

Die Färöer werden häufig auch als »the land of maybe« bezeichnet, da das wechselhafte Wetter das tägliche Leben maßgeblich beeinflusst. »Fährt morgen die Fähre, kommt der Helikopter, können wir übermorgen wandern gehen?« Fragen, die häufig mit dem färöischen »kanska« (vielleicht) beantwortet werden. Geduld ist eine färöische Tugend, die nicht nur von den Einheimischen und nicht vielleicht, sondern ganz bestimmt auch von den Touristen verlangt wird.

## Flora und Fauna

### DIE PFLANZENWELT

Hohe Niederschläge, starke Winde sowie eine geringe Bodendecke mit maximal 1 m starker Humusdecke sind keine guten Voraussetzungen für eine ertragreiche Feldwirtschaft. Mit etwa 400 verschiedenen Pflanzenarten können die Färöer für ihre PERIPHERE LAGE zwar als artenreich bezeichnet werden; einen ertragreichen Anbau verspricht dies freilich noch lange nicht. Neben Wind, Meeresströmung und Vögeln brachte der Mensch von den erwähnten 400 etwa 100 verschiedene Pflanzen auf die Inseln. Trotz einer durchschnittlichen Julitemperatur von 11°C, die Baumwachstum zulassen würde, wird man – bis auf lokal begrenzte Ausnahmen in Tórshavn, Selatrað, Hvalvík, Kunoy, Trongisvágur, Vágur und einigen Vorgärten – Bäume vergeblich suchen. Dies liegt an den starken Winterstürmen, dem hohen Salzgehalt der Luft, der geringen Bodendecke sowie dem Verbiss aufkeimender Pflanzen durch Schafe.

Positiv wirken sich freilich die hohen Niederschlagsmengen und die langen Sommernächte auf die Pflanzenwelt aus. Eine Blume, die das feuchte Klima liebt, ist die Sumpfdotterblume (*fär. sólja,* lat. *Caltha palustris*). Diese Pflanzenart aus der Familie der Hahnenfußgewächse ist auf allen 18 Inseln vertreten, wurde 2007 gar zur Nationalblume der Färöer auserkoren und ziert auch T-Shirts, Sticker und sonstige Souvenirs.

Tertiäre Kohlevorkommen auf Suðuroy weisen auf wärmere Zeiten und Waldbestand in der Vergangenheit hin. Dass erste Siedler den vermuteten Baumbestand abgeholzt haben könnten, ist bisher nicht belegt.

Typische PIONIERPFLANZEN der Färöer sind Gräser, Flechten, Moose, Heide u. Ä. Ein sich deutlich über die Inseln ziehender Vegetationsunterschied wird durch Trockensteinmauern oder Zäune erzielt, die die Landschaft in Ackerland, die INDMARK (fär. *bøur*), und Weideland, UTMARK (fär. *hagi*), einteilen.

Eine der wichtigsten agronomischen Veränderungen war mit Beginn des 19. Jahrhunderts die Einführung der Kartoffel (Solanum tuberosum) auf den Färöern. Sie ersparte, wie auch in Mitteleuropa, vielen Menschen den Hungertod. Bei dem rauen Klima mit seinen starken Winden gelang die Aufzucht einer

*Deutlich unterscheidet sich die saftig grüne Indmark von der grünbraunen Utmark, hier bei Saksun (siehe auch Wanderung 6). Näher erklärt werden diese Vegetationsformen gleich auf Seite 20.* ▶

Sprossknolle im Boden ohnehin besser als der Getreideanbau; so kam die Gerste *(Hordeum vulgare)* wegen des feuchten Klimas nie zur Vollreife und musste zusätzlich über einem Torffeuer getrocknet werden. Eine der wichtigsten Gemüsepflanzen war der Engelwurz *(Angelica archangelica)*. Dass die robuste, nahrhafte Pflanze auch eine starke Wirkung gegen Depressionen hat, war auf den entlegenen Inseln ein glücklicher Nebeneffekt. Übrigens trotzen in einigen Orten wie Kirkjubøur, Tórshavn usw. Treibhäuser dem Einfluss des Wetters.

Die Vegetation kann in FÜNF LEBENSFORMEN eingeteilt werden: erstens die **STRANDVEGETATION**, die wegen der geringen Strandfläche und des nährstoffarmen Bodens als relativ artenarm bezeichnet werden kann.

Die **INDMARKS-VEGETATION** fällt durch ihr üppiges Grün schnell ins Auge. Das kultivierte Land mit Äckern oder Wiesen schließt sich häufig direkt an die Siedlungen an. Ursprünglich fand man hier die gleiche Vegetation wie im Bereich der Utmark. Ehemalige Nutzpflanzen waren Gerste, Hafer, Kartoffeln, Rüben, Gemüse und Futtergräser für den Winter. Kartoffel und Futtergräser machen heute noch den größten Teil der bebauten Indmarks-Fläche aus. In den Vorgärten findet sich neben einem überraschendem Blumenreichtum häufig auch Rhabarber (Rheum rhaponticum), der zu Kompott, Marmelade oder leckerem Rhabarberwein verarbeitet wird. Vermutlich kam die widerstandsfähige Pflanze im 19. Jahrhundert aus England.

Die **UTMARKS-VEGETATION** ist auch in den Sommermonaten vergleichsweise blassgrün oder blassbraun. Durch das undurchlässige Gestein im Untergrund kommt es auf muldenförmigen Flächen häufig zu Moor- und Torfbildung. Ansonsten herrscht eine Gras- und Kräutervegetation sowie auf mageren Böden Heidekraut *(Calluna vulgaris, Erica cinerea)* vor. Dieser Vegetationsbereich stellt hervorragende Bedingungen für die Schafzucht dar, über Jahrhunderte hinweg der wichtigste Erwerbszweig.

Die Kargheit der Pflanzen nimmt mit ansteigender Höhe zu. Die höchste, die sogenannte **BERGVEGETATION**, weist eine spärliche Pflanzendecke auf.

Etwas Besonderes stellt die **STEILKÜSTENVEGETATION** dar. Durch die unzugängliche Lage – auch für Schafe – finden sich hier seltene Pflanzenarten. So konnte sich in den stellenweise schwer zugänglichen Klüften (GJÓGVS) ein eigenes Ökosystem entwickeln, das als HÄNGENDE GÄRTEN bezeichnet wird. Hobby-Biologen sei jedoch dringend davon abgeraten, sich ohne ortskundige Führer in dieses Terrain vorzuwagen; zum Einen wegen der akuten Lebensgefahr an den brüchigen Steilhängen, zum Anderen aus Rücksichtnahme auf die sensible Natur.

## DIE TIERWELT

Die Färöer sind vor allem für zwei Tiergruppen bekannt: Zum Einen sind hier die allgegenwärtigen SCHAFE zu nennen, die wie alle Landsäugetiere auf den Inseln vom Menschen eingeführt wurden, zum Anderen die immens großen VOGELKOLONIEN. Von den etwa 300 Vogelarten, die hier vorkommen, sind am Ende dieses Kapitels die wichtigsten mit deutschem, färöischem und lateinischem Namen aufgeführt. Rund 40 Arten brüten regelmäßig vor Ort.

**FISCHE**: Die ökonomisch wichtigste Fauna für die Färinger findet man in den nahen und fernen Gewässern um die Inseln. Die günstige Durchmischung der kalten und warmen Wasserströmungen um die Inseln gewährleistet einen PLANKTONREICHTUM, der vor allem DORSCH, SCHELLFISCH, ROTBARSCH, HEILBUTT, KÖHLER und HERING in großen Schwärmen anlockt. Die fischreichen Gewässer sind wiederum der Grund, weshalb es so viele Vögel auf den Inseln gibt.

Der ehemals berühmte färöische KLIPPFISCH, der früher auf den von Gletschern blank geschliffenen Felsen um die Ansiedlungen herum zum Trocknen ausgelegt wurde – daher auch der Name Klipp(e) – und ein charakteristisches Bild darstellte, wird heute in großen Fischverarbeitungshallen getrocknet und eingesalzen. Solche Hallen findet man überall auf den Inseln, selbst in kleinen Dörfern. Die große Wirtschaftskrise vom Beginn der 1990er Jahre ist längst überwunden, und so sind viele der damals leer stehenden Anlagen inzwischen wieder in Betrieb oder durch neue Hallen ersetzt worden.

Um den privaten Fleischbedarf aufzustocken, wird heute noch nach alter Tradition und mit primitiven Mitteln die Jagd auf **GRINDWALE** (fär. *grindadráp)* betrieben. Ein heikles Thema, gerade wenn die internationale Presse über die Inseln berichtet. Aus Rücksicht auf kulturelle Traditionen, die man eigentlich von Fremden/Reisenden erwarten sollte, ist es ratsam, nicht gleich mit der Tür ins Haus zu fallen, falls man eine gegenteilige Meinung dazu äußern möchte. Kennt man sich ein bisschen, ist eigentlich jeder Färinger bereit, über das archaisch wirkende Spektakel zu diskutieren – freilich sollte man sich keinen Illusionen hingeben, Färinger von der Aufgabe des Walfangs zu überzeugen (siehe dazu den Kastentext auf Seite 232).

In den küstennahen Gewässern kann man immer wieder **KEGELROBBEN** beobachten. Um Tran herzustellen, wurden diese Tiere früher ebenfalls gejagt.

Wer die Inseln erwandert, wird immer wieder auf **HASEN** treffen. Meister Lampe wurde vor über 150 Jahren aus Norwegen eingeschleppt und stellt heute eine beliebte JAGDBEUTE dar.

Etwa zur gleichen Zeit schleppte ein Walfänger aus dem Nachbarland **HAUSRATTEN** ein, was zu großen Problemen für die bodenbrütenden Vögeln führte. Die »reiseliebende« **WANDERRATTE** kam vermutlich bereits zu Zeiten der Hanse hierher. Die Nager sind aber nur auf der Hälfte der Inseln vertreten.

Die Kulturlandschaft von den Anfängen der Besiedlung bis heute ist besonders stark durch den Einfluss der **SCHAFE** geprägt; man denke nur an die kilometerlangen Trockensteinwälle der Indmarks-Areale zum Schutz vor Wind, aber in erster Linie vor Verbiss.

## DIE VOGELKOLONIEN

Es empfiehlt sich, ein gutes FERNGLAS ins Gepäck zu stecken. Jeder, der an einem Vogelfelsen steht und – aus mir nur zu bekannten Gewichtsgründen – das Fernglas zu Hause gelassen hat, wird verstehen warum; selbst Nicht-Ornithologen lassen sich in den Bann des färöischen Vogelreichtums ziehen. Wer den fotogenen **PAPAGEITAUCHER** vor die Linse bekommen will, sollte die Insel Mykines besuchen. Zwar gibt es die possierlichen Flieger überall, doch auf Mykines übersteigen sie jedes Vorstellungsvermögen. Da sie ihre Wohnhöhlen an der Oberkante der Steilküste haben, wo es größere Grasflächen gibt, sind sie gefahrlos aus nächster Nähe zu beobachten. Durch die unvermeidliche ständige »Düngung« der Höhlenumgebung nimmt das Gras hier eine kräftige blaugrüne Farbe an, die dem geübten Auge die Nistplätze verrät. Oft ist eine Suche gar nicht nötig! So mancher Besucher setzt sich versehentlich auf den Eingang einer Papageitaucherwohnung und erschrickt dann, wenn plötzlich ein Piepmatz zwischen den Beinen durchrutscht. Mehr auf Seite 27.

Auf dem westlich von Mykines gelegenen Inselchen Mykineshólmur nistet die größte Vogelart des Nordatlantiks, der kräftige, majestätische **BASSTÖLPEL**, der imposante 1,80 Meter Spannweite erreicht. Mehr auf Seite 27.

Überall an den Stränden und auf den Feldern ist der **AUSTERNFISCHER** (fär. *tjaldur*) anzutreffen, mit schwarzweißem Gefieder und rotem Schnabel und Beinen wie ein kleiner Storch aussehend. Er ist der NATIONALVOGEL der Färöer.

*An die 80.000 Schafe sollen es mittlerweile sein, die auf den grünen Wiesen der Färöer grasen. – Der Austernfischer ist der Nationalvogel.* ▶

**24** FLORA UND FAUNA

Doch es gibt noch mehr Attraktionen, die hier durch die Lüfte schweben. Von Ende Mai bis Ende Juli geben die **TROTTELLUMMEN** ihr Stelldichein und bringen nach ca. einem Monat Brutdauer jeweils ein Küken zur Welt.

Nicht nur für Kurzurlauber und Transittouristen bietet sich ein Besuch auf Nólsoy an, der kleinen Insel, die direkt vor der Hauptstadt gelegen ist. Eine nächtliche Vogeltour mit dem Hobbyornithologen *Jens-Kjeld Jensen* (www.jenskjeld.info) zur GRÖSSTEN bekannten **STURMSCHWALBEN**-KOLONIE ist ein unvergessliches Erlebnis. Dieser kleine, schwarze Piepmatz mit weißem Federkleid am Hinterteil brütet hier im Mai und Juli, bis er sich ab September wieder Richtung Südafrika aufmacht.

Die zahlreichen Vogelarten stellten für die Inselwelt lange Zeit einen wichtigen Bestandteil zur NAHRUNGSDECKUNG dar. Auch heute noch gehen oder fahren die Männer der kleinen Dörfer mit ihren Booten zu den Vogelfelsen, um Eier zu sammeln und Vögel zu fangen. Am begehrtesten ist der Papageitaucher (lat.: fratericula arktica; fär.: *lundi),* den man tiefgefroren im Supermarkt oder je nach Saison frisch von den Vogelfängern erwerben kann. An einem »guten Tag« fangen vier Erwachsene 800 oder mehr von den kleinen Vögeln. Neben dem Fleisch werden die Federn als begehrte Kissenfüllung verwendet. Auch das Sammeln der Vogeleier ist traditionell Aufgabe der Männer, die dafür ohne oder nur mit primitiver Sicherung an den steilen Klippen entlangklettern.

FLORA UND FAUNA 25

## DIE BRUTVÖGEL DER FÄRÖER

| | lateinisch | deutsch | färöisch | |
|---|---|---|---|---|
| 01 | Gavia stellata | Sterntaucher | *lómur* | w |
| 02 | Podiceps auritus | Ohrentaucher | *gjör* | s |
| 03 | Fulmarus glacialis | Eissturmvogel | *havhestur* | z |
| 04 | Puffinus puffinus | Sturmtaucher | *skrápur* | z |
| 05 | Hydrobates pelagicus | Sturmschwalbe | *drunnhvíti* | g |
| 06 | Oceanodroma leucorhoa | Wellenläufer | *sýldur drunnhvíti* | z |
| 07 | Sula bassana | Basstölpel | *súla* | zw |
| 08 | Phalacrocorax carbo | Kormoran | *hiplingur* | s |
| 09 | Phalacrocorax aristotelis | Krähenscharbe | *skarvur* | g |
| 10 | Anas crecca | Krickente | *krikkont* | e |
| 11 | Anas platyrhynchos | Stockente | *villdunna* | w |
| 12 | Anas acuta | Spießente | *snælduont* | e |
| 13 | Anas penelope | Pfeifente | *ennigulont* | e |
| 14 | Aythya marila | Bergente | *grábøka* | e |
| 15 | Somateria mollissima | Eiderente | *æða* | g |
| 16 | Mergus serrator | Mittelsäger | *toppont* | w |
| 17 | Anser anser | Graugans | *grágás* | s |
| 18 | Cygnus olor | Höckerschwan | *svanur* | s |
| 19 | Falco columbarius | Merlin | *smyril* | w |
| 20 | Rallus aquaticus | Wasserralle | *jarðarkona* | w |
| 21 | Crex crex | Wachtelkönig | *akurskrift* | s |
| 22 | Haematopus ostralegus | Austernfischer | *tjaldur* | g |
| 23 | Vanellus vanellus | Kiebitz | *vípa* | w |
| 24 | Charadrius hiaticula | Sandregenpfeifer | *svarthálsa* | s |
| 25 | Pluvialis apricaria | Goldregenpfeifer | *lógv* | g |
| 26 | Gallinago gallinago | Bekassine | *myrisnípa* | g |
| 27 | Numenius phaeopus | Regenbrachvogel | *spógvi* | g |
| 28 | Limosa limosa | Uferschnepfe | *reyðspógvi* | e |
| 29 | Tringa totanus | Rotschenkel | *stelkur* | w |
| 30 | Calidris maritima | Meerstrandläufer | *grágrælingur* | w |
| 31 | Calidris alpina | Alpenstrandläufer | *fjallmurra* | w |
| 32 | Phalaropus lobatus | Odinshühnchen | *helsareyði* | w |
| 33 | Stercorarius skua | Große Raubmöwe | *skúgvur* | z |
| 34 | Stercorarius parasiticus | Schmarotzerraubmöwe | *kjógvi* | z |
| 35 | Larus marinus | Mantelmöwe | *svartbakur* | z |
| 36 | Larus fuscus | Heringsmöwe | *likka* | z |
| 37 | Larus argentatus | Silbermöwe | *fiskimási* | z |

◀ Die Färöer in der ersten Hälfte des 20. Jahrhunderts: Beute beim Vogelfang

# FLORA UND FAUNA

|    | lateinisch | deutsch | färöisch | |
|----|-----------|---------|----------|---|
| 38 | Larus canus | Sturmmöwe | *skatumási* | w |
| 39 | Larus ridibundus | Lachmöwe | *fransaterna* | w |
| 40 | Rissa tridactyla | Dreizehenmöwe | *rita* | z |
| 41 | Sterna paradisaea | Küstenseeschwalbe | *terna* | z |
| 42 | Alca torda | Tordalk | *álka* | g |
| 43 | Uria aalge | Trottellumme | *lomvigi* | z |
| 44 | Cepphus grylle | Gryllteiste | *teisti* | g |
| 45 | Fratercula arctica | Papageitaucher | *lundi* | z |
| 46 | Columba livia | Felsentaube | *bládúgva* | w |
| 47 | Alauda arvensis | Feldlerche | *lerkur* | w |
| 48 | Hirundo rustica | Rauchschwalbe | *svala* | w |
| 49 | Delichon urbica | Mehlschwalbe | *lonsvala* | s |
| 50 | Corvus corax | Kolkrabe | *ravnur* | g |
| 51 | Corvus cornix | Krähe | *kráka* | g |
| 52 | Troglodytes troglodytes | Zaunkönig | *músabróðir* | g |
| 53 | Turdus iliacus | Rotdrossel | *óðinshani* | w |
| 54 | Turdus merula | Amsel | *kvørkveggja* | w |
| 55 | Oenanthe oenanthe | Steinschmätzer | *steinstólpa* | g |
| 56 | Erithaeus rubecula | Rotkehlchen | *bringureyði* | e |
| 57 | Sylvia borin | Gartengrasmücke | *garðljómari* | e |
| 58 | Sylvia curruca | Klappergrasmücke | *notuljómari* | e |
| 59 | Anthus pratensis | Wiesenpieper | *grátítlingur* | g |
| 60 | Anthus petrosus | Strandpieper | *fjørugrátítlingur* | g |
| 61 | Motacilla alba | Bachstelze | *erla kongsdóttir* | w |
| 62 | Sturnus vulgaris | Star | *stari* | g |
| 63 | Carduelis flavirostris | Berghänfling | *íriskur* | s |
| 64 | Fringilla montifringilla | Bergfink | *fjallígða* | e |
| 65 | Plectrophenax nivalis | Schneeammer | *snjófuglur* | s |
| 66 | Passer domesticus | Haussperling (Spatz) | *gráspurvur* | g |
| 67 | Passer montanus | Feldsperling | *gerðisspurvur* | s |

z: zahlreich = brüten in großen Kolonien
g: gewöhnlich = brüten vielerorts, aber nicht in großen Kolonien
w: wenige = brüten hier jedes Jahr, jedoch kleine Bestände
s: selten = brüten hier nur vereinzelt und nicht jedes Jahr
e: einzelne = Brutpaare nur sehr selten beobachtet
Diese (so weit uns bekannt jüngste) Liste entstand um das Jahr 2000; wobei die Klimaerwärmung mittelfristig dafür sorgen könnte, dass einzelne Vogelarten Gewohnheiten (wie Ankunftszeiten oder sogar Brutplätze) ändern werden.

Die meisten Vögel auf den Färöern sind keine ständigen Bewohner, sondern Zugvögel. Zu den Protagonisten der nordischen Vogelwelt zählen gewiss die Trottellummen (siehe Seite 151), Papageitaucher und Basstölpel.

Der **PAPAGEITAUCHER** (Fratercula arctica) brütet bevorzugt an Grashängen in selbst gegrabenen Erdhöhlen, die etwa 1,5 m tief sind. Auf Grund der reichhaltigen Guano-Düngung sind die Grasflächen um die Höhlen herum besonders grün und saftig. Zwischen Mitte April und Mitte Mai legt das Weibchen ca. 60 mm großes Ei, worauf es ans Ausbrüten geht. Nach 40 bis 43 Tagen ist es soweit, ein neuer Piepmatz pellt sich aus dem Ei. Weitere 38 bis 44 Tage bleibt er noch im Nest, bevor er sich das erste Mal auf den stürmischen Nordatlantik wagt. Papageitaucher werden bis zu 29 cm groß, haben eine Spannweite zwischen 47 und 63 Zentimetern und ein Gewicht von 320 bis 550 Gramm. Der plumpe Körper mit dem großen, runden Kopf ist vorne weiß und auf der Rückseite schwarz gefiedert. Sein auffällig BUNTER SCHNABEL sorgte für den »Papagei« im Namen. Kehrt er von seinen Beutezügen zurück, verweilt er oft noch eine Zeitlang mit kleinen Heringen oder Sprotten im Schnabel, bevor er in »seinem« Erdloch verschwindet.

Erwartet wird der Papageitaucher pünktlich zum 14. April eines jeden Jahres: ein Ereignis, das immer noch jedes Jahr in der Zeitung wie auch im Internet bekannt gegeben wird. Ab Juli beginnt die Fangsaison, sofern die Population nicht zu stark dezimiert ist, wie zuletzt vielerorts der Fall. Von Mitte bis Ende August verlässt der Papageitaucher die Färöer wieder. Da der kleine Flieger die Wintermonate irgendwo auf dem Meer verbringt, sind die Wanderungen der einzelnen Populationen schwer nachzuvollziehen. Vermutet wird, dass die Papageitaucher der Färöer die Gewässer um Marokko aufsuchen.

Ein ganz anderes Erscheinungsbild hat der **BASSTÖLPEL** (Sula bassana). Er kann bis zu 1 m groß werden und schwebt mit einer Spannweite von 165 bis 180 Zentimetern majestätisch über den Nordatlantik. Sein weißes 78 mm großes Ei, das an der Basis rötlich ist, legt der Vogel im Mai in sein rundes Nest, das er aus Meeresalgen und -abfällen baut. Die Brutdauer beträgt 44 Tage, die folgende Nestlingszeit 90 Tage. Sein Gefieder ist vorwiegend weiß, lediglich die Flügelspitzen sind schwarz sowie Hals und Kopf leicht ockerfarben. Seinen NAMEN hat der größte Meeresvogel der Nordhalbkugel VON DER SCHOTTISCHEN INSEL BASS ROCK. Auf den Färöern findet man ihn nur auf und um Mykineshólmur. Das Kapitel über Mykines schildert eine Sage, die die Verbundenheit der Insulaner verdeutlicht (siehe Seite 120).

Außerhalb der Färöer sind Kolonien des bis 3,2 kg schweren Vogels in Großbritannien, Island, Norwegen (vor allem Insel Runde und auf den Lofoten), Neufundland und auf Helgoland zu beobachten.

In der Regel werden (Anfang September) nur Jungvögel GEFANGEN, die im Backofen oder Kochtopf landen.

Der Basstölpel ist einer der Letzten, die im Spätsommer die Inseln verlassen. Am 25. Januar kehrt er wieder zurück. Traditionell wandert man an diesem Tag zum Hólmur, um nachzusehen, ob der Sulan wieder da ist.

# Geschichte und Gegenwart

## DIE ERSTEN SIEDLER

Entgegen der langjährigen Lehrmeinung, dass es ursprünglich Mönche aus Irland oder Schottland waren, die im 6. oder 7. Jahrhundert als erste ihren Fuß auf die Inseln setzten, geht man auf Grund neuer paläobotanischer Analysen von einer Besiedlung bereits im 5. oder sogar 4. Jahrhundert aus. Wer diese Menschen waren, kann die gegenwärtige Forschung nicht mehr zweifelsfrei erklären, ebenso wie die Frage, wer die ersten Schafe auf die Inseln brachte. Dennoch darf man davon ausgehen, dass die ersten Siedler mit einfachen Booten über den Atlantik aus östlicher Richtung kamen. Paläontologische Untersuchungen ergaben, dass damals bereits Hafer auf den Inseln angebaut wurde. Die Wikinger, die später auf die Inseln kamen, bevorzugten hingegen Gerste. Der irische Mönch und Chronist *Dicuil,* der unter anderem in Aachen am Hofe Karls des Großen lebte, erwähnt im Jahr 825 die Inseln das erste Mal schriftlich. Er berichtet ebenso von Überfällen der Nordmänner (norw. Wikinger), die die Eremiten schließlich zur Aufgabe ihrer Wohnstätten zwangen. Die Meinungen gehen allerdings auseinander, ob die normannische Besiedelung direkt von Norwegen aus erfolgte oder über die Britischen Inseln. Man ist sich immerhin sicher, dass auch einige Tropfen keltisches Blut in färöischen Adern fließt.

## LANDNAHME DER WIKINGER

Die **FÄRINGERSAGA** (im 13. Jh. auf Island verfasst) berichtet von der großen Landnahme der Wikinger IM 9. JAHRHUNDERT bis zur Christianisierung. Ausschlaggebend für die Besiedlung der Färöer, wie auch für Island, waren jedoch nicht die Raubfahrten der Nordmänner, sondern die politische Lage in Norwegen. Als dort *Harald Hårfagre* (Harald Schönhaar) um 900 erstmals die zahlreichen norwegischen Fürstentümer unter Zwang einte und unter seine Herrschaft brachte, mussten oder wollten viele seiner Gegner das Land verlassen. Die Expansion der Wikinger gen Westen erfolgte also nicht im Rahmen der üblichen Handels- und Beutefahrten, sondern wurde vor allem durch eine erzwungene Flucht ausgelöst.

In der Färingersaga wird *Grím Kamban* (vermutlich um 825) als der erste Siedler genannt. Auch wenn die Sagas die Geschichte der Wikinger beschreiben, so bleibt die genaue Herkunft Grím Kambans dennoch im Dunkeln. Sein Vorname ist nämlich nordischen, sein Nachname keltischen Ursprungs.

Für das 10. Jahrhundert werden bereits sechs Bauernhöfe und TÓRSHAVN als THINGSTÄTTE erwähnt. Die Landnahme vollzog sich mindestens bis ins 12. Jahrhundert hinein, was auf einem Runenstein von Sandavágur zu lesen ist, der auch das Herkunftsland der Siedler benennt: Rogaland in Norwegen.

Die ersten Höfe lagen in geschützten Buchten mit – wenn auch geringem – landwirtschaftlich nutzbarem Hinterland. Beispiele hierfür sind Kvívík oder Tjørnuvík, wo archäologische Ausgrabungen der Wikingerzeit zu bestaunen sind. Die heutige Hauptstadt Tórshavn war als Thingstätte damals bereits ein zentraler Ort, an dem Recht und Ordnung festgelegt wurden und der somit einen wichtigen Kommunikationsknotenpunkt darstellte.

## DER LANGE ARM DER KIRCHE

Der einflussreiche Färinger *Sigmundur Brestisson* (siehe Seite 38) wird um das Jahr 1000 vom norwegischen König *Olav Tryggvason* (dem Gründer Trondheims) zum Christentum bekehrt und bringt dieses – teilweise mit Gewalt – auf die Inseln. Mit dem **CHRISTENTUM** verbreitete sich auf der EINFLUSS des zu dieser Zeit feudalistischen NORWEGENS, dessen soziale Strukturen über die Kirche auf die Färöer gelangten. Dies ging so weit, dass die Inseln schließlich unter die norwegische LEHNSHERRSCHAFT gestellt wurden. Die Kirche erlangte zunehmend Macht und nahm über 40 % des Landes in Besitz.

Während des Mittelalters waren Bischofssitze in ganz Mitteleuropa Zentren der Macht. Als Folge der Christianisierung und der damit einhergehenden Gründung des Bischofsitzes in Kirkjubøur wurde der kleine Ort südlich von Tórshavn der zentrale Ort auf den Färöern, wo noch die aus dem 13. Jh. stammende Ruine der nie vollendeten St. Magnus-Kathedrale steht. Heute besitzt die kleine Gemeinde Kirkjubøur zwar immer noch eine Kirche, eine wichtige Funktion hat der Ort aber ausschließlich in den Sommermonaten als Touristenattraktion.

1271 verloren die Färöer schließlich den Rest ihrer politischen Selbständigkeit. Die Inseln fielen unter das norwegische Recht GULATING, und 1298 wurde der sogenannte Schafsbrief **SEYÐABRÆVIÐ** – eine Abschrift von 1310 gilt als das älteste färöische Dokument – für die Färöer erlassen. Der Brief regelte bis ins 19. Jahrhundert die wirtschaftlichen und sozialen Belange der Insulaner.

## HANSE, WOLLE, PEST UND PIRATEN

Seit dem 13. Jahrhundert fasste im Nord- und Ostseeraum eine neue Autorität Fuß, die ihre Macht vor allem durch die Kontrolle der Seewege begründete, die deutsche **HANSE**. Hansekoggen dominierten den Nord- und Ostseeraum und Teile des Atlantiks. Durch verbesserte Schiffsbautechniken »schrumpften« Ent-

*Mehr zum Schafsbrief im Kapitel zur färöischen Sprache auf der Seite 50.*

fernungen, ehemals periphere Räume wurden als neue Marktplätze interessant. Dass die Macht der Hanse bis auf die Färöer reichte, lag in erster Linie an der Hafenstadt Bergen. Einst wichtigster Bezugspunkt der Färöer, avancierte die Stadt an der norwegischen Westküste zu einem der einflussreichsten Hansekontore. Zwar war färöische Wolle ein begehrtes Exportprodukt: *Ull er føroyar gull,* WOLLE IST DAS GOLD DER FÄRÖER – aber auch das einzige. Die Insulaner waren wirtschaftlich abhängig und wehrlos.

Neben den begehrten Waren und Neuigkeiten, die die Handelsschiffe vom Kontinent mitbrachten, wurden auch Krankheiten eingeschleppt. Wie ganz Europa mussten die Färinger einen hohen Preis dafür zahlen, als 1349 ein Drittel der Bevölkerung an der **PEST** starb. (In ganz Europa waren es 25 Mio. Opfer.)

1380 änderte sich das Machtgefüge in Skandinavien. Norwegen fiel an die dänische Krone mitsamt seiner Provinzen. DIE FÄRÖER WURDEN DÄNISCH. In der **KALMARER UNION** wurde das dänische Großreich 1397 besiegelt.

In den folgenden vier Jahrhunderten standen die Inseln unter keinem guten Stern: Plünderer, Piraten und Lehnsherren saugten das Land aus. Schließlich wurden die Inseln um 1538 auch von der **REFORMATION** erfasst. Die unter dem dänischen König *Christian III.* erfolgte Absetzung der Bischöfe und die Säkularisierung ließ sämtliche kirchlichen Güter an die dänische Krone fallen; dies war zu diesem Zeitpunkt fast die Hälfte der landwirtschaftlichen Fläche. Das einst so wichtige Kirkjubøur versank in der Bedeutungslosigkeit. Das frühere »Kirchland« war nun »Königsland«. Es unterliegt seither besonderen Richtlinien, auch wenn es heute nicht mehr der Krone, sondern dem Staat gehört. Die Bauern, die dieses Land auf Lebenszeit gepachtet haben und vererben dürfen, werden KÖNIGSBAUERN genannt. Es darf aber nur als Ganzes vererbt werden, so dass der Besitz im Gegensatz zum Privatland nicht zersplittert wird und eine Verkoppelung (färöische Flurbereinigung) zum Teil bis heute unnötig macht.

Seit dem 16. Jahrhundert wurden die Färöer zunehmend von PIRATEN überfallen. Hinweise auf Verstecke und Zufluchtsstätten der Färinger in den Bergen lassen sich noch anhand einiger Namen wie »Vaktarhús« (Wachthaus) oder »Borgin« (Burg) ableiten. Die Hafenfestung SKANSIN in Tórshavn ist Teil der ehemaligen Befestigungsanlagen zum Schutz vor Seeräubern.

Mit der Einrichtung des königlich **DÄNISCHEN HANDELSMONOPOLS** endete 1709 der hanseatische Einfluss. Gerade die letzten, vormonopolistischen Jahre unter der Lehnsherrschaft der Hamburger Kaufmannsfamilie *von Gabel* hatten die Färinger in eine tiefe Wirtschaftskrise und Armut gestürzt. Um sich ein Bild von der Lage zu machen, bereiste eine königliche Kommission die Fär-

Ende des 20. Jhs. war der Rohstoff Wolle ökonomisch völlig unbedeutend: Geschorene Wolle verrottete oder wurde verbrannt. Dann kam »Sirri« und leitete in einer Marktnische die Wende ein (siehe Seiten 164 und 72).

öer und verfasste entsprechende Berichte für Kopenhagen. Als Folge errichtete man u.a. einen neuen Außenhandelsposten auf Suðuroy; die abgelegene Südinsel erfuhr eine deutliche Aufwertung. Trotzdem BLIEB DER ALLTAG der Färinger ENTBEHRUNGSREICH, fanden dringed benötigte Waren nicht ihren Weg auf die Inseln, weil es das Handelsmonopol untersagte. Übrigens ließ jene Komission die erste brauchbare LANDKARTE der Färöer erstellen: Nach damaligen Angaben gab es 80 Ansiedlungen, von denen 39 eine Kirche besaßen.

## ALLMÄHLICHER AUFSCHWUNG IM 19. JAHRHUNDERT

In den Jahren der Napoleonischen Kriege (1803–1815) forcierte man den **KARTOFFELANBAU**, um die Versorgung zu verbessern. Die Gerste, bis dahin Hauptanbaugetreide, wurde rasch von der Kartoffel verdrängt, da diese der rauen und feuchten Witterung nicht so ungeschützt ausgeliefert war. Wie in anderen Teilen Europas linderte die Kartoffel die schlimmsten Hungersnöte. Bis heute ist sie ein Grundnahrungsmittel auf den Inseln.

An der Schwelle zum 19. Jahrhundert lebte der Nólsoyer *Poul Poulsen*, der sich um sein Heimatland verdient machte und als Nationalheld mit dem Namen *Nólsoyar Páll* in die Geschichte einging. So brachte er Pockenimpfstoff auf die Färöer, setzte sich in Kopenhagen für eine Modernisierung der verkrusteten Verwaltung und Handelsgesetze ein. Dank der verbesserten medizinischen Versorgung, intensiverer Produktion in der Landwirtschaft und einer Belebung im Fischereisektor wuchs die Bevölkerung im 19. Jahrhundert von 5.000 auf 9.000 an, wobei die Menschen ihr Auskommen zunehmend in Fischfang und -verarbeitung fanden, da die Landwirtschaft allein die gewachsene Bevölkerung nicht ernähren konnte. **AUS DER BAUERN- WURDE EINE FISCHERGESELLSCHAFT**. KLIPPFISCH, der schon im 18. Jahrhundert einen kurzfristigen Aufschwung erzielt hatte, wurde dabei zum wichtigsten EXPORTGUT. Andere primäre Ausfuhrgüter waren Textilien aus Wolle, Tran und sogar Kohle.

In den 1830er Jahren werteten neue HANDELSSTÜTZPUNKTE in VESTMANNA, TVØROYRI und KLAKSVÍK die Wirtschaftsstellung der Färöer auf, was auch für die spätere Entwicklung dieser Orte ausschlaggebend sein sollte und sich heute in deren wichtigen zentralörtlichen Funktionen widerspiegelt.

1848 wurde in Dänemark die konstitutionelle Monarchie eingerichtet. Vier Jahre später setzte man das 1816 von der dänischen Administration aufgelöste färöische **INSELPARLAMENT LØGTING** wieder ein. Auf seine Rat gebenden Befugnisse ist der Verkauf ehemals dänischer Besitztümer an die einheimische Bevölkerung zurückzuführen: So konnten zum Einen auch Fischereiarbeiter kleinere Felder erwerben und selbstversorgende Landwirtschaft be-

Zurzeit der königlichen Kommission Anfang des 18.Jhs. gab es auf den Inseln 80 Ansiedlungen, von denen 39 eine Kirche besaßen. Heute zählen die Färöer knapp 120 Siedlungen mit 67 Kirchen in 30 Gemeinden.

treiben, zum Anderen durften in vielen Landesteilen die ortsansässigen Bauern die Utmark als Weideland nutzen. 1856 wurde schließlich die **HANDELSBARRIERE** DES DÄNISCHEN MONOPOLHANDELS **ABGESCHAFFT**. Die aufstrebende Fischereiwirtschaft und die neue Selbstkontrolle des Exports bewirkten einen verstärkten Import, der das Angebot auf den Inseln deutlich verbesserte.

Dem einfachen Bürger war es bis dahin nicht erlaubt, EIN EIGENES SCHIFF zu besitzen. Weite Teile der Bevölkerung waren Analphabeten; bestenfalls konnte man einige Psalme herunterbeten. Wer allerdings gut zählen konnte, war ein gefragter Mann in den neuen Fischereizentren, der es zu etwas bringen konnte: Es mussten Fangergebnisse ausgewogen, Rechnungen gestellt sowie Bestellungen in Auftrag gegeben werden. DAS ERSTE MAL in der färöischen Geschichte HATTE DER KLEINE LANDLOSE MANN DIE CHANCE, aus eigener Kraft sein Schicksal in die Hand zu nehmen, ohne von jahrhundertealten Strukturen gehindert zu werden.

Ab 1872 bildeten mehrere aufgekaufte schottische Schoner den Grundstock für eine eigene **HOCHSEEFISCHEREIFLOTTE**. Mit dem Wachstum der Fischereiindustrie und den dafür benötigten Arbeitskräften fand eine landesinterne Migration statt. Da die Bauernhöfe wegen ihrer Tragfähigkeit weit verstreut lagen und die Entfernung zum neuen Arbeitsmarkt zu groß war, kam es immer mehr zur LANDFLUCHT. Die Exporthäfen profitierten von den neuen Arbeitskräften und verzeichneten einen **AUFSCHWUNG**. Das Zentrum der Nordinseln, Klaksvík, zählte von 1801 bis 1894 einen Bevölkerungsanstieg von mehr als 800 %. Gleichzeitig geriet die Landwirtschaft in die Bedeutungslosigkeit. Die **GESELLSCHAFTLICHEN VERÄNDERUNGEN** von den noch beinahe mittelalterlichen Färöern des frühen 19. Jahrhunderts zum 20. Jahrhundert waren unvorstellbar groß. Zwischen der fensterlosen Rauchstube, wie der Wohnraum früher treffend bezeichnet wurde, und dem Reihenhaus aus Beton liegen gerade mal eine bis zwei Generationen.

Um die vorletzte Jahrhundertwende entstand auf den Färöern, wie auch in anderen nordischen Ländern (und besonders im ebenfalls seit Jahrhunderten nicht selbstständigen Norwegen), eine **NATIONALBEWEGUNG**. Die Eröffnung der Volkshochschule 1899 legte einen Grundstein des färöischen Nationalbewusstseins. Bereits in den 1860er Jahren waren die ersten Grundschulen in den größeren Dörfern entstanden. Neben dem Dänischen wurde erstmals FÄRÖISCH ALS SCHRIFTSPRACHE gelehrt. Das seit dem 16. Jahrhundert nur noch als gesprochene Sprache verwendete Färöisch blieb damit vor dem Aussterben bewahrt (siehe Seite 35 f.).

## AUF DEM WEG IN DIE SELBSTÄNDIGKEIT

Negative wirtschaftliche Veränderungen brachte der **ERSTE WELTKRIEG** mit sich. Das für die Klippfischproduktion wichtige Salz stieg im Preis, worauf die Arbeitgeber die Löhne senkten, was wiederum zu Protesten der Arbeiter führte. Die Reeder waren inzwischen ebenso organisiert wie die Arbeiter in einer Gewerkschaft. Die Fangflotte samt den Gerätschaften waren allerdings nicht unbedingt auf dem neuesten Stand, wodurch Einkommen und Lebensstandard besonders der einfachen Leute bescheiden blieben. Die Färöer waren auf finanzielle Unterstützung aus Dänemark angewiesen.

Im **ZWEITEN WELTKRIEG** erhielt das Nationalgefühl zwangsläufig neue Bedeutung. Kurz nachdem Deutschland 1940 Dänemark besetzt hatte, landeten die Briten auf dem strategisch wichtigen Außenposten im Nordatlantik. Da die Färöer jede Menge Fisch an das von der deutschen Marine weitgehend isolierte England lieferten, profitierten die Inseln sogar von diesen unseligen Jahren. Allerdings verloren dabei mehr als 130 Färinger ihr Leben auf See, überwiegend bei Kriegshandlungen; da half es selten, dass die Kutter bewaffnet und die Seeleute von Briten im Schießen unterwiesen worden waren. Der Fischer *Georg Joensen* aus Eiði war der Einzige, der einen Flieger vom Himmel holte und dafür von der britischen Armee mit einem Orden ausgezeichnet wurde. Doch als Held fühlte sich der arme Mann nicht; er war betrübt darüber, einen Menschen umgebracht zu haben.

Obwohl während der Kriegsjahre völlig von Dänemark abgeschnitten, blieb die Inselgruppe Teil des dänischen Königreiches, wenn auch mit gestärktem Selbstbewusstsein. Einen UNABHÄNGIGKEITSVERSUCH 1946 brachten militärische Drohgebärden Dänemarks zum Scheitern. Dank der starken nationalen Bewegung und der Vertretung des Løgting wurde 1948 dann allerdings eine **TEILAUTONOMIE** mit Selbstverwaltung geschaffen; diese umfasst neben der nationalen und kommunalen Verwaltung das Bau- und Wohnungswesen, Bildung und Kultur sowie Landwirtschaft und Fischerei. Gemeinsam verwaltete Ressorts sind mittlerweile Außen- und Verteidigungspolitik, Justiz, Bankwesen und Devisen. Andererseits ist es Fakt, dass sich die Färöer nicht zuletzt dank der Integration ins dänische Wirtschafts- und Sozialsystem nach dem Zweiten Weltkrieg trotz aller Schwierigkeiten zum **WOHLFAHRTSSTAAT** entwickelten.

Die Selbstverwaltung der Färöer sorgte dafür, dass die Inseln im Gegensatz zu Dänemark 1973 wegen ihrer einseitig auf Fischerei ausgerichteten Wirtschaft nicht der Europäischen Gemeinschaft (EG) beitraten. Inzwischen ist aber ein Sonderabkommen über Handel und Fischerei mit dem Nachfolger EU in Kraft.

## BOOM UND WIRTSCHAFTSKRISE

Durch die seit 1982 international anerkannte 200-Seemeilen-Zone besitzen die Färöer 275.000 km$^2$ des FISCHREICHEN NORDMEERES und ein **ENORMES ÖKONOMISCHES POTENZIAL**, das aber NICHT FREI VON RISIKEN war und ist. Durch die konstant vergrößerte und mit modernsten Mitteln ausgestattete Fischereiindustrie erzielten die Inseln einen nie zuvor gekannten finanziellen Aufschwung, der einen immensen Innovationsschub mit sich brachte: Es wurden moderne Fangschiffe gekauft, Fischverarbeitungshallen aus dem Boden gestampft, weitere Investitionen getätigt und von den Banken dafür bereitwillig Kredite ausgegeben. Die dadurch ermöglichte sprunghafte Fangquotensteigerung, flankiert von einer übertriebenen Investitionspolitik, musste über kurz oder lang im Fiasko enden. Fischerträge und -preise gingen drastisch nach unten, die kalkulierten Gewinne blieben aus.

Gut 20 Jahre ist es her: Das Bruttoinlandsprodukt war von 1989 bis 1993 um 20 % gesunken, die Arbeitslosenquote von 2 auf mehr als 21 % gestiegen, die Auslandsverschuldung hatte drastisch zugenommen. Die Hälfte der Filetfabriken hatte die Produktion eingestellt, die dänische »Den Danske Bank« zog sich als Mehrheitseigner der »Føroya Bank« zurück und verkaufte ihre Anteile an die Färöer. Auf einmal tat sich ein Finanzloch von rund 1 Mrd. Kronen auf. 1993 stand es in vielen Zeitungen: »Ein Land geht bankrott!« Allein in diesem Jahr wanderten fast 3.000 Färinger aus, vor allem nach Dänemark; viele von ihnen waren hoch qualifiziert. Die Färöer waren WIRTSCHAFTLICH AM ENDE.

Der mühsame, langwierige Weg aus der großen Wirtschaftskrise ist mittlerweile überstanden. Die Arbeitslosenquote ist mit 4 % europaweit relativ niedrig. Kommt man heutzutage auf die Färöer, spürt man vielerorts einen frischen Wind. Die Blicke sind wieder nach vorn gerichtet. Viele derjenigen, die das Land in den 1990er Jahren verließen, kehrten wieder zurück. Ebenso erfreulich sind die vielen jungen Familien, die man auf den Inseln sieht, wobei der Verbleib in der Heimat keinesfalls selbstverständlich ist (siehe unten).

## PERSPEKTIVEN

Weite Sprünge macht, wem es gut geht. Der Ausbau der Infrastruktur hat Ausmaße angenommen, wie sie selbst vor der Wirtschaftskrise undenkbar waren. Millionenschwere TUNNELPROJEKTE lassen die Inseln »kleiner« und die Menschen mobiler werden. Dass dabei Projekte wie der 1,7 km lange Tunnel nach Gásadalur realisiert wurden, mag diskutabel sein – immerhin hat das Dorf heute mehr Einwohner (18) als zuvor. Das Unterseetunnelprojekt zwischen Tórshavn und Runavík ist eine andere Kategorie, so dass die Kosten von bis zu 70 Mio. Euro leidenschaftlich diskutiert werden. Jedenfalls würde sich die Fahrzeit zwischen den Ballungsräumen von ca. 60 auf knapp 10 Minuten verkürzen. Ein Tunnel nach Sandoy soll ebenfalls kommen, aber der nach Suðuroy wohl nur, falls dort wirklich ergiebige Ölvorkommen festgestellt werden (siehe Seite 37).

Ein anderes wichtiges Thema ist die AUSBILDUNG der Jugend, zumal die Zahl der Auswanderer seit Jahren wieder ansteigt. Viele junge Menschen zieht es zum Studieren nach Kopenhagen. Um die Schulausbildung zu optimieren, entsteht oberhalb Tórshavns das 19.200 m² große Schulzentrum MARKNAGIL. Viele Mio. Euro lässt man sich die Zukunftsinvestition kosten, doch es bleibt die Frage bestehen: Wie schafft man mehr Arbeitsplätze für Akademiker?

In den letzten Jahren stark zugenommen hat der REISEVERKEHR. Die Rollbahn des Flughafens wurde verlängert und die Flotte von »Atlantic Airways« vergrößert. Mittlerweile werden die Inseln von etwa 60 Kreuzfahrtschiffen pro Jahr angelaufen, Tendenz steigend.

Um das ehemals populäre Thema UNABHÄNGIGKEIT ist es ruhiger geworden. Die Wirtschaft ist derzeit stabil, die Löhne sind die letzten Jahre gestiegen, und die einzelnen Interessengruppen ziehen zu wenig an einem Strang, um hier voran zu kommen. Schaut man aber genau hin, gibt es einige Dinge, die Richtung Selbständigkeit weisen. Nicht nur, dass die Färinger als eigene Nation innerhalb Dänemarks gelten. Die Färöer unterhalten eine diplomatische Vertretung in London, einen eigenen Repräsentanten in Brüssel bei der EU, sind beratendes Mitglied der Welternährungsorganisation (FAO), haben seit 2007 die Hoheit über den einzigen Flughafen auf den Inseln und übernahmen die Volkskirche, indem die Königin von Dänemark ihr Amt als Kirchenoberhaupt der Protestanten dem färöischen Lögmann übergab.

**Ende 2014 diskutierten einflussreiche Färinger den Sinn einer Flughafen-Insel zwischen Streymoy und Eysturoy. Selbst Wirtschaftsvertreter sehen die Kosten in keinem Verhältnis zum Nutzen: die 19. Insel als Luftschloss.**

# *Wirtschaft*

Die wirtschaftlichen Voraussetzungen der Färöer sind nicht gerade gut. Die periphere Lage, die Abhängigkeit von einer einzigen nennenswerten Exportware, dem Fisch, belassen der Wirtschaft WENIG HANDLUNGSSPIELRAUM. In den letzten Jahren aber haben, wenn auch im kleinen Rahmen, neue Wirtschaftszweige wie Tourismus, IT-Branche und Wollproduzenten ihre Marktnischen gefunden und sich behauptet.

Nachdem der Staatshaushalt Anfang der 1990er Jahre als Folge falscher Investitionspolitik kollabiert war, hofft man heute auf ein zusätzliches ökonomisches Standbein, auf mögliche Ölvorkommen im färöischen Schelfbereich.

## LANDWIRTSCHAFT

Bis zum Beginn des 19. Jahrhunderts war die Landwirtschaft wichtiger als die Fischerei. Angebaut wurden (früher Gerste, dann) Kartoffeln, Gemüse, Futtergras für den Winter. Die Schafzucht lieferte mit der WOLLE das wichtigste ökonomische Erzeugnis. Heute spielt die Landwirtschaft nur eine untergeordnete Rolle. Gerade **40 % DES BEDARFS** an Milchprodukten und Lammfleisch **KÖNNEN DIE FÄRINGER DURCH EIGENPRODUKTION DECKEN**. Getreide wird seit Einführung der Kartoffel nicht mehr angebaut und auch diese muss heute teilweise importiert werden. Wichtigster Nahrungsmittellieferant ist Dänemark.

Der Anteil an Vollerwerbsbauern unter den Beschäftigten liegt unter 3 %. Dagegen ist die LANDWIRTSCHAFT ALS NEBENERWERB WEIT VERBREITET, sind ländliche Strukturen selbst am Rande der Stadtzentren erkennbar. Sie bilden einen wichtigen Bestandteil zur Erhaltung der Kulturlandschaft. Aus diesem Grund wird die Landwirtschaft mit Subventionen bedacht. Ihre wichtigste Sparte ist nach wie vor die SCHAFZUCHT mit annähernd 80.000 Tieren.

## FISCHEREI

Obwohl die Wikinger ein Seefahrervolk waren, wurden die Fischgründe um die Inseln jahrhundertelang nur in geringem Ausmaß genutzt. Der Mangel am Rohstoff Holz, der zum Bootsbau nötig war, dürfte eine Erklärung sein, ebenso die Abhängigkeit von der Hanse und später vom Handelsmonopol Dänemarks, die Eigeninitiative der Färinger blockierten.

Bei der viel diskutierten Loslösung vom Mutterland Dänemark spielen die Finanzen natürlich eine wesentliche Rolle. Die jährliche Geldspritze aus Kopenhagen von weit über 100 Mio. Euro ist ein wichtiger Posten ...

Mit Ende des Monopolhandels begann der Wandel zur Fischereination. Landlose und Tagelöhner, die in die Zentren abwanderten, deckten den großen Bedarf an Arbeitskräften. Eine Hochseeflotte wurde gebildet, es wurden schottische Schoner gekauft, Klippfisch- und Stockfisch in riesigen Mengen vor allem in die Mittelmeerländer expotiert. Der Exportanteil beträgt heute rund 95 %.

Jedoch schwanken Fangerträge und Fischpreise von Jahr zu Jahr, weshalb die EINSEITIGE WIRTSCHAFTSSTRUKTUR sehr sensibel auf Veränderungen des Weltmarkts reagiert. Als Anfang der 1990er Jahre die Fangerträge infolge der Überfischung einbrachen, war die Wirtschaftskrise unabwendbar. In den letzten Jahren ist der Preis für Fisch wieder relativ hoch und stabil.

Durch das so genannte FISCHFARMING von Lachs und Meeresforelle, ein Industriezweig, der immer weiter wächst, ist man mittlerweile ein ganzes Stück UNABHÄNGIGER von schwankenden Fischbeständen. Als Nicht-EU-Mitglied ergeben sich für die Färöer andere Märkte, die von der EU entweder nicht bedient oder sogar boykottiert werden.

## DIE HOFFNUNG AUF ÖL UND (MEHR) PROSPERITÄT

Nachdem in den benachbarten britischen Hoheitsgewässern Ölvorkommen entdeckt worden waren, wurden seit Anfang der 1980er Jahre vor der färöischen Küste Probebohrungen unternommen, u.a. bei Lopra / Suðuroy. Diese brachten die Erkenntnis, dass ERGIEBIGE ÖLVORKOMMEN SEHR WAHRSCHEINLICH sind – immerhin genug, um Ölkonzerne wie »BP«, »Statoil« und »Norsk Hydro« (inzwischen »Statoil Hydro«) Niederlassungen in Tórshavn gründen zu lassen. Allein die Suche und Versorgung der Explorer hat 1.500 Arbeitsplätze auf den Inseln geschaffen.

Die Euphorie über die »Ölsuche« ist einer gewissen Ernüchterung gewichen. Gefunden hat man bisher nichts, bohrt aber weiter und hat die Hoffnung längst nicht aufgegeben. Man sieht in der Ölförderung zwar unverändert die Zukunft der Inseln, aber eben nicht nur. Jedenfalls wären die Färinger nicht mehr allein vom Fisch abhängig und könnten das zurzeit eher in der Schublade verstaute Projekt »Unabhängigkeit von Dänemark« neu beleben: Die Loslösung von Dänemark wäre (vorübergehend) finanziell tragfähig, vorausgesetzt Dänemark entließe seine »Kolonie« dann noch.

Es bleibt die Hoffnung, dass im Fall profitabler Ölvorkommen rechtzeitig über mögliche NEBENWIRKUNGEN nachgedacht wird. So könnten die Fischbestände im Rahmen der Ölförderung durch Einleitungen von Bohrschlämmen und ölhaltigem Abwasser Schaden nehmen. Ebenso wären soziale Spannungen in der bisher homogenen Gesellschaft denkbar. Immerhin könnte man unweit (bei alten Bekannten, den Norwegern) überwiegend positiven Anschauungsunterricht nehmen.

... im färöischen Haushalt. Ohne die erhofften Ölfunde vor der Küste wäre dieser Fehlbetrag nicht zu decken, will man den erreichten hohen gesellschaftlichen Standard und die Lebensqualität aufrecht erhalten.

# *Religion*

Noch um das Jahr 2000 waren die Bürgersteige sonntags vormittags hochgeklappt. Man besuchte den Gottesdienst oder lauschte zumindest im Radio einer christlichen Sendung. Sportliche Aktivitäten und Veranstaltungen begannen grundsätzlich erst nach dem Kirchgang. Heute sehen das viele Färinger weniger streng. Auch die früher üblichen Gottesdienstübertragungen in Bussen und auf Fähren gibt es nicht mehr. Dennoch ist die Religion ein wichtiger Eckpfeiler der Gesellschaft, bedeuten 82 % Färinger in der evangelisch-lutherischen Staatskirche nordeuropaweit einen Spitzenplatz, obwohl die Zahlen sinken.

Olav Tryggvason (995–1000), norwegischer König und Christ, wollte über die Grenzen seines Landes das Christentum verbreiten. Seinen färöischen Gefolgsmann Sigmundur Brestisson (966–1002) schickte er deshalb zurück auf dessen Heimatinseln. Wie auch Olav stieß Sigmundur in seiner Heimat auf erheblichen Widerstand, dem er schließlich auch zum Opfer fiel. Erst in der folgenden Generation konnte durch Eheschließungen zwischen Heiden und Christen wieder Frieden einkehren. In der Folge breitete sich das Christentum über die Inseln aus. MIT DER CHRISTIANISIERUNG ENDETE 1035 DIE WIKINGERÄRA UND damit auch DIE FÄRINGERSAGA, die diese Periode beschreibt (siehe Seite 28). Die Färöer standen wieder unter dem Einfluss Norwegens.

Bevor KIRKJUBØUR, der Ort an der Westküste Streymoys, Bischofssitz wurde, gehörten die Inseln zum Erzbistum Bremen-Hamburg. Kirkjubøur wurde geistliches und weltliches Zentrum. Die Spuren dieser vergangenen Blütezeit sind vor Ort noch zu sehen. Als Folge der Kirchensteuer gingen bis zur Reformation 1535 etwa 40 % aller Besitztümer in Kircheneigentum über. Im Zuge der Säkularisierung fielen die Ländereien nach 1535 dann an die Krone. Die entscheidende Erneuerung der REFORMATION war aber die neue KIRCHENSPRACHE DÄNISCH. Von nun an wurden die Predigten nicht mehr auf Färöisch gehalten, mit erheblichen Konsequenzen (siehe Seite 50).

Die meisten Färinger sind Christen. Wie bereits erwähnt, gehören 82 % der EVANGELISCH-LUTHERISCHEN STAATSKIRCHE an. Um die 10 % sind Mitglieder der durch das Wirken des Erweckungspredigers *William Gibson Sloan* entstandenen Brüdergemeinden (Brøðrasamkoma). Der 1838 in Schottland geborene Sloan wirkte zunächst in Schottland, Orkney und Shetland. 1879 verlegte er seinen Wohnsitz nach Tórshavn, wo er 1914 auch starb. Seine Predigten galten vor allem den Fischern, die zu sehr dem Alkohol zusprachen und auf einen gottesfürchtigen Weg zurückgeführt werden sollten. Auch heute wenden sich die Brüdergemeinden besonders an die Berufsgruppe der Fischer.

In den allermeisten Gemeinden ist in der Regel sonntags morgens um 11 oder 12 Uhr GOTTESDIENST.

Katholiken spielen eine sehr kleine Rolle auf den Inseln, auch wenn ihre Zahl durch Zuwanderung in den vergangenen Jahren kontinuierlich gestiegen ist. Der Kreis der Atheisten und Agnostiker wächst zwar, ist aber nach wie vor überschaubar.

## 130 KATHOLIKEN IM NORDATLANTIK

Man muss sie schon suchen, die 130 Katholiken unter 49.950 Färingern. Fündig wird man am schnellsten in der einzigen katholischen Kirche in Tórshavn.

Nach Einführung der Religionsfreiheit 1849 versuchte man bereits 1857 wieder eine katholische Gemeinde zu integrieren, was erst 1931 gelang. In jenem Jahr war Kardinal *van Rossum* auf dem Weg nach Island und wollte dort eine Kirche einweihen; bei einem Zwischenstopp auf den Färöern fasste er den Wunsch, hier wieder etwas aufzubauen. Zurückgekehrt nach Rom, schickte der Kardinal zwei motivierte junge Priester und zwei Franziskanerinnen auf die Inseln. Sie bauten das auf, was den Grundstock der heutigen katholischen Gemeinde bildet, eine kleine Kirche und den Konvent KERIT.

Zur Kirche kamen später Schule und Kindergarten hinzu; langsam, aber stetig wuchs die Zahl der färöischen Katholiken. Freilich stehen beide Einrichtungen allen Konfessionen offen. Der Konvent Kerit erlebte mit 24 Schwestern in den 1960er Jahren seinen Höhepunkt. Die angesehene Schule ging an den Staat über; dafür wurde mit staatlicher Unterstützung die neue katholische Kirche St. Marien errichtet.

Der letzte dänische Priester vor Ort starb 1990. Seither suchen katholische Pfarrer den nordatlantischen Außenposten nur noch für zeitliche begrenzte Aufenthalte auf. Immerhin kann fast das komplette Kirchenjahr mit Gastpriestern versorgt werden.

Die Nonnen, die hier leben, sind begeistert von den Inseln. Missionarische Aspekte spielen keine Rolle mehr. Man versteht sich eher als kleiner katholischer Außenposten in den Weiten des Nordatlantiks. Trotzdem drängen an einem bestimmten Tag viele Menschen in die kleine Kirche, mehr als diese eigentlich aufnehmen kann: An Weihnachten teilen sich etwa 250 Menschen die 100 Sitzplätze. Die CHRISTMETTE mit vielen Kerzen, Weihrauch sowie Weihnachtsevangelium steht auch bei den Nicht-Katholiken hoch im Kurs.

# *Kunst und Kultur*

Ungezählte Maler, Schriftsteller, ein Sinfonieorchester, ein Kammerorchester, zehn Blechbläsergruppen, hunderte Chorsänger, über 20 aktive Pop-, Rock-, Folk- und Gospelgruppen – und das bei einer Einwohnerzahl von knapp 50.000. Man darf sich fragen, ob es Färinger gibt, die nichts mit Kunst zu tun haben. Abgeschiedene Landstriche und der Faktor Zeit – beides auf den Färöern reichlich vorhanden – tragen wohl zur schöngeistigen Entfaltung der Insulaner bei.

Für Kunstinteressierte findet sich gerade in den Sommermonaten für jeden Geschmack etwas. Sei es bei einer der zahlreichen Kunstaustellungen oder einer abendlichen Kettentanzveranstaltung (siehe Seite 44 f.).

Wer sich für einen Überblick auf die einheimische Kunstgeschichte des 20. Jahrhunderts interessiert, besuche die Nationale Kunstgalerie Listasavn Føroya (siehe Seite 69).

Ein ganz besonderer Kunstgenuss inklusive Begegnung mit Einheimischen sind die sogenannten Wohnzimmerkonzerte (siehe Seite 45). Eine reichhaltige Auswahl an Tonträgern mit traditioneller oder moderner Färöer-Musik findet man am besten in der Hauptstadt sowie aktuelle Informationen rund um die färöische Musikszene unter www.music.fo.

## BILDENDE KUNST

**TRÓNDUR PATURSSON** ist der wohl AUSGEFALLENSTE zeitgenössische Künstler auf den Inseln. Sollte man Tróndur hier irgendwo treffen, erkennt man ihn gleich an seinem wuscheligen, langen Haar und Rauschebart.

In seinem Atelier arbeitet er heute vorwiegend mit Glas. Wer das große Kaufhaus SMS besucht, kann seine aktuellste Glasinstallation gar nicht verfehlen. Auch im untermeerischen Tunnel nach Klaksvík sind farbige Licht-Glasinstallationen zu bewundern.

Tróndur ist ein Künstler, wie man ihn sich vielleicht im Klischee vorstellt. Auf alle Fälle lebt oder arbeitet er nicht für den – sondern im Moment. Sollte er sich während der Bemalung eines Objekts gerade ein Bier oder eine Hühnersuppe

Der wohl ausgefallenste zeitgenössische Künstler der Färöer: Tróndur Patursson 2007 in seinem Atelier ▶

gönnen, kommt mit großer Wahrscheinlichkeit etwas davon mit in die Farbe!

Als ich ihn besuchte, musste unweit seines Grundstücks ein Wagen aus der Böschung gezogen werden. Das war das, was gerade zählte, und das wurde erledigt. Die Kunst war weit weg, aber auch nur für die eine Stunde, bis der Wagen wieder flott war.

Über die Skulpturen des 1957 in Tórshavn geborenen färöischen Bildhauers **HANS PAULI OLSEN** stolpert man unwillkürlich. Auch wenn er vorwiegend in Kopenhagen lebt und arbeitet, findet man einen Großteils seines Schaffens auf den Färöern. Hans Pauli ist der Sohn des Schiffszimmerers Esmar Olsen und dessen Frau Ebba, geborene Joensen. Er absolvierte seine künstlerische Ausbildung in der dänischen Hauptstadt an der Ny Carlsberg Glyptotek und der Königlich Dänischen Kunstakademie. Seine bevorzugten Arbeitsmaterialien sind Granit, Gips und Bronze. Die meist monumentalen Werke werden als spezielle figurative und surrealistische Ausdrucksform bezeichnet. Zu Olsens bekanntesten Werken auf den Färöern zählen die Skulpturen der Wikingerhäuptlinge Tróndur í Gøtu und Sigmundur Brestisson, des Volkshelds Nolsoyar Pall in Tórshavn sowie Fípan Fagra in Klaksvík, dem Zentrum der Nordinseln. Außerdem gestaltete er einige Sondermünzen der Dänischen Nationalbank.

# LITERATUR

Die Auswahl an Literatur vergrößert sich mit jedem Jahr, doch werden nur wenige Werke ins Deutsche übersetzt. Stellvertretend seien einige Autoren genannt, deren Werke übersetzt und im deutschsprachigen Raum im Buchhandel erhältlich sind.

**WILLIAM HEINESEN** (1900–1991), der ALTMEISTER färöischer Literatur, hat es mit seinen Werken bis in die Weltliteratur geschafft. Aufgewachsen in Tórshavn, ging er mit 16 Jahren nach Kopenhagen und entdeckte seine Liebe zum Schreiben. Seinen Lebensunterhalt verdiente er sich als Journalist. 1921 veröffentlichte er seine erste Gedichtesammlung. Sein erster Roman »Blæsende gry« erschien 1934. Sechs weitere folgten, von denen fünf auch ins Deutsche übersetzt wurden. Heinesen wurde mehrmals für den Literaturnobelpreis empfohlen und erhielt den LITERATURPREIS DES NORDISCHEN RATES. Nicht nur schriftstellerisch war Heinesen kreativ: Seine Skizzen und Bildkollagen begegnen dem Besucher in einigen öffentlichen Gebäuden.

**JØRGEN-FRANTZ JACOBSEN** (1900–1938), ein Freund Heinesens, schuf nur ein literarisches Romanwerk: »Barbara«, das aber noch heute ziemlich bekannt ist und bereits ZWEIMAL VERFILMT wurde.

*Hans Jacob Jacobsen* (1901–1987), besser bekannt unter dem Pseudonym **HEÐIN BRÚ**, stammt von Sandoy, fuhr zur See und studierte schließlich in Kopenhagen. Im Gegensatz zu seinem Zeitgenossen William Heinesen schrieb Brú seine SOZIALKRITISCHEN ROMANE nicht auf Dänisch, sondern auf Färöisch. Vielleicht ist dies der Grund, weshalb Brú auf den Inseln noch immer populär ist, international jedoch kaum bekannt wurde.

1990 wagte der in Kopenhagen lebende Färinger **JÓGVAN ISAKSEN** (geb. 1950) den Versuch im KRIMIGENRE Fuß zu fassen, was ihm hervorragend gelang. »Mild ist die färöische Sommernacht« hieß sein erster, gleich auch ins Deutsche übersetzter Krimi, heute als Neuausgabe unter dem Titel »Endstation Färöer« im Handel, nachdem der erste deutsche Partnerverlag seine Geschäfte eingestellt und ein anderer, auf Krimiliteratur spezialisierter Verlag die Rechte übernommen hatte. Isaksens brachte das ungewohnte Thema Kriminalität auf die friedlichen Inseln. Vielleicht lässt gerade dies den Lesern Schauer über den Rücken laufen. Auf jeden Fall scheinen es genug Leser geworden zu sein, denn im deutschsprachigen Raum erschien auch der Nachfolger: »Option Färöer«.

Wer bereits mehr Lust auf die Literatur der kleinen Inselwelt bekommen hat, findet in **LITERATURLAND FÄRÖER: EINBLICKE UND ENTDECKUNGEN** eine wahre Schatztruhe, die auch einen Abriss der färöischen Literaturgeschichte beinhaltet. Das großformatige, 464-seitige von *Norbert B. Vogt* und *Detlev Wildraut* herausgegebene Buch mag nicht in jedes Reisegepäck passen, eignet sich dafür vortrefflich als Heimlektüre und »Appetitanreger«.

Die ANTHOLOGIE **VON INSELN WEIß ICH** ... (Untertitel: Geschichten von den Färöern) beinhaltet eine gelungene, kompetente Auswahl färöischer Literatur, von Klassikern bis zu modernen Erzählungen. Mit 380 Seiten in eher kleinem Format passt das gut ins Reisegepäck – Lesefutter für unterwegs. 2006 herausgegeben von *Verena Stössinger* und *Anna Katharina Dömling*.

**STERNENFELDER** von *Guðrið Helmsdal* (geb. 1941) ist eine GEDICHTESAMMLUNG der ganz eigenen färöischen Art. Als ich in einer mondhellen Nacht mit Guðrið und ihrem Mann Ole Jakob Nielsen am Strand spazieren ging und die Wellen sanft über den Sand rollten, konnte ich nachvollziehen, wie viel unverstelltes, intensives Leben in den Gedichten steckt. Wer Poesie mag, kommt daran nicht vorbei! Leider nur noch antiquarisch erhältlich.

# MUSIK

Verschrobene Fischer, mürrische Schafzüchter, wortkarge Eigenbrödler? Weit gefehlt: Schaut man sich in der färöischen Musikszene um, halten ihre besten Repräsentanten allemal mit der internationalen mit. Das Angebot ist mittlerweile so groß, dass hier nur ein kleiner Querschnitt dargestellt werden kann.

Wer LIVEMUSIK mag, kommt durchaus auf seine Kosten (siehe Seite 45). Aktuelle Informationen zum Ticketverkauf erhält man über das Touristenbüro.

## CHOR
Wenn man von typisch färöischen Eigenschaften spricht, darf man keinesfalls das Singen vergessen. Fast jedes Dorf hat seinen eigenen Chor. Der berühmteste unter ihnen ist **HAVNAKÓRIÐ** aus Tórshavn. Der 1966 gegründete Chor ist vor allem für seine Präsentation färöischer Kettentänze (siehe Seite 45 f.) bekannt. Aber auch Zeitgenössisches umfasst das Repertoire des Chores, was die Sängerinnen und Sänger auf Europatourneen oder bei ihrem Auftritt in der New Yorker Carnegie Hall unter Beweis stellten.

## JAZZ & FOLK

**EIVØR PÁLSDÓTTIR** gilt unter Kennern als »färöische Björk«. Sie ist keiner Musikrichtung zuzuordnen, ihr Repertoire reicht von Jazz über Folk, Ethnopop bis Trip Hop, aber auch Klassik und Kirchenmusik. Dennoch kann sie von ihrem Anspruch her als Jazzmusikerin bezeichnet werden: www.eivor.com

## POP & LIEDERMACHER

Der Tórshavner **TEITUR LASSEN** ist der BEKANNTESTE Musiker der Färöer. Während er zu Beginn seiner Laufbahn ausschließlich in seiner Muttersprache sang, wechselte er bald ins Englische, um ein breites Publikum zu erreichen. Das Album »Poetra & Aeroplanes« fand in international große Beachtung: 2007 gewann Teitur den Danish Music Awards (»dänischer Grammy«) in der Kategorie BESTER DÄNISCHER SÄNGER – der wichtigste dänische Musikpreis. Im selben Jahr erschien auch wieder eine CD in färöischer Sprache; seitdem hat er sich aber aufs Englische konzentriert. www.teitur.com

Einer der aufstrebenden Jungstars ist **GRETA SVABO BECH**. Die in Tórshavn geborene Singersongwriterin war bereits für die beste Dance-Aufnahme bei den Grammy Awards 2011 nominiert. Mit ihrem 2013 gestarteten Soloprojekt schlägt sie eher ruhige Töne an, was zu ihrem zerbrechlichen Erscheinungsbild passt. Ein Künstlerin, die von sich hören lässt! www.gretasvabobech.com

Die färöisch-kanadische Singer-Songwriterin **LENA ANDERSSEN** zählt neben Eivør Pálsdóttir und Guðrun Sólja Jacobsen zu den erfolgreichsten Musikerinnen der Färöer. Sie wurde in Tórshavn geboren und lebt nach einigen Stationen im Ausland heute wieder auf den Inseln.

Ihr Karrierestart liest sich wie in einem Märchen. Lena jobbte als junge Frau in einem Café in Tórshavn. Während ihrer Arbeit sang sie vor sich hin und weckte damit die Aufmerksamkeit eines einflussreichen norwegischen Musikers, der gerade seinen Kaffee genoss. Er war so angetan von ihr, dass er sie vom Fleck weg engagierte. Ihren ersten großen internationalen Erfolg hatte sie mit »Can't Erase It«. 2012 erschien das vielseitige Album »Letters from the Faroes«. Mittlerweile tritt sie auch außerhalb Skandinaviens auf: www.lenamusic.com

## VIKING METAL

Musikfreunde, die es etwas lauter mögen, sei die Heavy-Metal Band **TYR** empfohlen. Der Namen leitet sich von dem gleichnamigen germanischen Gott ab, der in den altisländischen Schriften der Edda beschrieben wird. Ab und an treten die vier Musiker auch in Lederwams und Kettenhemd auf, was ihren Viking Metal Rock noch überzeugender macht: www.tyr.net

## MUSIKFESTIVALS

Beim **G! FESTIVAL** Mitte Juli sind im kleinen Ort SYÐRUGØTA gleich fünf Bühnen zwischen den kleinen bunten Häusern aufgebaut. Neben einheimischen Künstlern treten auch internationale Stars auf.

Im August lockt das **SOMMERFESTIVAL** in KLAKSVÍK, das sich zum größten Musik- und Familienfestival der Inseln entwickelt hat.

Klassisch wird es bei dem von färöischen Komponisten veranstalteten Festival **SUMMARTÓNAR**, als Plattform für neue Werke der modernen sowie klassisch modernen Musik. Das Festival findet an den unterschiedlichsten Locations statt, wobei das wöchentliche Konzert in der großen Brandungshöhle Klæmintsgjógv auf Hestoy der ungewöhnlichste Ort ist. Zu buchen ist dieses Konzert u.a. über den Holzsegler Norðlýsið (www.nordlysid.com), der eine/n zur Höhle segelt.

Wie in Nordeuropa üblich, gibt es auch auf den Färöern eingeschworene Anhänger der Country Musik. Das **COUNTRY-FESTIVAL** findet in SØRVÁGUR auf der Insel Vágar statt, meist auch mit international erfolgreichen Countrybands.

Wie Reykjavík, Oslo, Kopenhagen, Stockholm und Helsinki haben auch die Färöer ihren eigenen Winterjazz. Ende Januar veranstaltet die Jazzgemeinde der Inseln an verschiedenen Orten das **VINTERJAZZ** & **BLUES-FESTIVAL**. Gemeinsamer Nenner ist improvisierte Jazzmusik, doch erklingen auch – der Name verspricht es – Blues sowie Folk.

Die ausgefallensten, eindrücklichsten Konzerte sind allerdings **HOYMA** und **F'LJÓÐ**. Es handelt sich um WOHNZIMMERKONZERTE, die in Privathäusern gegeben werden. Man sitzt auf dem Familiensofa, auf dem Klappstuhl oder Barhocker bei Keksen und Kaffee dicht zusammen, während die Musiker unplugged spielen. Ich selbst erlebte ein Konzert von Greta Svabo Bech im Wohnzimmer von *Elin Brimheim Heinesen,* selbst Sängerin sowie Tochter des Schriftstellers *Jens Pauli Heinesen.* Ein unvergessliches und nebenbei erschwingliches Ereignis.

# KETTENTANZ

Das RELIKT AUS DER WIKINGERZEIT ist lebendig wie eh und je. Bei Alt und Jung ist dieser instrumentlose VERSGESANG UND KREISTANZ gleichermaßen beliebt, sogar im Schulunterricht ein fester Bestandteil. Man steht Hand in Hand in einem Kreis und stampft nach einem bestimmten Muster zum Takt des Sprechgesanges. Ein VORSÄNGER gibt die teils uralten und langen Verse wieder, die oft von Heldentaten und vom Schicksal der alten Nordmänner erzählen. Die Tanzenden stimmen in den Refrain mit ein. Stimmung und Ausdrucksform richten sich stets nach dem Textinhalt. Die Tanzschritte bleiben zwar dieselben, doch falls die Strophe von etwas Traurigem handelt, tanzt man langsam; ist sie lustig, wird auch der Tanz leichtfüßiger; und ist die Stimmung dramatisch, stampft man hart auf.

Ein zwanzigminütiger Tanz ist keine Seltenheit und ERFORDERT EINIGE KONDITION. Als Ende des 19. Jahrhunderts die färöische Sprache wieder belebt wurde, waren es vor allem die alten Tanzballaden, die als wertvolle, vitale Quelle des Färöischen dienten. CD-TIPP: Wer nach FØROYSKUR DANSUR Ausschau hält, stampft sich ans Ziel.

Der Kettentanz, der in Frankreich entstand und weit über Europa verbreitet war, hat sich **NUR NOCH AUF DEN FÄRÖERN ERHALTEN**. In anderen Ländern wurde der Tanz teilweise von Seiten der Obrigkeit verboten, die darin einen heidnischen Brauch sah. Wer am Olavstag (28./29. Juli) zu später Stunde durch die Gassen der Hauptstadt läuft und die monotonen Verse und das gewaltige Aufstampfen der Tanzschritte aus den Stuben vernimmt, kann ermessen, dass manche Menschen mitunter Angst und Machtlosigkeit vor dieser mystischen Stimmung verspürten. Aber keine Sorge – um das Gefühl des Kettentanzes mitzuerleben, sollte man nicht zögern, sondern in den Reigen einfallen. Ein einmaliges Erlebnis! In vielen Orten gibt es ein TANZHAUS, wo sporadisch Veranstaltungen stattfinden. Informationen erteilen die lokalen Touristenbüros.

# TRACHTEN

Zu festlichen Gelegenheiten tragen viele Färinger die **NATIONALTRACHT**, vor allem AM OLAVSFEST, dem Nationalfeiertag. Die Tracht des Mannes besteht aus einem weißem Hemd mit dunkler Krawatte, über das eine rote Weste gezogen wird. Kniebundhose und Jacke sind dunkel gehalten. Auf dem Kopf trägt Mann die bekannte rot-schwarz, selten blau-schwarz gestreifte Mütze *(húgvur)*. Ältere Färinger verwenden die Kappe heute noch als tägliche Kopfbedeckung.

Das Kostüm der Frau ist in ähnlichen Farben gehalten. Der lange Rock ist aus dem gleichen rot-schwarz gestreiften Stoff wie die Mütze der Männertracht. In die Schürze, die darüber getragen wird, ist meist ein Muster eingewebt. Das Oberteil ist mit Silberschnallen verziert. Der schwarze Umhang mit rotem Innenfutter komplettiert die Nationaltracht.

# *Essen und Trinken*

### VOGEL
Das beliebteste Vogelgericht ist **PAPAGEITAUCHER**. Es gibt verschiedene Zubereitungen, die – soweit man sie bekommt – allesamt schmackhaft sind. Das Fleisch hat einen Wildgeschmack und eine feste Konsistenz. Was bei uns das halbe Hähnchen, ist den Färingern der gefüllter Papageitaucher. Mit einer rosinengespickten TEIGFÜLLUNG wird er im Ofen knusprig gebacken. Im Restaurant bekommt man ihn meist gebraten oder gebacken, jedoch ohne Füllung. Wenn er denn auf der Speisekarte steht: Nachdem die Population einige Jahre (nicht des Fangens wegen) arg gelitten hatte, verging vielen der Appetit...

Für Hartgesottene gäbe es auch noch gekochter **EISSTURMVOGEL**. Das Gericht wird man aber auf Restaurantkarten vergeblich suchen. Der tranige Geruch, der bereits beim Zubereiten die ganze Küche dominiert, sorgt dafür, dass das Gericht selbst bei Färingern nur noch selten auf dem Speiseplan steht.

### WAL
Gekocht, gebraten oder getrocknet, **GRINDWAL** ist nach wie vor ein beliebtes Gericht. Die klassische Zubereitungsart ist KOCHEN. Über eine Stunde wird das Fleisch zusammen mit einem Stück Walspeck gekocht. Dazu reicht man Kartoffeln. Damit das trockene Fleisch etwas saftiger schmeckt, schneidet man sich ein Stückchen Fett (Blubber) mit ab oder isst Senf dazu. Ein SCHNAPS zuvor und danach mag über den unangenehmen Fettgeschmack hinweghelfen.

### SCHAF
Ob als Wurst, getrocknet, als Suppenfleisch oder Schafsinnereien – am Schaf kommt keine/r vorbei. **WINDGETROCKNET** gilt das Fleisch als DELIKATESSE – zumindest unter Färingern – und wird gerne bei der Arbeit unter freiem Himmel verspeist. Von Oktober – Zeit der Schafscheide – bis Weihnachten muss das Fleisch der Meeresluft ausgesetzt sein.

### H UND H
In nahezu allen Tankstellen mit Café sind HAMBURGER UND DÄNISCHE HOT DOGS nach wie vor **DER GROSSE RENNER**. Im Gegensatz zu den Produk-

## FÄRÖISCHE KÜCHEN

Wer eine kulinarische Exkursion durch den färöischen Speiseplan plant, kann damit gleich auf der Fähre »Norröna« beginnen. Zu kosten sind (u.a.) Schafswurst und -kopf, Krabben, gesalzenes Walfett, Trockenfisch, überbackener Dorsch, Rhabarber-Kompott und Apfelkuchen. Alternativ sei das tägliche Buffet im »Hotel Hafnia« empfohlen.

Einfache Bauern- und Seemannskost findet man heutzutage eher selten, muss aber gleichzeitig betonen, dass die einst als »schlicht« bezeichnete nordische Küche von der »Neuen Nordische Küche« abgelöst wurde. Im Restaurant »Koks«, das sich im »Hotel Føroyar« befindet, kann man avantgardistische Kochkunst genießen. Das »Koks« zählt zu den besten Restaurants im dänischen Königreich. Das nötige Kleingeld sollte man dabei haben, denn unter 100 Euro pro Person wird man kaum satt werden.

Eine gerne getrunkene Konstante der Färöer ist und bleibt das »Føroya Bjór« der gleichnamigen Brauerei (siehe Seite 126). Daneben gibt es heute die Brauerei »Okkara« bei Velbastaður. Inzwischen sind auch Biersorten im Angebot, die Rharbarber, Engelwurz oder andern Kräuter verfeinern und die von Bier-Enthusiasten und -Sammlern hoch gelobt werden.

Kleine Cafés oder Restaurants servieren oft die eine oder andere landestypische SPEZIALITÄT. Nur Mut mit der Speisekarte! Kleine Orientierungshilfe: *smárættir* (kleine Gerichte), *heitir rættir* (warme Gerichte), *til børnini* (für Kinder), *omaná* (Dessert), *kaldirdrykkir* (kalte Getränke).

---

ten einschlägiger Fastfood-Restaurants sind die Burger mit reichlich frischem Salat belegt. Wer es dennoch richtig ungesund bevorzugt, findet bisher nur im Einkaufszentrum »SMS« in der Hauptstadt einen »Burger King«.

## FISH & CHIPS

England lässt grüßen! Wer am Rathausplatz in Tórshavn den stadtbekannten Fish & Chips-Verkauf aufsucht, macht dies nicht nur, weil er/sie Hunger hat. Bei Fish & Chips TRIFFT MAN SICH, ob während der Mittagspause oder beim Bestellen des Abendessens. **SEHR FETT**!

## SÜSSIGKEITEN

Hier macht sich **DÄNISCHER EINFLUSS** bemerkbar. Süßes Gebäck gibt es in zahlreichen Formen, Geschmacksrichtungen und Farben. Rosinenschnecken, Quarkplunder, Marzipankuchen, Schokoladenteilchen usw. Alles was gut schmeckt und ungesund ist! – SOUVENIRTIPP: Ein neongrüner Färöer-Kuchen kann Party-Renner auf Festen und Feten zu Hause werden!

---

Proteinreicher Vorrat während der »Reife«: Trockenfisch bei Gásadalur auf Vágar ▶

## ZWEI FÄRÖISCHE ORIGINALE
**KLEYNUR** sind KLEINE KUCHEN, die ähnlich wie Berliner in kochendem Fett gebacken werden. Sie haben eine längliche, wurstartige Form und schmecken sehr gut.

**BRÚSTSUKUR** ist ein Lutschbonbon AUS KARAMELLISIERTEM ZUCKER. Die hellbraune Leckerei wird in mühsamer Handarbeit hergestellt und liegt oft in kleinen Tüten verpackt auf den Verkaufstheken von Bäckerei oder Tanke.

## GEGEN DEN DURST
Ob Behördengang oder spontane Einladung – **KAFFEE** bekommt man überall, frei nach dem Motto STARK & SCHWARZ. Das Nationalgetränk der Färinger.

**TEE** nimmt man in der Regel mit Milch und Zucker. Dass man sich hier VERY ENGLISH gibt, liegt an der traditionell starken Verbundenheit zum Nachbarland und, daraus resultierend, angenommenen Gewohnheiten.

**BIER**: FØROYA BJÓR wird seit 1888 in Klaksvík gebraut. Der Chef über den Gerstensaft hat in Weihenstephan studiert und lässt fast nach deutschem Reinheitsgebot herstellen. Fast, denn man liebt vor Ort es eine Idee süßer! Auch Kräuter werden heutzutage beigemischt. Die Produktpalette reicht von Pils über Export bis zu malzigen Bieren mit Namen wie Black Sheep oder Green Islands Stout: www.bjor.fo und www.okkara.fo. Starkbier ist erst seit 2011 erlaubt.

Wer auf ein Schlückchen leckeren **RHABARBERWEIN** eingeladen wird, sollte das Auto stehen lassen. Ihn zu kaufen dürfte sich schwierig gestalten.

An **HOCHPROZENTIGEM** gibt inzwischen ebenfalls einheimische Produkte, wie den Wodka »Eldvatn«. Traditionell populär ist der Aquavit, der mit Kümmel aromatisierte Branntwein: eine Vorliebe, die Färinger und Dänen teilen.

## Die färöische Sprache

### NICHTS ALS WORTE?

Die Färinger zählen zu den kleinsten eigenständigen Sprachgemeinden. Das Färöische ist eine nordgermanische Sprache, die VOM ALTNORWEGISCHEN der Wikingerzeit ABSTAMMT. Während die Sprachen der drei skandinavischen Länder Dänemark, Schweden und Norwegen vereinzelte, aber deutliche Parallelen mit dem Deutschen aufweisen, findet der Laie nur noch wenige Gemeinsamkeiten mit dem Färöischen.

Dass das Färöische – wie auch das Isländische – seit 1.000 Jahren KAUM EINE VERÄNDERUNG erfuhr, liegt an der abgeschiedenen Insellage, aber auch am erklärten Willen der Insulaner, ähnlich wie in Island.

Die westnorwegischen Wikinger, die die Nordatlantikinsel besiedelten, hatten trotz Koloniestatus zunehmend seltener Verbindung zu ihrem Herkunftsland. In Norwegen entwickelte und veränderte sich die Sprache so weit, dass das ursprüngliche Altnorwegisch heute als ausgestorben gilt. Abgeschieden im Nordatlantik, überlebte Färöisch jedoch als eigene Sprache, obwohl es lange Zeit in seiner Existenz bedroht war. Als 1538 die Reformation Einzug hielt und in den kommenden Jahren wesentliche soziale Veränderungen in der Oberschicht stattfanden, wurde Dänisch zunächst Kirchen- und schließlich auch Amtssprache (wie in Norwegen, das bereits seit dem 14. Jahrhundert faktisch eine dänische Kolonie war). 300 Jahre lang wurde Färöisch höchstens noch VON DER LANDBEVÖLKERUNG GESPROCHEN, die jeweils ihren eigenen Dialekt fortentwickelte.

Gegen Ende des 18. Jahrhunderts entstand ein neues färöisches Selbstbewusstsein und damit ein Verlangen nach nationaler Eigenständigkeit. Zunächst war es nur wissenschaftliches Interesse, das sich näher mit dem Färöischen befasste. Schriftliche Relikte waren jedoch kaum vorhanden. Das älteste vorhandene und somit wichtigste Schriftstück ist der SEYÐABRÆVIÐ, der Schafsbrief: ein Gesetzestext, der die färöische Landwirtschaft regelt, aufgesetzt vom norwegischen König *Håkon V.* im Jahr 1298. Zwei Abschriften des Schafsbriefes sind in der Königlichen Bibliothek Stockholm und der Universitätsbibliothek im südschwedischen Lund aufbewahrt. Das Faksimile aus Lund wurde 1310 aller Wahrscheinlichkeit nach auf den Färöern erstellt. Dem großen Stadtbrand

 Eine ähnliche Entwicklung nahm Norwegen, wo zwei Schriftsprachen heute gleich berechtigt in Gebrauch sind: die aus der dänischen Amtssprache hervorgegangene und ein Dialektsubstrat (das 15 % der Bürger sprechen).

in der norwegischen Königsstadt Nidaros, dem späteren Trondheim, fielen im Jahr 1531 zahlreiche handschriftliche Aufzeichnungen zum Opfer, die den Forschern Aufschluss hätten geben können.

Sprachwissenschaftler wie *Jens Christian Svabo* (1746–1824) oder *Venceslaus Ulricus Hammershaimb (*1819–1909) befassten sich daher zunächst mit »Resteverwertung« – man sammelte alles, was man für die ursprüngliche Sprache hielt. In den alten Balladen, die alle von Generation zu Generation mündlich weitergegeben wurden, fand man ein überwältigend großes Repertoire. Die GRUNDLAGE war gefunden, und so schuf Hammershaimb um 1846 die färöische Schriftsprache, die in Schrift und Grammatik stark dem Altnorwegischen gleicht. Nur inwieweit die Aussprache vom historischen Vorbild abweicht, das lässt sich verständlicherweise nicht mehr nachvollziehen.

Die meisten Färinger beherrschen Englisch. Wer als Besucher gar eine der skandinavischen Sprachen Dänisch, Norwegisch oder Schwedisch spricht, wird mit diesem Nordisch fast überall ins Gespräch kommen.

# MINI-LEXIKON FÜR DEN REISEALLTAG

## AUSSPRACHE

Betont wird der Wortanfang.

Folgende Buchstaben werden anders als im Deutschen ausgesprochen:
- a und æ = äa, seltener = a; á = å (offenes o);
- í = ui;
- ó = ou; ø = ö;
- ú = üu;
- y = i; ý = ui;
- ey = äi; oy = åi;
- ð ist ein stummes Zeichen und wird in der Regel nicht gesprochen. Beispiel: *fjørður* [fjörur] oder *eiði* [aiji]
- ge = dsche [dZe];
- gi/gy = dschi [dZi]; ggj = dsch [dZ];
- ke = tche; key = tchäi; ki/ky = tschi; kj = tch;
- ll = dl;
- rs = rsch, rt = rscht.

## ZAHLEN

1, 2 und 3 werden dekliniert.
0 [null] null
1 [ein, eitt] ein (m), ein (f) , eitt (n)
2 [tvair, tvär, tveï] tveir (m), tvær (f), tvey (n)
3 [trudtscher, trudtschar, truï] tríggir (m), tríggjar (f), trí (n)
4 [fuira] fýra
5 [fimm] fimm
6 [ßex] seks
7 [scheï] sjey
8 [otta] átta
9 [nuddschu] níggju
10 [tuddschu] tíggju
11 [eddlewu] ellivu
12 [tollf] tólv
13 [trettan] trettan
14 [fju(r)schtan] fjúrtan
15 [fimtan] fimtan
16 [ßextan] sekstan
17 [scheïtan] sjeytan
18 [åatschan] áttjan
19 [nuttschan] nítjan
20 [tschuwu] tjúgu
21 [ain-o:tschuwo] ein og tjúgu
22 [tweï-o:tschuwo] tvey og tjúgu
23 [truï-o:tschuwo] trý og tjúgu
30 [tre:tewu] tretívu
40 [fjörute] fjøruti
50 [holl-trusch] hálvtrýss
60 [trusch] trýss
70 [hollfjerrs] hálvfjerðs
80 [furrs] fýrs
90 [holl-femms] hálvfems
100 [hundra] hundrað

## WOCHENTAGE

Montag [måanadäawur] mánadagur
Dienstag [tuschdäawur] týsdagur
Mittwoch [mi:kudäawur] mikudagur
Donnerstag [hössdäawur] hósdagur
Freitag [fruddschiadäawur] fríggjadagur
Samstag [leïjardäawur] leygardagur
Sonntag [ßunnudäawur] sunnudagur

## ALLGEMEINES

ja [ja] ja, jú (oft in der Verdopplung ja ja)
nein [nai] nein
nicht [ittsche] ikki
bitte [dschärschowäall] ger so væl
danke (für) [takk (fi:re)] takk (fyri)
tausend Dank [tu:ßun takk] túsund takk
Hallo! [heï heï] hey hey
Auf Wiedersehen! [farwäall] farvæl!
Tschüss! [vi:t ßuddschast] vit síggjast!
Entschuldigung! [orrschäaka] Orsaka!
alles ok. [alt ui läadsche] alt í lagi
Ich verstehe nicht [e:schillje ittsche] Eg skilji ikki
Ich hätte gern [läat me:fåa] Lat meg fáa
Wo ist..? [kwär err] Hvar er..?
hier [he:r] her
da, dort [häar] har

Ich würde gern bekommen... [e:willdi fe:jen finndsche] Eg vildi fegin fingið
(das ist) genug [täa er noumi:tsche] tað er nóg mikið
Wie viel kostet es? [kussu neggw kosstar täa] Hvussu nógv kostar tað?
wann? [näar] nær?
gestern [ui dschåar] í gjár
heute [ui däa] í dag
morgen [ui morrdschen] í morgin
vielleicht [kannska] kanska

2013 erschien auf den Färöern das erste Wörterbuch »Färöisch–Deutsch«. Mit seinen fast 1.000 Seiten wendet es sich bevorzugt an Deutschlehrer und Deutsch Lernende in Beruf und Schule.

## TORSHAVN GLEICH HAVN

Sprechen Färinger von ihrer Hauptstadt Tórshavn, reden sie meist von »Havn« [*haun*]. Auch in manch gedrucktem Informationsmaterial findet sich diese Bezeichnung, die übersetzt schlicht Hafen heißt.

## SMYRIL IST NICHT GLEICH SMYRIL!

Wer mit dem Schiff auf die Inseln reist, fährt mit der »Norröna«. Die Reederei dieser Fähre ist die »Smyril Line« mit Sitz in Tórshavn. Sagt man auf den Inseln aber »Wir fahren mit der Smyril«, ist die Fähre der »Strandfaraskip Landsins« oder kurz »SSL« gemeint, die zwischen Tórshavn und der Insel Suðuroy verkehrt. Und nebenbei bemerkt, ist »Smyril« das färöische Wort für Merlin, eine Falkenart.

## KUNNINGARSTOVAN

Heißt Auskunftsstube, meint Touristenbüro. Während die Info-Stellen außerhalb Tórshavns die färöische Bezeichnung Kunningarstovan tragen, nennt sich die Info-Stelle der Hauptstadt, die im Zentrum gegenüber Rathaus und Parlament liegt, zumindest für die Ausländer jetzt »Visit Tórshavn«.

## EIN SEE – ZWEI NAMEN

Der größte See der Färöer liegt beim kleinen Dorf Vatnsoyrar. Fragt man einen Einwohner von Sørvágur, wie der See heißt, wird er mit Sicherheit »Sørvágsvatn« sagen. Bewohner von Vatnsoyrar und Miðvágur lassen allerdings keinen Zweifel aufkommen, dass der See »Leitisvatn« heißt.

## VORSICHT!

Bei aller Hochachtung vor den Einwohnern der Färöer: Sätze wie »Das kann man gar nicht verfehlen« oder »Wir laufen hier bei jedem Wetter« sollten Reisende immer mit Vorsicht genießen. Es sollte einer/m stets bewusst sein, dass die Färinger seit Jahrhunderten an die Tücken und Widrigkeiten der Berge und des Nordatlantiks gewohnt sind.

## SPRICHST DU...

[*to:ßar tiu:*] Tosar tú...
Deutsch? [*tuikscht*] týskt?
Englisch? [*ennkst*] enskt?
Dänisch? [*dangst*] danskt?
Ja, ein bisschen [*jää, aitt ßinndur*] Ja, eitt sindur
Sprechen Sie bitte nicht so schnell. [*dsche:rschowäall ittsche a to:ßa ßo:schött*] Ger so væl ikki at tosa so skjótt.

## UNTERWEGS

Wann fährt es ab ? [*näar fe:r täa*] Nær fer tað ?
Ankunft [*ko:ma*] koma
Abfahrt [*fråafe:r*] Fráferð
Fahrplan [*fe:ra-attlan*] Ferðaætlan
Zeit [tui] tíð
die Fähre [*båaturen*] báturin
der Bus [*bussuren*] bussurin
der Hubschrauber [*tirlan*] tyrlan
das Flugzeug [*flo:fäare*] flogfarið

nach/aus [ti:l /ui] til/í
einfach [ain-we:] ein veg
hin und zurück [attur_o:framm] aftur og fram
Fahrschein [fe:raße:jel] ferðaseðil
Haltestelle [ßteggeploss] steðgipláss
Linie [lai] eið
Preis [kosstnäawur] kostnaður
Verspätung [ßainkan] seinkan
Hafen [haun] havn
Flughafen [flo:wöddlur] flogvøllur
Gepäck [wiffö:re] viðføri
Koffer [kufferscht] kuffert

## AUF WANDERUNG

Rucksack [riggsekkur] ryggsekkur
Bach [oa] á
Berg [fjadl] fjall
Bucht [wujk, woavur] vík, vágur
Denkmal [minniswari] minnisvarði
Felsabsatz [heamar] hamar
Felsnadel [stakkur] stakkur
Fjord [fjörur] fjorður
Gebirgspass [skear] skarð
Gebäude [bigningur] bygningur
Gestein [grout] grót
Gipfel/Nunatakker [tindur] tindur
Hang [brekka] brekka
Haus [hus] hús
Heide [heiji] heiði
Hof [gearur] garður
Insel [oydgj] oyggj
kleine Insel [holmur] hólmur
Jugendherberge [waddlarahaime] vallarheimið
Kap [höddi, muli] høvdi, múli
Kirche [tschirtscha] kirkja
Klippe [klettur] klettur
Kluft [dzjogv] gjógv
Kulturland (dk. Indmark) [bøwur] bøur
Ödland (dk. Utmark) [heaji] hagi
Landenge [aiji] eiði
Leuchtturm [witi] viti
Museum [sauvn] savn
Ort [bigd] bygd
Pfad [göta] gøta
Quelle [tschelda] kelda
Schafschutzstand (kreisrunde Mauer mit Einlass) [boul] ból
Torftrockenhaus (längliches Steingebilde) [krogv] krógv
See [watn] vatn
steil [brattur] brattur
Steinmann [veari] varði
Strand [strond] strond
Tal [dealur] dalur
Talboden, Kar [botnur] botnur
Ufer [batschi] bakki
Wetter – veður
góðveður – gutes Wetter
harðveður – hartes Wetter
kavaveður – Schneewetter
óðnarveður – Sturmwetter
turrveður – Trockenwetter
ælaveður – Regenwetter
ringt veður – schlechtes Wetter
í øllum veðri – bei jedem Wetter
Vogelfelsen [fuglabjörg] fuglabjørg
Zaun [sti:k] stik
Zeltplatz [tschaldingarßtäawur] tjaldingarstaður

## HIMMELSRICHTUNGEN

Norden [norur] norður
Osten [estur] eystur
Süden [su-ur] suður
Westen [westur] vestur

Unterwegs auf den Färöern:
oben der Abstecher nach Syðradalur auf Streymoy,
unten an der Straße nach Funningur auf Eysturoy. ▸

# *Inselrouten*

# Tórshavn

## DIE HAUPTSTADT

Die rund 12.400 Einwohner zählende Hauptstadt gehört zu den kleinsten ihrer Zunft. Nichtsdestotrotz hat sie eine bewegte Geschichte hinter sich, an deren Anfang eine Art »tausendjährige Demokratiebewegung« steht.

Bereits 1075 wird Tórshavn erstmals erwähnt, als THINGSTÄTTE in der Färinger Saga von 1220: Einmal im Jahr trafen sich hier die Färinger, um GEMEINSAM über Recht und Gesetz zu beraten. Aufgrund ihrer zentralen Lage und Funktion wurde die Stadt bald zum politischen und wirtschaftlichen Zentrum der Inseln.

Auch im Mittelalter, als färöische Politik vor allem von Kirkjubøur ausging, war HAVN – der Hafen –, wie Tórshavn im Volksmund bis heute genannt wird, Sitz der Verwaltung; zumal Kirkjubøur keinen Hafen besaß. 1600 lebten ungefähr 100 Menschen auf der Landzunge TINGANES, zwischen den Hafenbecken VESTARAVÁG (dem westlichen) und EYSTARAVÁG (dem östlichen). Schließlich lief die komplette Ein- und Ausfuhr über das HANDELSMONOPOL in Tórshavn, das zum Dreh- und Angelpunkt für die Färinger geworden war.

> Der Name Tórshavn bedeutet **HAFEN DES THOR**. *Thor,* Gott des Donners (von *Donar,* die althochdeutsche Form von Donner) ist neben Odin (Wodan) der bedeutendste germanische Gott aus dem Geschlecht der Asen.
> Im Blitz sah das Volk den zur Erde geschleuderten HAMMER, der das STADTWAPPEN TORSHAVNS ziert. Thor beschützte die Menschen gegen die Riesen und Ungeheuer, er weihte die Ehen und bewirkte durch seinen Hammer Fruchtbarkeit.
> Er galt als der Gott des einfachen Volkes, der Gott der Bauern.

Strukturverbesserungen für abgelegene Siedlungen wurden erst 1856 mit Auflösung des dänischen Handelsmonopols möglich. Trotzdem stieg die Einwohnerzahl Tórshavns in den letzten 150 Jahren um das 13-fache, die Kommune einbezogen um das 20-fache. Seit jeher zieht es die Menschen der besseren Perspektiven wegen in das Verwaltungszentrum, die Hauptstadt. Diese Landflucht dauert an.

Man kann Tórshavn in drei Zonen gliedern – die historische Altstadt auf der Landzunge Tinganes, die das Hafenbecken teilt, das moderne Zentrum um die NIELS FINSENS GØTA und die anschließenden Wohnviertel. Wer in der Hauptstadt unterwegs ist, tut sich leichter, geht sie/er zu Fuß auf Erkundungstour, da viele Straßen als Sackgassen enden oder in schmale Fußwege übergehen.

Das UNGEORDNETE Siedlungsbild erklärt sich dadurch, dass bis in die 1990er Jahre kein Bebauungsplan existierte. Durch den immensen Bevölkerungsanstieg nach dem Zweiten Weltkrieg hinkte die Planung der Bautätigkeit stets hinterher. Das Stadtbild wirkt deswegen ein wenig chaotisch, aber aufgelockert. Einfamilienhäuser dominieren in der größten färöischen Stadt. Lediglich das Krankenhaus fällt mit mehreren Hochhäusern aus dem Rahmen. In naher Zukunft werden zudem das neue Schulzentrum und der weitere Ausbau des Sportstadions markante architektonische Punkte in der Stadt darstellen.

Für die meisten Urlauber ist Tórshavn Ausgangspunkt ihrer Rundreise auf den Färöern, dank der besten Infrastruktur und Verkehrsanbindung.

## INFORMATION

◎ **VISIT TÓRSHAVN**, Vaglið 4, FO –110 Tórshavn, Tel. 30 24 25, Fax 31 68 31, torsinfo@torshavn.fo, www.visittorshavn.fo. 1.5.–31.8. Mo–Fr 8–17.30 Uhr, Sa 9–14 Uhr (Juli So 11–15 Uhr), sonst Mo–Fr 9–17, Sa 10–14 Uhr. WELCOME CARD für Besucher von Schwimmbad/Museen/Aquarium 80/95/110 DKK für 24/48/72 Stunden, plus Rabatt in einigen Lokalen/Shops.

# Stadtspaziergänge

## TINGANES – DAS HISTORISCHE TÓRSHAVN

Dauer: 2 Stunden.
◎ Der Stadtrundgang beginnt auf dem Parkplatz vor dem **RATHAUS (1)**. Ursprünglich war das steinerne Gebäude eine Schule. Als diese 1861 ihr Pforten öffnete, verstanden viele Pessimisten nicht, warum das Schulhaus so weit außerhalb des Stadtkerns errichtet wurde; was heute – bei der innerstädtischen Lage – überholt ist.

Vor der Südseite des Rathauses steht die Figur des STEINTRÄGERS TRAÐAMAÐURIN. Der Tórshavner Künstler Hans Pauli Olsen erschuf die Plastik 1989. Tórshavn war jahrhundertelang der einzige Ort, wo Landlose in anderen Erwerbszweigen als in der Landwirtschaft arbeiten konnten. Die Figur gedenkt der Tagelöhner, die zahllose Kilometer Trockensteinmauer errichteten und das Land damit urbar machten (und ab 1894 auch selbst ein Stück urbar gemachtes Land erwerben konnten). Heute schützen die Mauern bewirtschaftete Wiesen und Felder. Mitten durch Tórshavns Kern erstrecken sich Reste einer solchen Mauer (19. Jh., siehe Seite 68).

Wer aus dem Ausland anruft, muss die Landeskennzahl 00298 vorwählen. – Die Zahlen in Fettschrift bei ausgewählten Sehenswürdigkeiten beziehen sich auf den Stadtplan auf der hinteren Umschlaginnenseite.

Auf der anderen Straßenseite ein kleines weißes Holzhäuschen: Das **FÄRÖISCHE PARLAMENT (2)**! Das aus dem Jahr 1856 stammende Haus kann den gestellten Anforderungen nicht mehr entsprechen. Doch Pläne, das historische Bauwerk abzureißen, wurden zum Glück wieder verworfen. Dennoch verlor es im Rahmen der Erweiterung 2000 sein romantisches Aussehen mit Grasdach und schwarzen Wänden und bekam sein historisches, dafür aber schlichtes Kleid zurück. Mittlerweile wurde auch das ehemalige Gebäude der Telefongesellschaft, heute mit künstlerisch gestalteten Glasplatten verkleidet, integriert. Um den Parlamentariern über die Schultern schauen zu können, beließ man die Scheiben des Parlaments glasklar.

Auf dem Rasen vor dem Parlament steht die BÜSTE von *Rasmus C. Effersøe* (1857–1916). Der Dichter und Politiker war Herausgeber der ersten Tageszeitung in der Landessprache:»Føringatíðindi«. Er trat vehement für den Nationalgedanken ein.

Die windgeschützte Lage um den Vaglið, wie der Platz genannt wird, ließ hier die schönsten Bäume der Inseln gedeihen. Ein SCHMUCKSTÜCK ist das rote Holzhaus. In der ehemaligen Realschule sind heute ein Buchladen sowie das TOURISTENBÜRO (siehe oben) untergebracht.

Die kurze, aber steile Mylnugøta geht es nach unten und man erreicht das **DENKMAL** zu Ehren von NÓLSOYAR-PALL **(3)**, das ebenfalls Hans Pauli Olsen schuf. Der Nationalheld (1766–1809, siehe auch die Seiten 31 und 139), der als einer der ersten Färinger im Ausland studierte und während seiner Reisen die Französischen Revolution erlebte, brachte neben politischen Ideen und anderen Innovationen auch Pockenimpfstoffe auf die Inseln. Sein ungeklärter Tod ließ ihn zur Legende werden.

1760 baute man den Transithandel von Kopenhagen zu den Färöern auf. Die beiden ROTEN GEBÄUDE im Rücken der Figur, in denen sich heute Souvenirläden und die Redaktion des »Sosialurin« befinden, dienten als Waren- und Lagerhaus. Hier stand einst die Mühle Tórshavns. Die meisten Handelsschiffe kamen von den Shetlands, aus England und Irland.

Die Färöer entwickelten sich gerade wegen ihrer peripheren Lage zu einem attraktiven Umschlagsplatz. So reichte der Arm dänischer Gesetzeshüter nicht permanent bis auf die Inseln, weshalb Tórshavn zeitweise vielen als Umschlagsplatz für Schmuggelware diente: Ostindischer Rum, der nicht in Dänemark verkauft werden durfte, war eines der beliebtesten Schwarzmarktgüter.

Unzählige kleine Boote liegen im **VESTARAVÁG**, mit denen ab und an zum Fischen gefahren wird. In der UNDIR BRYGGJUBAKKA unternahm man einst den Versuch, die berühmte Fassade der Hafenzeile Bryggen im norwegischen Bergen zu kopieren. Man blieb zwar um einiges bescheidener, aber wer auf einem der

Stege, die im Vestaravág liegen, hinausläuft, der/m bietet sich einer der schönsten Postkarten-Ansichten in Tórshavn. Vor der KULISSE der ehemaligen Handelshäuser stehen werktags ein paar Fischer oder Vogelfänger, die ihre Beute feilbieten. Wer FRISCHEN FISCH kaufen möchte, findet hier die beste Gelegenheit.

Dreht man sich auf dem Steg um 180°, erblickt man die Kirche VESTURKIRKJAN (1975), deren Dach der traditionellen färöischen Kopfbedeckung Húgvur nachempfunden ist (siehe Seite 67). Mo–Fr 15–17 Uhr.

◉ Links davon befinden sich in einiger Entfernung die Gebäude der UNIVERSITÄT und die MODERNE **NATIONALBIBLIOTHEK (4)** (Mo–Fr 13 bis 17 Uhr).

Weiter nach links ragen die grauen Blocks des Krankenhauses in die Höhe.

◉ Verlässt man den Steg und läuft wieder ein paar Meter zurück zur Undir Bryggjubakka, geht es an der bunten Häuserfront entlang. Auf halbem Weg, wenige Meter hinter dem gemütlichen »Kaffihúsið«, führt eine Treppe hinauf in die historische Altstadt Tinganes', oben geht's ein paar Meter nach links und gleich in die Bringsnagøta. In der **HAVNAR KIRKJA (5)** findet stets der GOTTESDIENST ZUM NATIONALFEIERTAG am 29.7. statt.

Zwar wirkt die Kirche von 1788 bescheiden, im Vergleich zu den armseligen Landkirchen jener Zeit stellt sie aber ein prunkvolles Gegenstück dar. 1865 wurde sie renoviert und vergrößert. Die Glocke im Kirchturm wurde aus dem Schiff »Norske Løve« geborgen, das am Neujahrstag 1707 vor der Küste unterging. Auch das Altarkreuz stammt aus dem frühen 18. Jh. Mehrmals am Tag ist dem GLOCKENSPIEL der Havnar Kirkja zu lauschen.

Im ersten Gebäude zur Linken in der Bringsnagøta, in dem sich heute die »Spaelistova« befindet, war einst die Polizeiwache beheimatet, die mittlerweile umgezogen ist.

◉ Wir biegen in die **SKIPAR HANSENSGØTA** ein, machen zwischen den schwarzen, kleinen Häuschen wieder Halt. Nun sind wir mittendrin in Tórshavns GESCHICHTE. Diese geduckten Häuschen werden zum größten Teil als Wohnhäuser genutzt. Da es in früherer Zeit keine Hausnummern gab, wurden die grasbedeckten Stuben mit Namen versehen, die jeweils neben der Eingangstür zu lesen sind. Dass diese altertümliche Kulisse den Weg auf die Kinoleinwände fand, ist verständlich. Obwohl ich bereits so oft durch die kleinen Gassen geschlendert bin, entdecke ich bei jedem Besuch einen neuen Schlupfwinkel, ein schmales Gässchen, das mir noch nicht vertraut ist.

Die METTUSTOVA in der Skipar Hansensgøta, eines der größeren Häuser, in dem einst die Schwestern jenes Dichters und Politikers Effersøe wohnten, ist heute im Besitz der »Frauenvereinigung Tórshavn«.

Ein anderes Haus trägt den ungewöhnlichen Namen OVARA KINA (Oberes China). Man sagt, dass zum

 Die Zahlen in Fettschrift bei ausgewählten Sehenswürdigkeiten beziehen sich auf den Stadtplan auf der hinteren Umschlaginnenseite. Adressen und Öffnungszeiten stehen übersichtlich auf Seite 68 ff.

Bau des Hauses ein solch tiefes Fundament ausgehoben werden musste, dass man geradewegs bis nach China durchsehen konnte.

Über Bakka Hella sowie Reyngøta kommt man auf den sogenannten DOKTORPLATZ, der seinen Namen nach einem Arzt erhielt, der hier seine Praxis hatte. – Es war Pflicht, innerhalb der Stadt freie Plätze zu erhalten, um bei einem Großfeuer das Übergreifen der Flammen auf die gesamte Stadt zu vermeiden.

Dennoch fielen 1673 fast alle Gebäude in Tinganes einem Großbrand zum Opfer.

◉ Weiter geht es in Richtung Landspitze. Man nähert sich den roten Gebäuden des **REGIERUNGSVIERTELS**.

Die alte, unauffällige Verteidigungsmauer hat ihre Funktion verloren, hier gibt es weder Bannmeile noch Sicherheitsmaßnahmen. In der FRIEDLICHEN färöischen Welt kann sich jede/r zwischen den Ministerien und Verwaltungsgebäuden frei bewegen – das gilt gleichfalls für die Politiker.

Das längliche LEIGUBÚÐIN, dessen Grasdach beinahe bis auf den Boden reicht, stammt aus dem 13. Jh. und war einst Herberge und Lagerhaus der Mönche aus Kirkjubøur, sofern diese in Tórshavn weilten.

Schräg gegenüber steht das ALTE WACHTHAUS, worin heute Architekturbüros untergebracht sind. Im Steinsockel findet sich der Name »Gabel« eingraviert. Der Hamburger Christoffer von Gabel wurde Mitte des 17. Jhs. Lehnsherr der Färöer. Es war die Zeit, als in Nordeuropa die zwei Großen Nordischen Kriege (1655–1660 sowie 1700–1721) tobten und der Handel ins Stocken kam. Nachdem von Gabel den Lehnszahlungen gegenüber Dänemark nicht mehr nachkommen musste, wurden die Färöer eine ergiebige Einnahmequelle für den eigenen Säckel. Als auch das Handelsmonopol an die von Gabels fiel, führte die schrankenlose, absolutistische Herrschaft der Familie zu einer radikalen Verarmung der färöischen Wirtschaft. Als eine Kommission aus Kopenhagen 1673 den Zuständen nachgehen sollte, vernichtete ein Feuer, das den Quellen nach auf Brandstiftung beruhte, die Dokumente zu der Misswirtschaft, die vorerst folgenlos

▲ Der Steinträger vor dem Rathaus (siehe Seite 57)

blieb. 55 Jahre dauerte diese düstere Epoche, bis Dänemark das Lehnswesen aufhob und neue Handelsstrukturen schuf.

Weiter in Richtung Landspitze: auffallend das schwarz geteerte Lagerhaus MUNKASTOVAN aus dem 13. Jahrhundert, in BLOCKBAUWEISE errichtet – eines der wenigen Gebäude, die das Großfeuer 1673 überstanden.

Gegenüber das **STAATSMINISTERIUM (6)**; in dem großen Haus mit dem KUNSTVOLLEN hölzernen Treppenaufgang arbeitet der Ministerpräsident.

◉ Man läuft um das Domizil herum und steht auf der äußersten Spitze von Tinganes. Hier trafen sich bereits vor 1.200 Jahren die WIKINGER und hielten ihr **THING (7)** ab.

Um das Jahr 1000 wurde hier entschieden, sich zum Christentum zu bekennen. Als 1035 Färöer zu Norwegen kam, wurde das Thing aufgelöst, im Zuge der dänisch-norwegischen Union (1397–1814) wieder neu gegründet. Die Zusammenkünfte fanden stets am 29. Juli statt, dem Tag der Heiligen Olav.

Auf der Undir Kjallara geht es am Eystaravág wieder zurück. Die FLASCHENZÜGE in den Dachgiebeln dienten zum Löschen der Schiffsladungen. Die Waren konnten damit direkt aus den Booten in die Lagerhäuser gehievt werden.

Bevor man das Ende des kleinen Yachthafens erreicht, passiert man ein schwarzes Haus mit Doppelgiebel: MÜLLERS HAUS erinnert an ei-

---

Lange ist es her, dass sich die Menschen zum **THING** in Tinganes trafen, dass sie Streitereien schlichteten, Urteile fällten, Gesetze erließen und Handel miteinander trieben.

Zwar heißt das Parlament immer noch Thing und befindet sich auch in Tórshavn; doch sitzt man heute an einem schönen Sommertag im Ortszentrum und sieht zum Beispiel 20 Motorroller mit Jugendlichen knatternd vorbei sausen, dann scheint eher ein Hauch südländischen Flairs durch die Hauptstadt zu wehen als der urnordische Atem alter Wikingergeschlechter. Den spürt man aber noch deutlich am 29. Juli, dem **NATIONALFEIERTAG** OLAVSØKA. Jedes Jahr wird das Thing an diesem Tag neu eröffnet. Nach dem Eröffnungsgottesdienst laufen die Abgeordneten von Tinganes zum Parlament. Tausende Färinger säumen die Straßen, die meisten in Nationaltracht. Wenn abends die Sonne untergeht, die alten Balladen erklingen und der Kettentanz in den Gassen getanzt wird, sind die alten nordischen Wurzeln wieder allgegenwärtig.

---

nen erfolgreichen Wollhändler. Bis 1816 war in der einen Haushälfte das Thing beheimatet.

◉ Direkt geradeaus führt die schmale Gasse **GONGIN** (Gang, **8**) entlang, die alte Hauptstraße Tórshavns. Die KLEINEN, PITTORESKEN HÄUSER stammen aus dem 18. Jahrhundert. Noch bevor es durch die kurze Gasse geht, fällt das hübsch renovierte Holzhaus der Isländischen Botschaft in Auge. In dem gemütlichen CAFÉ NATÚR, das regelrecht auf einer Verkehrsinsel liegt, war ursprünglich der (landesweit) erste Gemischtwarenladen zu Hause (siehe Seite 72).

Bevor wir uns hier bei einer heißen Tasse Tee aufwärmen, werfen wir noch einen Blick in die BRINGASNAGØTA. Im ersten Haus links ist ein Laden untergebracht, in dem es allerlei Krimskrams gibt. Es ist das Wohnhaus Jens Christian Svabos' (1746–1824). Der Naturwissenschaftler gilt als Begründer der färöischen Sprachforschung.

Schräg gegenüber, im KATARINA KRISTIANSENSHÚS, wurde der Autor William Heinesen geboren.

◉ Abschließend führt der Weg nach **SKANSIN (9)**, der alten Festungsanlage, die samt Leuchtturm über dem Hafen thront. Man passiert Fähranleger und Busbahnhof. (Wer färöische Einfachheit mag, isst am Kiosk in der Havnargøta *pylsa,* Wurst).

Ein Kiesweg führt hinauf zur Festung. Im 16. und 17. Jh. wurden die Inseln oft von Seeräubern überfallen, so dass man sich gezwungen sah, die Festungsanlage immer weiter auszubauen. Das heutige Aussehen erhielt Skansi Ende des 18. Jhs. Mit maximal 40 Soldaten waren die Färinger allerdings nur bedingt verteidigungsfähig.

Auf dem Festungswall stehen mehrere Bronzekanonen aus dem 18. und 19. Jh. und zwei größere britische Militärgeschütze – die Engländer unterhielten im Zweiten Weltkrieg hier einen Stützpunkt. Hier oben hat man einen tollen AUSBLICK auf Tinganes.

## KUNST, KULTUR, SHOPPINGCENTER – DAS MODERNE TORSHAVN

Dauer: 2,5 –3 Stunden.
◉ Dieser Stadtrundgang durch das modernere Tórshavn beginnt am Einkaufszentrum **SMS (10)** an der R.C. Effersøes gøta. Dieses GRÖSSTE Shoppingcenter des Landes umfasst diverse Bekleidungsgeschäfte, Optiker, Bank, Post, Buchladen, Supermarkt, Apotheke, Restaurant und einiges mehr. Im Treppenhaus ist die moderne GLAS-LICHT-KONSTRUKTION des färöischen Gegenwartskünstlers Tróndur Patursson zu bewundern. Nicht nur bei Regenwetter tummeln sich hier zahlreiche Menschen. Sofern man schon eine Weile auf den Inseln ist, verwundert es nicht, wenn man hier auf bekannte Gesichter trifft und der Stadtbummel mit einem Schwätzchen eingeläutet wird.

Durch den Westausgang im oberen Stockwerk geht es hinaus, wo wir den Tinghúsvegur passieren und hinunterlaufen. Im Hoydalsvegur fällt ein schönes rotes Haus mit Grasbedachung ins Auge, wir laufen wenige Meter nach links.

◉ Bevor wir in den kleinen Fußweg direkt am Bach wieder nach oben einbiegen, sieht man auf der gegenüber liegenden Straßenseite das THEATERHAUS des »Havnar Sjónleikarfelag«, in dessen Garten eine Statue der föröischen Dichters *Hans Andreas Djurhuus* (1883–1951) steht. Er und sein Bruder Jens Hendrik Oliver sind frühe Protagonisten der föröischen Literatur und übersetzten diverse Schriften in die Landessprache.

Direkt im Bachbett befindet sich die REITERSTATUE ORMABANI (Drachentöter). Unschwer zu erkennen, stammt auch diese Plastik aus der Hand Tróndur Paturssons.

Ein Fußweg führt in den Park **VIÐALUND** bzw. die Plantage, wie ihn die Anwohner nennen.

Links vom Hügel schaut – für die Wetterlage meistens untypisch – ein nacktes Bronzemädchen herab. Es ist die Elfe TARIRA, eine Fantasiegestalt des Dichters William Heinesen, die so manchen in ihren Bann gezogen hat. Der föröische Bildhauer *Hans Oli Olsen* schuf diese Plastik, die am 15. Januar 1999 enthüllt wurde, im Gedenken an Heinesens 100. Geburtstag. Wer sich die Figur aus der Nähe betrachten will, sollte ein Auge auf den bronzenen Sockel werfen, der durch seine teilweise Aushöhlung das KONTERFEI des Dichters darstellt.

Die Route folgt dem plätschernden Gewässer. Ebenfalls links oben und fast eingewachsen steht die EINZIGE KATHOLISCHE KIRCHE der Färöer, die eine Station auf dem Rückweg sein wird. Wer den Rundgang am Ende des Färöer-Aufenthalts unternimmt und bisher die baumlose Landschaft gewohnt ist, fühlt sich in der Plantage in EINE ANDERE WELT versetzt.

Lieblich schlängelt sich der Bach durch das ROMANTISCHE Wäldchen; Parkbänke laden zum Verweilen ein. An der hölzernen Brücke schlägt man den linken Weg ein, der auf den Hügel mit dem großen SEEMANNSDENKMAL führt. Vorbei an einem Teich, auf dem sich allerlei Federvieh tummelt, geht es rechts die letzten Meter zum Denkmal, von wo man einen schönen Blick nach Nólsoy über das Meer hat, bzw. bergseitig in Richtung Hoyvík mit der großen Neubausiedlung, dem Haus des Nordens, dem neuen Fußballstadion sowie der modernen Gemeindekirche, die Fenster des Künstlers Tróndur Patursson schmücken.

Das Denkmal erinnert an 133 Seeleute, die im Zweiten Weltkrieg ums Leben kamen. Auf den ersten Blick scheint die Zahl der Opfer nicht groß gewesen zu sein, doch auf die geringe Bevölkerungsanzahl der Färöer umgelegt, bedeuteten diese Verluste in vielen kleineren Orten SCHWERE SCHICKSALE, die immer auch Auswirkungen auf das gesellschaftliche Leben hatten.

◉ Denselben Pfad wieder nach unten, geht es vorbei am zweiten Teich weiter nach rechts sowie durch eine Steinmauer. Rechter Hand liegt die **LISTASAVN FØROYA** (11), das FÄRÖISCHE KUNSTMUSEUM. Mehrere Kunstwerke rund um das Gebäude verdeutlichen, dass Sie im Inneren vor allem MODERNE KUNST seit dem 20. Jahrhundert erwartet.

Mehr über den Schriftsteller Heinesen auf den Seiten 42, 66 und 113.

◉ Rechts am Museum vorbei, verlässt die Route die Plantage und überquert den Gundalsvegur. Hier befinden sich die großen Sportanlagen der Stadt. Wir laufen über den Parkplatz, der sich längs des Gundalsvegur entlang zieht, vorbei an der Bronzeskulptur »Idræt« (Sport, H.P. Olsen 2005) und folgen anschließend dem Weg zwischen Badmintonhalle und Fußballstadion. Von hier kann man meistens dem Lieblingssport der Färinger beiwohnen. Selbst bei nasskaltem Herbstwetter, wenn es uns Mitteleuropäer in Richtung wärmenden Kaffee zieht, rennt hier jemand dem runden Leder hinterher...

Dirket hinter dem Tennisplatz liegt links ein Fußweg, der jedoch nur eine scheinbare Abkürzung darstellt, da er hinter den Wohnhäusern einen Bogen schlägt. An der Schwimmhalle geht's auf den Norðari Ringvegur: Der nördliche Ringweg begrenzt in etwa das Stadtgebiet Tórshavns zu HOYDAL. Mit seinem Grasdach und der schlichten, jedoch wirkungsvollen Architektur fällt das **NORÐURLANDA-HÚSIÐ** (Nordlandhaus) **(12)** sofort ins Auge. Endlich bekommen wir den ersehnten Kaffee im Café des KULTURZENTRUMS. Leckeres Smørrebrød gibt es ebenfalls. Wer keine Lust hat, von hier weiter zu laufen, kann mit der Linie 1 der roten Stadtbusse kostenlos zurück ins Zentrum fahren.

Das Nordlandhaus wurde Anfang der 1980er Jahre errichtet. Die beiden Architekten *Ola Steen* aus Norwegen und *Kolbrún Ragnarsdóttir* aus Island wollten einen KULTURELLEN ELFENHÜGEL schaffen, der sich durch typisch nordische Elemente auszeichnet: ob dänische Esche, schwedische Kiefer, finnische Birke oder norwegische Steinfliesen – ausschließlich typisch nordeuropäisches Baumaterial harmoniert unter einer isländisch inspirierten Dachkonstruktion, von Licht durchflutet, das durch Glasfenster aus Dänemark fällt. Die Möbel entwarf der berühmte finnische Designer und Architekt *Alvar Aalto*.

Das ganze Jahr über finden KONZERTE, AUSSTELLUNGEN und andere kulturelle Ereignisse im Nordlandhaus statt.

◉ Bei ungemütlichem Nieselregen fällt unsere Pause etwas länger aus als geplant, doch es gibt noch einiges in Tórshavn zu entdecken. Weiter geht es den Norðari Ringvegur nach oben.

Gleich neben dem Haus des Nordens befindet sich das Domizil des Färöischen Rundfunks. Das nachgebildete »Hünengrab« im Vordergrund ist neueren Ursprungs.

Man wechselt die Straßenseite, um links in den Weg Áargeil einzubiegen. Wieder auf dem Gundadalusvegur, geht es erneut bergab. Vorbei am rot-gelben Elektrizitätswerk, erreichen wir die Brattabrakka. Das nordische Wort *bratta* bedeutet steil – die Straße macht ihrem Namen alle Ehre.

Auf der Varðagøta geht es dann allerdings wirklich nur noch nach unten. Nach knapp 200 m erreicht man wieder den Nordwestrand von Viðalund. An der Plantage entlang, erhebt sich an deren Südwestrand die **MARIENKIRCHE (13)**. 1987 zog der kleine katholische Konvent in die neue Kirche. In der einzigen färöischen Kirche, die stets offen steht, treffen wir erneut auf Werke von Tróndur Patursson. Die Glasfenster zeigen u.a. Jesus durch die färöische Landschaft laufend. Auf der rechten Seite fällt der Blick auf ein Holzrelief, das Maria darstellt. Hierbei handelt es sich um eine Replik der früheren Kirchenbänke aus Kirkjubøur. Der Holzkünstler Ole Jakob Nielsen schuf diese Kopie nach dem Original, das sich heute im Nationalmuseum (Tjóðsavn, www.savn.fo, siehe Seite 68) befindet. Ein Großteil des hölzernen Inventars stammt aus der Plantage. Sollte eine der Nonnen anwesend sein, die im Konvent neben der Kirche wohnen, wird vermutlich gern noch die ein oder andere Geschichte erzählt. Die wenigen Nonnen, die aus verschiedenen Erdteilen kommen, leben im Konvent Kerit nebenan.

Weiter der Straße folgend, kommt man zu einem großen roten Holzgebäude auf der linken Seite, dessen Dach ein TÜRMCHEN mit Kreuz ziert. Hier waren die ehemalige katholische Kirche und die zugehörige Schule untergebracht; letztere steht heute unter staatlicher Leitung.

◉ Hinter dem Schulgelände geht es links in die Sjúrðargøta, auf Niels Finsens gøta danach rechts in Richtung Stadtzentrum. Diese Straße wurde nach dem BISHER EINZIGEN FÄRÖISCHEN NOBELPREISTRÄGER (für Medizin) benannt: *Niels Ryberg Finsen* wurde 1860 in Tórshavn geboren. Er entwickelte die Lichtbehandlung mit kaltem, UV-reichem Bogenlicht, dem sogenannten Finsenlicht, das früher zur Behandlung der Hauttuberkulose verwendet wurde. 1903 erhielt der Forscher hierfür die bedeutende Auszeichnung. Ein Jahr später starb Finsen in Kopenhagen.

Die ersten kleineren Läden weisen darauf hin, dass man sich DEM ZENTRUM NÄHERT. Schließlich erreicht man die **BUSHALTESTELLE STEINATÚN (14)**, wo sich die drei Stadtbuslinien (rot-weiße Busse) treffen. Um nicht zu lange nach links auf der stark befahrenen Bøkjarabrekka nach oben zu laufen, überqueren wir die Straße und laufen in den Tinghúsvegur hinein. Das kleine, rote Häuschen wird HEINESEN HAUS genannt, nach dem Vater von William Heinesen. Als William sechs Jahre alt war, brannte es in seinem Geburtshaus in der Bringsnagøta, worauf die Familie ausziehen musste. Zacharias Heinesen, Williams Vater, kaufte das kleine, rote Haus im Tinghúsvegur und zog mit Kind und Kegel ein. Zacharias war ein bedeutender Geschäftsmann.

Vorbei am Neubau des staatlichen Straßenbauamts »Landsverkfrøðingurin« erreicht man wieder das Tinghús.

◉ Die Route führt bergabwärts Richtung Hafen. Im Áarvegur biegt direkt vor dem Sushi Lokal links die Amtsmansberkkan ab, ein kleiner Fußweg nach oben. Ist man ein paar Meter gegangen, befinden sich linker Hand ein

größerer Garten und ein ansehnliches rotes Haus, das Gericht. Das aus Naturstein gemauerte Gebäude rechter Hand ist der Sitz des dänischen Vertreters auf den Färöern. Einige Meter nach links verschoben, führt ein kurzer Fußpfad hinauf, der einen kleinen Grünstreifen erreicht, auf dem zwei BRONZEFIGUREN veranschaulichen, wie beschwerlich man früher die landwirtschaftlichen Produkte transportierte. Was zunächst einem Spielplatz neben den Figuren gleicht, sind Outdoor-Fitnessgeräte.

Wenige Meter über die R.C. Effersøes gøta biegt man in den Hoyvíksvegur. Ein kurzer, schmaler Weg führt hinter dem Haus Nr. 19 zu dem OBELISKEN **KONGAMINNI (15)** hinauf, aufgestellt zu Ehren des dänischen Monarchen *Christian IX.*, der 1874 diesen atlantischen Außenposten seines Reiches besuchte.

Auf der Schafweide, die das alte Denkmal umgibt, lugt an einigen Stellen eine alte Bunkeranlage heraus. Von hier oben sind alle Stationen des Rundgangs zu überblicken – und es sind nur noch wenige Meter bis zum Einkaufszentrum SMS, dem Startort. Bei gutem Wetter sieht man in Richtung Südwesten bis auf den 350 m hohen Berg KIRKJUBØREYN hinüber. Die drei erkennbaren Steinmänner auf seinem Gipfel fungieren als »inoffizielle« Gedenkmonumente an jenen Besuch des Dänenkönigs 1874: Da man auf den Besuch vorbereitet sein wollte, schickte man drei Soldaten auf den Berg zwischen Tórshavn und Kirkjubøur, um die königlichen Schiffe frühzeitig auszumachen und Meldung erstatten zu können. Um sich die Wartezeit zu verkürzen und die kalte Brise dort oben zu vergessen, errichteten die Soldaten die drei stattlichen Steinhaufen.

Weiter auf dem Hoyvíksvegur, erreicht man nach 150 m den Traðarvegur, in dem sich noch Teile der alten TROCKENSTEINMAUER befinden, die einst die Grenze zwischen Ind- und Utmark anzeigte. Die historische Steinmauer ist größtenteils erhalten und zieht sich durch den gesamten Siedlungskern der Hauptstadt. Über den schmalen Fußweg am Ende des Traðarvegur erreichen wir wieder den SMS. Nun bietet sich eine Erfrischung in einem Café oder Restaurant an. Oder kann man sich in der Apotheke Pflaster für mögliche Blasen holen...

## Sehenswert / Adressen

◉ **NATIONALMUSEUM** (über Natur u. Kultur) TJÓÐSAVN – MENTAN OG NÁTTÚRA in Hoyvík (im Nordosten v. Tórshavn), Tel. 340 500, www.savn.fo. Adresse Ausstellung Brekkutún 6, Freilichtmuseum Kúrdalsvegur. 15.5. –15.9. Mo–Fr 10–17 Uhr, Sa+So 14– 17 Uhr, sonst Do+So 14–17 Uhr (nur die Ausstellung).

◉ **NATIONALES KUNSTMUSEUM** LISTASAVN FØROYA, Gundadalsvegur 9, FO –110 Tórshavn, Tel. 313

 Wer viele Museen plus das Aquarium besuchen möchte, sollte über die Anschaffung der »Tórshavn Welcome Card« nachdenken (siehe Seite 57 unter »Information«).

579, www.art.fo. 1.5.–31.8. täglich 11–17 Uhr (Juni bis August Führung Mi 19–21 Uhr), sonst Di–So 14–16 Uhr.
◉ **GALERIE FOCUS**, Lambagerði 1, FO–100 Tórshavn, Tel. 229 876, www.galeriefocus.com. Bei Ausstellungen geöffnet Di–Fr 15–18, Sa 16–18 Uhr.
◉ **GALERIE SMIÐJAN** í Lítluvík, Skálatrøð, FO–100 Tórshavn, Telefon 302 010. Wechselnde Öffnungszeiten, im Touristenbüro erfragen.
◉ **AQUARIUM** FØROYA SJÓSAVN, Rættargøta 1, FO–160 Argir, Tel. 505 120, 505 121 und 505 122, www.sjosavn.net. 15.6.–1.9. Di–So 14–17 Uhr, sonst Sa+So 14–17 Uhr und auf Anfrage. Siehe auch Seite 74.
◉ WECHSEL-AUSSTELLUNGEN: **NORÐURLANDAHUSIÐ** (Haus des Nordens), Norðari Ringvegur, FO–100 Tórshavn, Tel. 351 351, www.nlh.fo. Mo–Sa 10–17 Uhr, So 14–17 Uhr.

# Unterkunft

Ferienwohnungen und Privatzimmer vermittelt das Touristenbüro.

HOTELS
In den angegebenen Standardtarifen sind Frühstück und Internetnutzung inbegriffen.
◉ **HOTEL FØROYAR**, Oyggjarvegur 45, FO–100 Tórshavn, Tel. 317 500, hf@hotelforoyar.com, www.hotelforoyar.com. EZ 1.500 DKK, DZ 1.800 DKK. Das erste Haus am Platz, über der Stadt gelegen. Tolle Aussicht, hoher Standard. 4 Sterne.
◉ **HOTEL HAFNIA**, Áarvegur 4–10, Postbox 107, FO–110 Tórshavn, Tel. 315 250, hafnia@hafnia. fo, www.hafnia.fo. EZ 1.300 DKK, DZ 1.500 DKK. Mitten im Zentrum. Zwischen den Jahren geschlossen. 4 Sterne.
◉ **HOTEL HAVNIA**, Dr. Jakobsens gøta 16, FO–100 Tórshavn, hotelhavn@hotelhavn.fo, www.hotelhavn.fo. EZ 1.300 DKK, DZ 1.800 DKK. Neuste Unterkunft in der Hauptstadt. Zentral gelegen, moderne Einrichtung. 3 Sterne.
◉ **HOTEL STREYM**, Yviri við Strond 19, FO–100 Tórshavn, Tel. 355 500, booking@hotelstreym.com, www.hotelstreym.com. EZ 1.300 DKK, DZ 1.500 DKK. 3 Sterne.
◉ **HOTEL TÓRSHAVN**, Tórsgøta 4, FO–100 Tórshavn, Tel. 350 000, ht@hoteltorshavn.fo, www.hoteltorshavn.fo. EZ ab 790 DKK, DZ ab 1.290 DKK. Direkt am Westhafen. Tipp: Möglichst ein Zimmer mit Hafenblick buchen (+ 200 DKK Aufpreis). Herrlich! 3 Sterne.

APARTMENTS
◉ **BERG APARTMENTS,** Magnus Heinasonar gøta 13, FO–100 Tórshavn, Telefon 316 301, www.apartment.fo.

HOSTELS
◉ **BLÁDYPI**, Dr. Jakobsens gøta 14–16, FO–100 Tórshavn, Tel. 500 600, bladypi@hostel.fo, www.hostel.fo. Gästehaus: EZ 600, DZ 800 DKK, inklusive Frühstück. Jugendherberge: Schlafsaal 250, EZ 450, DZ 650 DKK.

In der Vor- und Nachsaison räumen die Hotels an den Wochenenden zum Teil spürbare Preisnachlässe ein.

◉ **KERJALON**, Oyggjarvegur 79, FO–110 Tórshavn, Tel. 318 900, kerjalon@hosteltorshavn.fo, www.hosteltorshavn.fo. Bett 250 DKK. Liegt direkt neben dem »Hotel Føroyar«.

CAMPINGPLATZ
◉ **TÓRSHAVN CAMPING**, Yviri við Strond, FO–110 Tórshavn, Tel. 302 425, torsinfo@torshavn.fo/ Geöffnet 15.5.–15.9. (abhängig vom Sommerfahrplan der Fähre »Norröna«). Tarif Erwachsene 95, Kinder 60 DKK, Strom 50 DKK, Waschmaschine und Trockner je 30 DKK. Außer Sanitäranlagen noch Camperküche und WLan.

Einziger Campingplatz der Hauptstadt. Der Standard ist sehr einfach und der Platz ist frei zugänglich, d.h. man kann sofort das Zelt aufbauen bzw. das Wohnmobil abstellen und sich gegebenenfalls später anmelden, wenn das Büro besetzt ist.

# Essen und Trinken

RESTAURANTS
◉ **KOKS**, Hotel Føroyar, Oyggjarvegur 45, Tel. 333 999, koks@koks.fo, www.koks.fo. Mo–Sa 18–24 Uhr.

Edelrestaurant im »Hotel Føroyar«, ein kulinarisches Aushängeschild der Inseln. Sehr hohes Preisniveau.
◉ **ÁARSTOVA**, Gongin 1, Tel. 333 000, aarstova@aarstova.fo, www.aarstova.fo. Restaurant: Di–Sa 18–23 u. So 11.30–15.30 Uhr (Sonntagsmenu). Café: Mo–Sa 10.30–16 Uhr. Ferner geöffnet, wenn Kreuzfahrtschiffe im Hafen liegen.

Urige Location und sehr gutes Essen im oberen Preissegment. Sehr zu empfehlen das Lamm für 2.
◉ **MATSTOVAN HOTEL HAFNIA**, Áarvegur 4–10, Tel. Telefon 313 233, hafnia@hafnia.fo, www.hafnia.fo. Mo –Fr 7–10 und 11.30–14 Uhr, Sa 7–10 und 18–21.30 Uhr, So 7.30–10.30 u. 12–17 u. 18–21.30 Uhr.

Färöisches Buffet mit Fisch ist immer zu empfehlen. Im oberen Preissegment, Hauptgerichte bis 300 DKK.
◉ **MARCO POLO**, Sverrisgøta 12, Tel. 313 430, www.marcopolo.fo. Mo –Do 11.30–23 Uhr, Fr 11.30–24 Uhr, Sa 17–24 Uhr, So 17–23 Uhr.

Das Lokal strahlt eine gemütliche Atmosphäre aus. Auf der Karte finden sich vorwiegend Steak, Fisch, Pasta, saisonal auch Vogelgerichte. Mittleres Preisniveau, die Hauptgerichte ab 120 DKK aufwärts.
◉ Sushi-Restaurant **ETIKA**, Áarvegur 3, Telefon 319 319, www.etika.fo. So–Do 11–24, Fr+Sa 11–0.30 Uhr.

Die Färinger schätzen Fisch, auch roh. Man sitzt schön und kann zudem das Treiben auf den Áavergur beobachten. Mittleres Preisniveau.
◉ **HVONN BRASSERIE**, Tórsgøta 4, Telefon 350 035, hvonn@hvonn.fo, www.hvonn.fo. Täglich 7–22 Uhr.

Das Lokal befindet sich im »Hotel Tórshavn«. Am Abend ist es ein typischer Treffpunkt der Einheimischen. Toller Blick über den Hafen. Von Fisch bis Hamburger und Pizza, insgesamt

Manche Lokale haben nur während der Sommersaison geöffnet; zum Teil gelten außerhalb der Saison auch verkürzte Öffnungszeiten.

ein relativ günstiges Preisniveau, vieles dabei um 100 DKK.

## CAFÉS

◉ **CAFÉ BORÐKRÓKUR**, Haus des Nordens, Norðari Ringvegur 10, Tel. 351 351, bordkrokur@hotelforoyar.fo, www.nlh.fo. Mo–Sa 10–18 Uhr, So 14 –18 Uhr.

Freies Internet sowie internationale Zeitungen ergänzen leckere Smørrebrød und süßen Teilchen.

◉ **KAFFIHÚSIÐ**, Vágsbotnur, Telefon 358 787. Mo–Sa 10–18, So 12–18 Uhr.

Schönes Café mit integriertem Geschenkeladen. Pesto und Cantuccini aus Italien neben färöischer Strickware im Angebot.

◉ **KAFÉ UMAMI**, Undir Bryggjubakka 19, Telefon 284 747. Mo–Sa 10–18 Uhr, So 12–18 Uhr. Direkt neben dem »Kaffihúsið« (siehe oben).

◉ **KAFE KASPAR**, Áarvegur 4–10, Tel. 308 010, www.hafnia.fo. Mo–Do 11.30-23 Uhr, Fr+Sa 11.30–03 Uhr, So 17–23 Uhr.

Café im »Hotel Hafnia«. Bei einem leckeren Club Sandwich sowie einem Black Sheep kann der Tag gemütlich ausklingen.

◉ **CAFÉ SANDWICH**, Niels Finsens gøta 16, Tel. 323 200. Mo–Mi 11.30– 0.30 Uhr, Do 10.30–01 Uhr, Fr 11.30– 06 Uhr, Sa+So 17–01 Uhr.

◉ **CAFÉ NATÚR**: siehe Seite 72 unter »Kneipen«.

SMØRREBRØD / FASTFOOD

◉ **SMYRJIBREYÐSBUÐIN**, Niels Finsens gøta 12, Tel. 321 618.

Smyrjibreyð gleich Smørrebrød – der Name ist Programm. Perfekt geeignet für den Mittagsimbiss.

◉ **FISH & CHIPS**, Vaglið 5, Tel. 317 405. Mo–Mi 11.30–21, Do+Fr 11.30– 23, Sa 17–23, So 17–21 Uhr.

Hier muss man einfach mal gewesen sein. Fettig und schwer, aber wo trifft man sonst politische Abgeordnete mal eben beim Mittagslunch?!

◉ **PIZZA 67**, Tinghúsvegur 8, Tel. 356 767, www.pizza67.fo. Täglich 12 –23.30 Uhr.

Außer italienischer Pizza sind Burritos, Quesadillas, Hamburger, Sandwiches u.a. im Angebot.

◉ **PIZZAFABRIKKIN**, Niels Finsens gøta 21, Tel. 353 353.

▲ Tipp für Selbstversorger: Fischhändler im Westhafen, hier beim Filetieren

## KNEIPEN

Nur an wenigen Orten bekommt man in der Nacht auf Samstag oder auf Sonntag bis 2 Uhr ein frisch Gezapftes oder einen heißen Kaffee.

◉ **CAFÉ NATÚR**, Áarvegur 7, Tel. 312 625. So–Do 11–23.45 Uhr, Fr+Sa 11–02 Uhr.

Das »Café Natúr« ist seit 1995 ein beliebter Treffpunkt der Färinger, vor allem zu später Stunde.

◉ **IRISH PUB**, Grím Kambans gøta 13, Tel. 319 091, www.irishpub.fo. Mo–Do 11.30–24 Uhr, Fr 11.30–04 Uhr, Sa 17–04 Uhr, So 17–24 Uhr.

Wer trinkfeste Färinger kennen lernen will, ist hier richtig.

# Info-Mix

## WOLLE UND DESIGN

◉ **GUÐRUN & GUÐRUN**, Niels Finsensgøta 13, FO–100 Tórshavn, Tel. 315 166 (Laden) und 224 349 (Webshop), av@gudrungudrun.com (Webshop), www.gudrungudrun.com.

◉ **SIRRI**, Áarvegur 12, FO–100 Tórshavn, Telefon 321 706, sirri@sirri.fo, www.sirri.fo ebenfalls mit Webshop. Ladenöffnungszeiten: Mo–Do 9.30 bis 17.30, Fr bis 18 Uhr, Sa bis 14 Uhr.

## POSTAMT

◉ **POSTA**, Óðinshædd 2, FO–100 Tórshavn, Telefon 346 000, posta@posta.fo, www.posta.fo. Mo–Fr 8–17 Uhr. Siehe auch Seite 73.

## TRANSPORT

◉ **BUS**: In der Hauptstadtregion verkehren die rot-weißen Omibusse auf den Linien 1–5. Neben dem Stadtzentrum kommt man bequem nach Argir, Hvítanes und sogar bis nach Signabøur oder Kirkjubøur. Alle Linien kommen an der zentralen Haltestelle »Steinatún« vorbei.

◉ **TAXI**: Tel. 281 300, 282 800, 363 636, 323 232. Mini-Bus: Tel. 212 121.

◉ **FÄHRE**: siehe im Anschluss unter »Weiterreise«.

# Weiterreise

Abgesehen vom Flughafen Vágar, ist Tórshavn der wichtigste Verkehrsknotenpunkt der Färöer. Fahrplaninformationen gibt es unter www.ssl.fo.

## MIT DER FÄHRE

◉ **NACH NÓLSOY** mit »M/F Ternan« (Linie 90): 5–6 x täglich, Dauer 20 Minuten. Ticket retour 45/25 DKK. Tel. 343 030, www.ssl.fo.

◉ **NACH SUÐUROY** mit »M/F Smyril« (Linie 7): 1–2 x täglich nach Tvøroyri, Fahrtdauer 1:55 h. Ticket retour 90/45 DKK. Tel. 343 030, www.ssl.fo.

## MIT DEM BUS

◉ **NACH VESTMANNA**: Linie 100.
◉ **ZUM FLUGHAFEN**: Linie 300.
◉ **NACH GAMLARÆTT**: Linie 101.
◉ **NACH KLAKSVÍK**: via Oyrabakki mit Linie 400.

## VON DER DÄNISCHEN POSTFILIALE ZU HEUTE MEHR ALS 500 FÄRÖER-BRIEFMARKEN

Am 1. März 1870 öffnete unter der Leitung von Sysselmann H.C. Müller das erste färöische Postamt in Tórshavn. Erst 1884 folgte die Zweigstelle in Tvøroyri, 1888 die in Klaksvík, und erst 1930 war in fast jeder Ortschaft eine Poststelle eingerichtet. In den letzten 30 Jahren mussten allerdings mehrere Postämter wieder geschlossen werden.

Besonders interessant für die Briefmarken-Geschichte sind die beiden Weltkriege, als die Verbindung zum dänischen Mutterland unterbrochen war. Kurz nach dem Ersten Weltkrieg erreichte zwar die Meldung einer Portoerhöhung die Inseln, doch die benötigten Briefmarken kamen nicht rechtzeitig an. Als die Portoerhöhung zum 1. Januar 1919 in Kraft trat, waren die erforderlichen Wertzeichen bald aufgebraucht. Das Postamt in Tórshavn bekam daraufhin die Vollmacht, 4- und 2-Øre-Briefmarken zu halbieren und diese für den halben Wert auszugeben. Als auch diese Marken ausgingen, stempelte man mit Hilfe eines speziellen 2-Øre-Stempel die 5-Øre-Briefmarken zu 2-Øre-Marken um. Während des Zweiten Weltkriegs behob man das Problem mit ähnlichen Maßnahmen.

In den 1970er Jahren bereitete man der Gründung einer färöischen Postgesellschaft den Weg: Am 30.01.1975 erschienen die ERSTEN EIGENEN BRIEFMARKEN der Färöer. Von Anfang an wurden nahezu ausschließlich nationale, landschaftliche bzw. heimische Motive gewählt. Insofern eignet sich das Sammelgebiet sehr gut, um Land und Leute der Färöer bildlich zu dokumentieren. Doch nicht nur für Philatelisten ist der Blick ins färöische Briefmarken-Reich interessant. In kontinuierlichem Abstand veröffentlicht POSTA – 1976 als POSTVERK FØROYAR gegründet – deutschsprachige Broschüren, die über Geografie, Kultur, Gesellschaft berichten.

Durch eine seriöse Ausgabenpolitik der Post mit ca. 30–40 Briefmarken pro Jahr ist das Sammelgebiet durchaus attraktiv. Aktuell verzeichnen Fachpublikationen den Wert der Briefmarken mit umgerechnet ca. 30–35 Euro pro Jahr. Bis Oktober 2014 erschienen 799 Färöer-Briefmarken.

1980 brachte eine unbeabsichtigte SENSATION wertvolle Europa-Marken hervor. Eine Druckerei in Finnland sollte eine neue Kollektion von Färöer-Marken drucken, doch der Leiter der färöischen Postverwaltung war mit der Qualität nicht zufrieden, vergab den Auftrag noch einmal nach Bern und ließ die in Finnland gedruckten Marken verbrennen. Einige Exemplare landeten aber nicht im Ofen, sondern auf einer Müllhalde, wo sie spielenden Kindern in die Hände fielen. Anschließend versuchten Postverk Føroyar und Sammler, für viel Geld diese Marken zu erstehen.

◉ **INFORMATION**: Posta, Oðinshædd 2, FO–100 Tórshavn, Telefon aus dem Ausland: 00298 – 346 200, www.stamps.fo (auch auf Deutsch). Die Webseite ermöglicht dank Links u.a. einen vielseitigen Färöer-Einstieg.

# Streymoy

Tórshavn liegt auf der Insel Streymoy (Strominsel), der größten der 18 Inseln, deren Fläche immerhin ein Viertel des färöischen Gesamtareals ausmacht.

Dennoch beschränkt sich die Bevölkerungsverteilung vorwiegend auf Stadt und Umland von Tórshavn. Weite Teile Nordstreymoys sind unbesiedelt, im Westen harrt noch Vestmanna aus. Kulturell hat Streymoy am meisten zu bieten, für Wanderer stellt die Insel ein optimales Terrain dar.

## IM ÜBERBLICK
- **GRÖSSE**: 374 km²
- **MAX. LÄNGE**: 47,6 km
- **MAX. BREITE**: 12,5 km
- **HÖCHSTE ERHEBUNG**: Kopsenni 789 m
- **EINWOHNERZAHL**: 22.650
- **KARTEN**: Topografische Kartenblätter 1 : 20.000: 310, 311, 312, 408, 409, 410, 411, 508, 509, 510.

## Route 1: von Tórshavn nach Kirkjubøur

IM ÜBERBLICK

- **STRECKENVERLAUF**: Tórshavn – Velbastaður (8 km) – Kirkjubøur (4 km)
- **STRECKENLÄNGE**: 12 km
- **TRANSPORT**: Stadtbus Nr. 5 verkehrt 5–9 x täglich zwischen beiden Orten.
- **ABSTECHER**: nach Syðradalur
- **PROFIL**: Diese Strecke ist ideal für einen Halbtagesausflug. Nach halber Strecke verläuft die Route vor dem Panorama der Inseln Koltur, Hestur und Sandoy. Kirkjubøur war das geistliche und weltliche Zentrum im Mittelalter und zählt zu den wichtigsten Kulturgütern der Inseln. Neben einer Domruine ist das Museum Roykstovan zu empfehlen.
- **RADFAHRER-TIPP**: Für Radler stellt die Tour einen schönen Tagesausflug dar. – Vom Abstecher nach Syðradalur ist jedoch eher abzuraten, die Strecke ist sehr steil.

Die Ausfallstraße von Tórshavn nach Westen führt an Argir vorbei. Die kleine Stadt ist mit der Hauptstadt mittlerweile so stark zusammengewachsen, dass keine Grenze zu erkennen ist. Ein größeres, verglastes Gebäude mitten im Zentrum beherbergt das Finanzministerium. In ARGIR befindet sich das färöische AQUARIUM Føroya Sjósavn (siehe Seite 69 und www.sjosavn.net).

◀ *Viel Kirchengeschichte auf Streymoy: farbenfrohes Detail an einem Portal zu dem alten Bischofssitz in Kirkjubøur.*

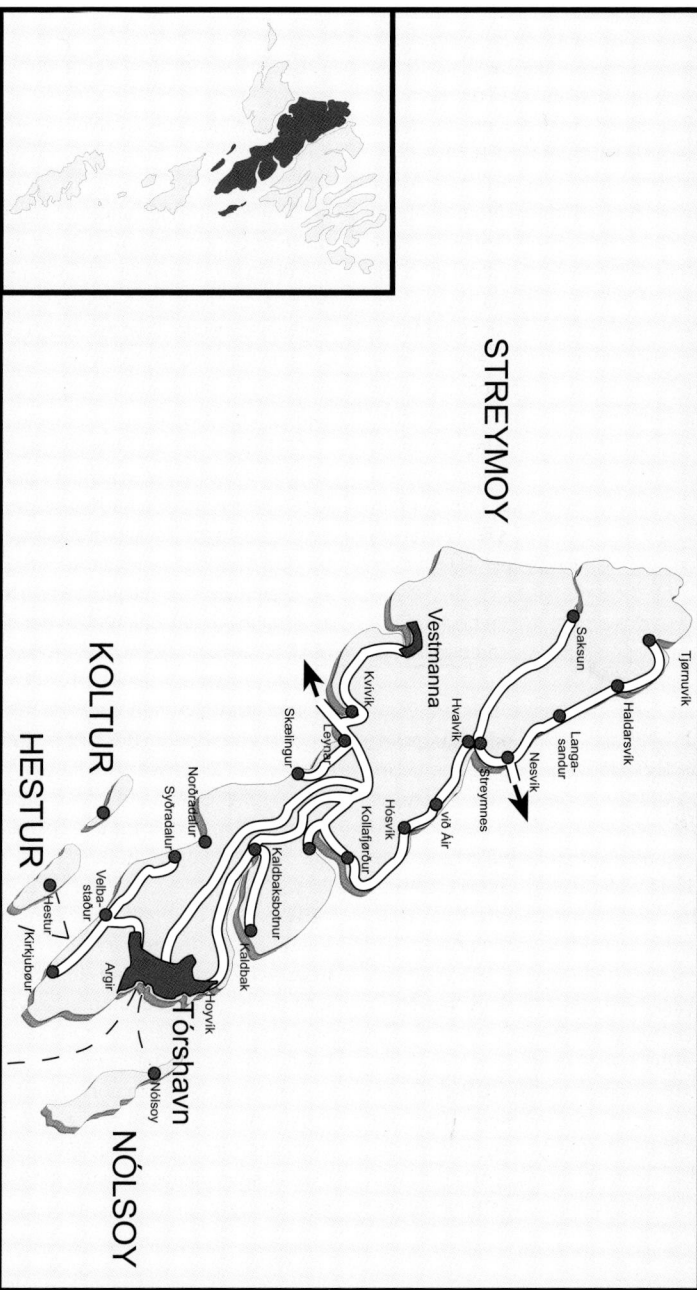

Auch ein Halt in Norðastahorn lohnt wenig. Der westlich von Tórshavn gelegene Stadtteil ist der erste einheimische VERSUCH EINER TRABANTENSIEDLUNG. Der färöische Autor Jógvan Isaksen spricht Norðastahorn den Charme eines leeren Milchkartons zu – keine architektonische Eigenart, wie man sie aus den nordischen Ländern kennt, dafür viel Monotonie; ganz anders übrigens als jene Neubaugebiete, die nördlich von Tórshavn an die Hauptstadt grenzen.

Hat man die letzten Häuser hinter sich und erreicht nach einiger Zeit den Scheitelpunkt zwischen den Gipfeln **TVØRFELLI** und **FJALLIÐ**, wartet ein BEZAUBERNDER BLICK AUF die Inseln Koltur und Hestur. Der Sage nach sind auf dem 417 m hohen Fjallið zur Rechten 18 Riesen begraben.

Wer von dem Anblick nicht genug bekommen kann, sollte den Abstecher nach **SYÐRADALUR** einbauen. Die 8 Kilometer von Velbastaður durch das wunderbare FOSSTAL, wo früher die Einwohner Kolturs ihren Torf stachen, ist bis zum letzten Gehöft LANDSCHAFTLICH UNGEMEIN REIZVOLL. Wer mit dem Fahrrad unterwegs ist, muss sich entlang des 491 m hohen KONUFELLI auf Schweiß treibende Passagen einstellen.

Die Strecke nach **KIRKJUBØUR** hingegen ist gut zu meistern. Kurz vor dem alten Kirchort befindet sich der FÄHRANLEGER GAMLARÆTT, von wo es nach Hestur und Sandoy geht.

Ohne Zweifel war Kirkjubøur der wichtigste und wohlhabendste Ort im Mittelalter. Ausgrabungen belegen, dass hier einige hundert Einwohner lebten. Sogar auf der kleinen vorgelagerten Insel Kirkjubøhólmur lag ein Bauernhof, von dem allerdings nicht viel übrig blieb. BRANDANSVÍK heißt die Bucht, an der Kirkjubøur liegt – der keltische Heilige *Brendan,* nach dem sie benannt ist, lebte im 6. Jahrhundert; er war früher in allen nordischen Ländern ein Begriff.

Als Dänemark die Färöer Ende des 14. Jhs. annektierte, war die Blütezeit Kirkjubøurs vorüber. Mit der Reformation 1536 verlor der Ort endgültig seine Bedeutung.

⊚ Erstes Ziel der meisten Besucher in Kirkjubøur ist die Ruine der **ST. MAGNUS-KATHEDRALE**. Mit dem Wort Kathedrale oder Dom bringt man in der Regel ein monumentales Bauwerk in Verbindung, das Sitz eines Bischofs ist. Zwar war Kirkjubøur von Beginn der Christianisierung bis zur Reformation in der Tat der Hauptsitz des kirchlichen Würdenträgers – mit 26,5 m Länge bleibt die gotische Ruine aber – im europäischen Vergleich – ein bescheidenes Bauwerk. Wobei man sich nicht einig darüber ist, wie weit der Kirchenbau überhaupt abgeschlossen war: Fest steht, dass Gottesdienste darin stattfanden.

Die Steinwände enthalten Reliefdarstellungen, denen die salzige Atlantikluft zusetzt. Um dem drohenden Verfall entgegenzuwirken, sind Konservierungsprojekte im Gange.

*Abgelegen auf Streymoy: das Fosstal auf dem Weg nach Syðradalur (foss = Wasserfall). – Unten links ein Portal am Bischofssitz in Kirkjubøur, rechts die Olavskirche, das mit Abstand älteste Gotteshaus auf den Inseln.* ▸

## DOMBAUHERR ERLENDUR

Das einfache Bauernvolk hatte unter dem ehrgeizigen Dombauherren Bischof *Erlendur* (1269–1308) ebenso zu leiden wie die Menschen andernorts. Während zur selben Zeit die Kathedralen etwa in Straßburg oder Bamberg ihren letzten Schliff bekamen, sah es für Bischof Erlendur eher düster aus: Steuererhebungen zum Kirchenbau brachten die Bevölkerung gegen den Kirchenmann auf, das unzufriedene Volk wollte ihn lynchen. Aus Angst suchte er oben auf der Dommauer Schutz. Doch nach drei Tagen fiel er herunter und wurde erschlagen. In einer anderen, unspektakuläreren Version heißt es, er sei nach Norwegen geflohen und dort drei Jahre später verstorben. Bei Renovierungsarbeiten 1989/90 fand man ein Grab, von dem man jetzt annimmt, es sei die letzte Ruhestätte Erlendurs; dies würde wiederum die Flucht-These widerlegen. (Ein steinernes Abbild des Bischof Erlendur findet sich direkt neben dem heiligen Magnus Jarl an der berühmten Westfassade des Doms zu Trondheim, einst Norwegens Hauptstadt.)

Am Seyðabrævið, dem Schafsbrief, der das Landgesetz enthielt und heute als das älteste färöische Schriftstück gilt, war Erlendur maßgeblich beteiligt. Außer ihm amtierten hier 34 weitere Bischöfe, von denen drei in Kirkjubøur begraben liegen.

Am Ortsende, 100 m südöstlich der Ruine, finden sich die spärlichen Reste der Marienkirche. Dieses um 1060 entstandene Gebäude wurde vermutlich ein Opfer von Sturm und Meer.

◎ Erheblich frischer wirkt die weiß getünchte Kirche, die sich direkt am Wasser befindet. Doch der Schein trügt, die **OLAVSKIRCHE** ist mit Abstand DIE ÄLTESTE der Färöer. Seit dem Mittelalter ist sie nahezu kontinuierlich in Gebrauch und wurde mehrmals umgebaut, was ihr Äußeres zwischenzeitlich stark veränderte. Dank Umbaumaßnahmen vor 40 Jahren erhielt die Kirche dann ihr vermutlich ursprüngliches Aussehen – von 1111 – zurück.

Bei einer Restaurierung 1874 war das kunstvoll geschnitzte Kirchengestühl nach Kopenhagen gebracht worden. Nachdem es dort lange Zeit im Archiv schlummerte, fand es vor einigen Jahren wieder den Weg zurück und ist heute im Nationalmuseum in Tórshavn zu bewundern. Zudem findet sich eine Replik der Reliefschnitzerei auch in der katholischen Kirche in der Hauptstadt.

In der Nordfassade der Olavskirche kann man eine ehemalige Öffnung erkennen, die heute zugemauert ist: LEPRAKRANKE, die der Messe nicht beiwohnen durften, erhielten durch dieses Loch die heilige Kommunion. Als die Krankheit Mitte des 18. Jahrhunderts ausgerottet werden konnte, wurde das Loch endlich nutzlos.

◎ Nicht minder imposant und genauso alt ist das Gebäude zwischen beiden Kirchen, der alte **BISCHOFS-HOF**. Hinter den schwarz geteerten Balken und den blau-rot leuchtenden Fenstern verbergen sich Museum sowie Wohntrakt.

Das Blockhaus wurde vermutlich aus Treibholzstämmen gezimmert. Das MUSEUM, die 900 Jahre alte **ROYKSTOVAN** (Rauchstube), diente als Wohn- und Essraum. Mit dem Wort RAUCHSTUBE wurden Wohnhäuser oder -stuben bezeichnet, die kein Fenster, sondern nur ein Loch in der Decke hatten, wo der Rauch abziehen konnte.

Das Interieur zeigt das mittelalterliche Leben; im Keller (nicht zugänglich) gibt es ein Verlies und im Dachgeschoss das geistliche Studierzimmer. 1772 wurde es durch eine Lawine, die auch die Sakristei der Kathedrale zerstörte, stark beschädigt; doch der Studierraum wurde wieder aufgebaut, da er von historischer Bedeutung ist: Der norwegische König *Sverre* wurde hier unterrichtet. *Sverri Sigurdsson* wurde 1151 als unehelicher Sohn König Sigurds von der Mutter Gunnhild geboren. Als Gunnhild auf die Färöer kam, arbeitete sie als Milchmagd in Kirkjubøur. In einer Höhle oberhalb der Ortschaft zog sie den späteren norwegischen König heimlich auf. Ein alter Bekannter aus Norwegen traf sie in Kirkjubøur, heiratete sie, gab den Sohn als den seinen aus, und gemeinsam zogen sie nach Norwegen. Mit fünf Jahren kam Sverre jedoch wieder zurück und wurde in die Obhut des Bischofs Hrói gegeben.

Der ließ dem potenziellen Thronerben eine angemessene Ausbildung zukommen. 1174 verließ Sverre die Färöer, um 28 Jahre den norwegischen Thron innezuhaben.

Der restliche Teil des Hofes ist ein Wohntrakt. Um das Jahr 1020 herum gehörte fast halb Streymoy zum Bischofshof. Obwohl das Gut heute um einiges kleiner ist, handelt es sich dennoch um die größte Farm der Färöer. Seit 1555 bewirtschaft Familie Patursson in fortlaufender Generationenfolge diesen Hof. Der Name Patursson ist kein unbekannter auf den Inseln: Politiker, Seefahrer und Abenteurer, auch Schriftsteller und andere Künstler entstammen der Familie, darunter Tróndur Patursson, der wohl bekannteste zeitgenössische färöische Künstler, ebenso wie der letzte Einwohner der Insel Koltur. Da wundert es fast schon nicht mehr, dass auch Nationalheld Nólsoyar Páll direkt in die Verwandtschaftslinie reicht.

Der Info-Block mit den Öffnungszeiten sowie anderen Daten zu Sehenswertem, Unterkünften etc. befindet sich am Kapitelende auf Seite 90 f.

# Route 2: von Tórshavn nach Vestmanna

IM ÜBERBLICK

◉ **STRECKENVERLAUF**: Tórshavn – Kaldbaksbotnur (13 km) – Kvívík (13 km) – Vestmanna (11 km)
◉ **STRECKENLÄNGE**: 37 km
◉ **ALTERNATIVROUTE**: über die alte Bergstraße Oyggjarvegur Nr. 10.
◉ **TRANSPORT**: Die Buslinie 100 (teilweise als Flughafenbus) bedient die Strecke 8 x täglich.
◉ **ANSCHLUSSMÖGLICHKEIT**: Durch den Meerestunnel zur Insel Vágar kann diese Tour problemlos mit Route 6 kombiniert werden.
◉ **ABSTECHER**: gleich zu Beginn nach Kaldbak, sofern man nicht die Strecke über die Berge wählt.
◉ **PROFIL**: Die Route verläuft über die wichtigste Straßenverbindung der Färöer. Die Fahrt am Ufer des steilwandigen Kaldbaksfjords und durch den Kollafjarðartunnel führt zunächst zum Leynarvatn, dem beliebten Anglerrevier. In Kvívík zeugen die Reste zweier Langhäuser von der Wikingerzeit. Die Anfahrt auf Vestmanna gibt einen guten Überblick auf diese zweitgrößte Stadt Streymoys. Eine Bootstour zu Steilküsten und Grotten nordwestlich von Vestmanna zählt zu den Highlights des Färöer-Besuchs.
◉ **TIPP FÜR RADFAHRER**: Um den 2,8 km langen Kollafjarðartunnel zu durchqueren, muss man den Bus, einen Pick-up oder einen netten Lkw-Fahrer abpassen. Der zweite Tunnel am Leynavatn ist problemlos am Seeufer zu umfahren. – Für die Alternativroute gilt: nur bei Schönwetter, sonst lohnt die Höhendifferenz von mehr als 500 m nicht den Schweiß. Die Abfahrt lässt natürlich jede Anstrengung wieder vergessen. – Unbedingt den kurzen Abstecher auf der Straße Nr. 538 Richtung Norðradalur wahrnehmen.

Wen die Zeit nicht drängt, sollte bei gutem Wetter auf jeden Fall über die alte BERGSTRASSE **OYGGJARVEGUR** fahren: Vorbei an Nordischem Haus und »Hotel Føroyar«, zieht sich die alte Str. 10 über das Gebirge nördlich von Tórshavn. Auf halber Strecke erreicht man die Abzweigung nach Norðradalur; biegt man hier ab, folgt nach etwa 100 Metern ein Parkplatz mit einem prächtigen AUSBLICK auf die Insel Koltur. Wieder auf der 10, taucht plötzlich ein längliches Gebäude mit Grasdach auf: Im MJØRKADALUR (Nebeltal) befand sich früher ein dänischer Militärstützpunkt. Als die Dänen abzogen, dachte man über ein Hotel auf dem Areal nach, nahm aber wegen der nebellastigen Lage, die dem Ort sogar seinen Namen verlieh, davon Abstand. Heute dient die Anlage als EINZIGES färöisches GEFÄNGNIS.

1,5 km hinter dem Knast führt eine einspurige Straße mit vielen Kurven auf den 749 m hohen **SORNFELLI**: Man fährt bis zum Verbotsschild und biegt rechts in den kleinen Stich ein; am Ende läuft man links den (schwer erkennbaren) Trampelpfad hinauf, muss etwas klettern und hat einen der SCHÖNSTEN AUSBLICKE auf die Inselwelt. VORSICHT BEI NEBEL: Es gibt keine Absperrung an der Klippe!

Wer nicht über die Str. 10 nach Vestmanna fährt, verlässt das Stadtgebiet über den stark befahrenen Hvítanesvegur. Bei dem Gebäude in der hübschen Grünanlage (unterhalb des Weges) handelt es sich um das Gymnasium Tórshavns, das aber demnächst vom neuen Schulzentrum Marknagil abgelöst wird.

Einige hundert Meter weiter kündigen Schilder mit St. Johanneskreuz Sehenswertes an: links zum **NATIONALMUSEUM** mit seiner kultur- und naturhistorischen Abteilung: Betagte landwirtschaftliche Geräte, Fischerboote, Trachten, historische Fotografien und mehr geben einen authentischen Einblick in die Historie des Archipels. – Rechts des Hvítanesvegur sind im FREILICHTMUSEUM **HOYVÍKSGARÐUR** Besiedlung und landwirtschaftliche Nutzung bis ins Mittelalter zurückzuverfolgen. Die Gebäude stammen aus dem 19. Jahrhundert.

Weiter geht es auf der Straße 50 zum KALDBAKSFJORD. Bevor man das bebaute Siedlungsgebiet hinter sich lässt, führt die letzte Abzweigung links zu einer Verbrennungsanlage – dort können die Chemietoiletten von Wohnmobilen entleert werden.

Gegenüber von Sund, wo ab und an dänische Militärschiffe vor Anker gehen, liegt der Flecken **KALDBAK**.

Nach drei Kilometern zweigt die kleine Straße 523 ab und führt entlang steiler Abhänge am nördlichen Ufer des Kaldbaksfjords nach Kaldbak. An den ABSCHÜSSIGEN HÄNGEN beidseits des Fjords sind Steinschläge keine Seltenheit. Der Ort besitzt eine kleine HOLZKIRCHE (1835) mit Grasdach. Im Inneren ist das alte Chorgestühl bemerkenswert.

Auf der Str. 50 geht es nun in einen TUNNEL. Bis 1992 floss der Verkehr noch über die Bergstraße. Als wir wieder ans Tageslicht kommen, sind es 1,5 km bis zu dem KREISVERKEHR, wo sowohl die Straße nach Vestmanna/Vágar als auch die in den Norden der Färöer abbiegt.

Wir fahren in Richtung Insel Vágar. Linker Hand liegt eine Forschungsanstalt, die sich mit der Optimierung der Landwirtschaft beschäftigt. Nach weiteren 2 km trifft bei einer Tankstelle die Bergstraße Oyggjarvegur wieder auf die Hauptverkehrsader. Hier ist die Maut für die Tunneldurchfahrt nach Vágar zu entrichten. Bei färöischen Mietwagen ist diese in der Regel im Mietpreis enthalten.

Bevor rechter Hand der See LEYNARVATN richtig sichtbar wird, geht es schon in den nächsten TUNNEL. Dieser See zählt zu den beliebtesten färöischen Angelrevieren; fast immer stehen am Ufer mehrere Petrijünger, die ihr Glück versuchen. Kurz darauf erreicht man einen Kreisverkehr. Die erste Ausfahrt führt in den gebührenpflichtigen, knapp 5 km langen Tun-

---

Der Info-Block mit den Öffnungszeiten sowie anderen Daten zu Sehenswertem, Unterkünften etc. befindet sich am Kapitelende auf Seite 90 f.

nel, der den VESTMANNASUND unterquert und die Hauptinsel mit Vágar verbindet. Seit der Eröffnung hat sich die Verbindung zwischen der Hauptstadt und dem Flughafen erheblich verkürzt. Gleichzeitig wurde natürlich die Fährverbindung von Vestmanna geschlossen. Und das Leben wurde um einiges ruhiger vor Ort.

Wir bleiben am Tageslicht und nehmen den zweiten Abzweig. Kurz darauf ist man in **LEYNAR**, was so viel wie GEHEIMER HAFEN bedeutet. Die am Leynará gelegene Siedlung mag viele Besucher zum Durchfahren zu bewegen. Der Aufenthalt lohnt sich in zweierlei Hinsicht: zum Einen besitzt der Ort einen netten kleinen SANDSTRAND, zum Anderen wohnen hier die Künstler Ole Jakob Nielsen und Guðrið Helmsdal Nielsen. Während sie als erste Färingerin eine eigene GEDICHTESAMMLUNG publizierte, fertigt ihr Ehemann in seiner Werkstatt mit Vorliebe LAMPENSCHIRME UND SCHALEN AUS HOLZ. Er verwendet nur färöisches Holz, was auf den nahezu baumlosen Inseln nicht so leicht zu besorgen ist. Besonders im Winter, wenn mal wieder ein Orkan über die Inselwelt gezogen ist, macht sich Ole Jakob auf die Suche nach »entwurzeltem Arbeitsmaterial«. Was mal als Hobby begann, bestimmt mittlerweile den Terminkalender. Die Auftragsliste ist lang, Ole Jakob zählt zu den anerkannten Meistern der färöischen Künstlerzunft. Die Künstlerwerkstatt ist leicht zu finden: In dem schönen schwarzen Haus mit roten Fensterrahmen und Grasdach direkt oberhalb der Sandbucht sind die ungewöhnlichen Artefakte zu erstehen.

Eingebettet zwischen steilen Abhängen liegt **KVÍVÍK** (etwa 400 Einwohner) IN EINER SCHMALEN BUCHT – ein Sträßchen führt links von der Str. 40, auf der wir uns mittlerweile befinden, hinunter. Wer auf den Abstecher nach Kvívík verzichtet, bietet die Parkgelegenheit genau im Talscheitel oberhalb der Siedlung einen grandiosen BLICK BIS NACH KOLTUR.

1941 sollte in unmittelbarer Nähe zum Strand ein Haus gebaut werden. Bei den Erdarbeiten stieß man auf zwei RUINEN AUS DER WIKINGERZEIT. Der Bauherr musste auf den Meeresblick verzichten, und Kvívík ist seither um eine Attraktion reicher. Mit 22 m Länge und 5,75 m Breite – für färöische Verhältnisse ausgesprochen groß – gehörte jener Hof vermutlich einer WOHLHABENDEN Wikingerfamilie. Eines der zwei LANGHÄUSER diente als Wohnhaus, das andere als Stall. Auffällig sind die bis zu 1,5 m dicken Steinwände; Grassoden dichteten die Konstruktion ab – kein Wunder, dass die Wikinger bei der Lage direkt am Meer viel Arbeit in die Isolierung steckten. Fundstücke – Angelgerätschaften, Öllampen, Spielzeug etc. – sind übrigens in der kulturhistorischen Abteilung des Nationalmuseums in Tórshavn zu sehen.

Wie zwei große Fußbälle sehen die Häuser aus, die zwischen Kvívík und Vestmanna oberhalb der Straße ste-

Oben hölzerne Kunst von Ole Jakob Nielsen, unten die markanten Ferienhäuser an der Straße zwischen Kvivik und Vestmanna ▶

hen. (Dem Einen oder der Anderen werden die Ferienhäuser, die zu mieten sind, recht bekannt vorkommen: In der Nähe der Vesturkirkjan in Tórshavn steht der große Bruder der kugelförmigen Häuser und dient der Färöisch-Grönländischen Gesellschaft als Sitz. Architekt ist *Kári Thomsen.*)

Parallel zur Straße verläuft der alte Fußweg, der bis Mitte des 20. Jahrhunderts die Siedlungen an der Südwestküste verband. Steinmänner dokumentieren die straßenlose Zeit.

Seit es den Verbindungstunnel zwischen Stremoy und Vágar gibt, ist es in **VESTMANNA** stiller geworden. Die zweitgrößte Stadt auf Streymoy mit 1.200 Einwohnern besitzt durch ihre windgeschützte Lage einen Hafen, den schon in früheren Jahrhunderten große Segler bei unbeständiger Wetterlage aufsuchten. – Seit die Fähre wegfiel, laufen hier nur noch Fischer und Vogelsafari-Veranstalter aus.

Ohne Fisch wäre also noch viel weniger los. Wer seinen Blick über das Wasser schweifen lässt, wird mehrere AQUAKULTUREN ausmachen. In den Bassins tummeln sich tausende Lachse sowie Meerforellen, die das Wasser zum Brodeln bringen.

Bereits bei der Anfahrt auf Vestmanna erblickt man die großen Fallrohre, die den wichtigen Standort als STROMERZEUGER unterstreichen. Seit Mitte des 20. Jhs. wird hier das Gros der Energie produziert. Über ein System von vier Staubecken wird das Wasser durch die mächtigen Rohre zum Kraftwerk geleitet, von wo Stromleitungen in alle Teile von Streymoy und Eysturoy reichen. Bis vor gut 40 Jahren war dies das einzig größere Kraftwerk auf Streymoy.

Der SPAZIERGANG ZU DEN STAUBECKEN sei empfohlen. Kommt man über die Str. 40 aus Tórshavn, geht es die erste Straße rechts hinein. Bevor die Straße die Fallrohre des Wasserkraftwerks überquert, geht es spitz nach rechts. Am Ende der Teerstraße stellt man das Fahrzeug ab und erreicht nach ca. 500 m das erste der vier Staubecken. Entlang des Baches Heljareyga, der das Bassin speist, geht es weiter zum zweiten Stausee.

Uns elektrisiert aber etwas anderes: die berühmten VOGELFELSEN und VESTMANNAGROTTEN! Seit über hundert Jahren zählen die sogenannten **VESTMANNABJØRGINI** zu den Touristenattraktionen. Gleich zwei Veranstalter (www.sightseeing.fo und www.puffin.fo) fahren im Sommer hinaus zu den Grotten. Neben der imposanten Steilküsten-Kulisse, wo unzählige Vögel leben, sind auch öfter SEEHUNDE zu beobachten.

Beide Veranstalter betreiben jeweils ein Café am Hafen: das eine modern, mit Restaurant, Souvenirladen und Sagamuseum, in dem Wachsfiguren die färöische Geschichte nachstellen, das andere eher schlicht, dafür auch eher mit einheimischem Publikum. Qualitativ nehmen sich beide nichts, die Bootstouren sind fast identisch und kosten bei 2 Stunden Dauer 275/150 DKK.

# Route 3: von Tórshavn nach Tjørnuvík

IM ÜBERBLICK

◉ **STRECKENVERLAUF**: Tórshavn – Kaldbaksbotnur (13 km) – Kollafjørður (8 km) – Hósvík (8 km) – Hvalvík (6 km) – Nesvík (3 km) – Tjørnuvík (13 km)

◉ **STRECKENLÄNGE**: 51 km

◉ **TRANSPORT**: ab Tórshavn mit Bus 400 nach Oyrabakki, ab dort mit Linie 202 nach Tjørnuvík.

◉ **ANSCHLUSSMÖGLICHKEITEN**: Alle Routen auf Eysturoy können mit dieser Tour kombiniert werden.

◉ **ABSTECHER**: Saksun gehört für die meisten Färöer-Touristen ins Programm, was sowohl an dem historischen Bauernhof als auch an der wild romantischen Landschaft liegt. Leider besteht keine Busverbindung mehr – für Wanderer bedeutet das Daumen raus oder mit einem Tourenveranstalter aus Tórshavn anreisen (mögliche Vermittlung über das Touristenbüro).

◉ **PROFIL**: Die Strecke bis Kollafjørður schafft man leicht in 20 Minuten. Entlang des Meeresarms Sundini, der die Hauptinseln Streymoy und Eysturoy trennt, geht es anschließend zum nördlichen Inselende. In etwa einer Stunde Autofahrt kann man die Strecke von Tórshavn ins hübsche Tjørnuvík bewältigen. Auf den Abstecher ab Hvalvík nach Saksun sollte man allerdings nicht verzichten.

◉ **TIPP FÜR RADFAHRER**: Am besten fährt man mit dem Bus, der auch Fahrräder transportiert, bis nach Kollafjørður und hat so das Problem mit dem Tunnel bei Kaldbaksbotnur gelöst. Die Fahrt entlang des Sundini ist flach. Erst kurz vor dem Ziel Tjørnuvík muss noch einmal kräftig in die Pedale getreten werden. Das 11 km lange Saksunartal ist eine einspurige Strecke ohne nennenswerte Höhenunterschiede, recht angenehm zum Radfahren.

Bis zum Kreisverkehr bei Kollafjørður folgt die Strecke der Route 2 (ab Tórshavn nach Vestmanna). Diesmal folgen wir am Kreisverkehr dem Hinweisschild in Richtung Klaksvík. Zunächst geht es nach **KOLLAFJØRÐUR** hinein: Dieser längste Ort der Färöer erstreckt sich AM UFER des gleichnamigen Fjords; die Bezeichnung Straßendorf könnte nicht treffender sein: Auf 6 Kilometer ziehen sich die Häuser Kollafjørðurs beidseits der (alten) Straße entlang. Die ausgebaute Landstraße führt jedoch parallel zur alten Durchgangsstraße. Die DORFKIRCHE mit Grasdach im typisch färöischen Stil stammt aus dem Jahr 1837 und zeigt sich vormittags im besten Licht; ihre Vorgängerin soll dagegen überhaupt keine Schönheit gewesen sein.

Zu Beginn des 20. Jhs. gab es für kurze Zeit eine norwegische Walfangstation im benachbarten SIGNABØUR. Ansonsten waren hier am Fjord über 100 Jahre von Heringsfang und -produktion geprägt. Die schwankende Nachfrage machte aber auch dieses Geschäft zunichte. Heute kon-

---

Der Info-Block mit den Öffnungszeiten sowie anderen Daten zu Sehenswertem, Unterkünften etc. befindet sich am Kapitelende auf Seite 90 f.

zentriert man sich in Kollafjørður auf Aquakultur. Die Firma »Bakkafrost«, die sich auf Fischzucht spezialisiert hat, ist der größte Arbeitgeber vor Ort.

Wenn die Landstraße eine scharfe Linkskurve vollzieht, kann man über den TANGAFJORD bis nach Nólsoy sehen. Auf der anderen Fjordseite strahlt die moderne weiße Kirche von Toftir. (Kurz danach taucht, ebenfalls auf der anderen Seite, Selatrað auf. Aber man lasse nicht sich von der Entfernung täuschen: Zwar sind es über den Fjord nur 1,5 km – bis man den abgelegenen Ort auf der Fahrstraße erreicht, sind allerdings 45 Kilometer zurückzulegen.)

Weiter geht's nach HÓSVÍK. 320 Einwohner leben in dieser Ortschaft. Man nimmt an, dass der Name ursprünglich Thórsvík lautete: die Bucht Thors. Womöglich laufen wir soeben über eine Kult- und Opferstelle für den nordischen Kriegsgott. Der Ort mit seinem HÜBSCHEN WASSERFALL wurde vor 1.000 Jahren besiedelt. Die meisten Touristen kennen ihn nur von der Durchfahrt – zumal die einzige färöische Schlachterei nicht unbedingt einen Besuch wert ist.

Eine andere Form der Fleischproduktion fand in der einstigen Walfangstation við Áir statt. Geschäftig ging es hier zu, als von Anfang des 20. Jhs. mit kurzer Unterbrechung bis in die 1960er Jahre große Blau- und Finnwale zu Tran verarbeitet wurden. Inzwischen rosten die Anlagen vor sich hin. In den modernen Gebäuden, die sich um die alte Fangstation gruppieren, befinden sich einige Institutionen, darunter die staatliche VERSUCHSSTATION FÜR LACHSZUCHT. (2014 sorgte ein gestrandeter toter Wal in við Áir für Schlagzeilen. Als Wissenschaftler das verendete Tier sezierten, kam es auf Grund von Faulgasen zu einer unappetitlichen Explosion, die jedoch glücklicher Weise glimpflich ausging. Zu sehen auf www.youtube.de.)

Wer nach **SAKSUN** möchte, muss im nächsten Ort, in **HVALVÍK**, auf die Str. 592 nach links abbiegen. Hvalvík selbst bildet mit Streymnes eine Zwillingssiedlung, die sich zu beiden Seiten der Storá in die flache Bucht zieht. Der Name Hvalvík – Walbucht – zeugt von einem ehemals wichtigen Ort für den Walfang. Diese Siedlung zählt zu den WENIGEN WOHNPLÄTZEN MIT BAUMBESTAND – die kleine Anpflanzung bei der Kirche stammt aus den 1950er Jahren. Das Gotteshaus selbst ist eines der ältesten auf Streymoy. Es wurde auf den Grundmauern einer älteren Kirche errichtet, die 1829 einem Wintersturm zum Opfer gefallen war. Die INNENAUSSTATTUNG DER KIRCHE STAMMT VON EINEM SCHOTTISCHEN SEGLER, der vor der Küste bei Saksun ein ähnliches Schicksal wie die alte Kirche erlitt.

Entlang des Sundini führt die Straße in Richtung Tjørnuvík. Doch bis wir dort sind, gibt es einiges zu sehen. IN NESVÍK führt die einzige große Straßenbrücke ÜBER DEN GEZEITEN-

*Ein bisschen Zivilisation und viel gewaltige Natur: das Heimatmuseum in Saksun* ▶

## ABSTECHER NACH SAKSUN

Man fährt von Hvalvík auf der Straße Nr. 592 Richtung Nordwesten und wird rasch bemerken, dass die Landschaft hier etwas anders ist. Ungewöhnlich LIEBLICH UND BREIT IST DAS SAKSUNARTAL, das längste Tal der Färöer. Zunächst geht es seitlich der Storá leicht bergan, um dann nach der Wasserscheide genauso sanft längs der Dalá wieder hinunterzuführen.

Saksun, mit knapp 30 Einwohnern bis zur Gemeindereform 2005 die kleinste Kommune Streymoys, lebt noch größtenteils von der Landwirtschaft. Das Ackerland teilen sich vier Höfe, wobei zum Gut DÚVUGARÐUR heute eines der schönsten Museen gehört. Ein Großteil der historischen Einrichtung blieb erhalten und spiegelt die Zeit der vorletzten Jahrhundertwende wider. Eigentlich befindet sich der Ort an der rauen Westküste, aber eigentlich auch wieder nicht. Malerisch liegen die Häuser im Schutz der Bergzinnen KOPSENNI und HØVDIN. Ein schmaler Meeresarm, der sich nach zwei Kilometern wie zu einem Binnensee ausbreitet, macht das Erscheinungsbild perfekt. Der POLLUR (Wanderung 6), wie das Gewässer genannt wird, HAT SCHON VIELE MALER ANGEREGT. Die Kirche unterhalb der Straße stand bis 1858 in Tjørnuvík und wurde hier wieder errichtet.

Inzwischen steuern vermehrt Kreuzfahrtschiffe die nordatlantischen Färöer an. Sollte man in Kenntnis dieser Tage sein, rate ich von einem Besuch im schönen Saksun ab. Da Saksun neben Kvívík und Kirkjubøur als offizielle Haupt-Attraktion gilt, kann es dann nämlich eng vor Ort werden. Schilder mit der Aufschrift »Keep out of the grass« sind unschöne Folgeerscheinungen dieser Aufläufe. – Beschaulicher geht es am SAKSUNARVATN zu, einem beliebten Angelplatz für Lachs und Forelle.

STARKEN SUNDINI und verbindet die beiden Hauptinseln miteinander. Seit der Gemeindereform 2005 heißt auch die hiesige Kommune SUNDA, die auf Seiten Streymoys den ganzen Nordosten umfasst und damit auch die weiteren Siedlungen auf dieser Route.

Das Straßendorf **LANGASANDUR** entstand aus einem Aussiedlerhof. Im Jahr 1839 entschloss sich ein Bauer aus Haldarsvík zur Umsiedlung und legte somit den Grundstein. Seit einigen Jahren lohnt es sich, sich in dem ansonsten unauffälligen Ort genauer umzuschauen. In einigen Vorgärten stehen 1 bis 1,5 m hohe TOTEMÄHNLICHE KUNSTWERKE, die aus der Hand eines weit gereisten Einwohners stammen. Die naturbelassenen oder bunt angemalten Gebilde mit Fabelwesen und Figuren sind ein Blickfang.

Auf halbem Weg in den nächsten Ort kommt man am Fossá vorüber, der über zwei Kaskaden 140 Meter in die Tiefe stürzt – zwar der höchste WASSERFALL auf den Inseln, doch beeindrucken die Färöer mehr durch die Vielzahl der Wasserfälle als durch die Höhe einzelner.

Zwei Ziele sind in **HALDARSVÍK** hervorzuheben, zum einen das moderne SEEMANNSDENKMAL oberhalb der Straße und zum anderen die OKTOGONALE KIRCHE (1856). Das farbenfrohe Altarbild – Jesus beim letzten Abendmahl – dominiert seit einigen Jahren den Innenraum des Unikats. Und der Künstler ist ein Ururenkel des Gründers von Langasandur.

Die Ackerflächen links der Straße wecken wegen ihrer Terrassen Assoziationen an asiatische Reisfelder.

Hier beginnt der alte SAKSUNARWEG über den 587 m hohen Víkarskarð, der durch die vielen Steinmänner leicht zu entdecken ist. Unterwegs bietet sich ein schöner Blick auf Eiði.

Obgleich alle drei Orte seit der Brücke ihren Reiz haben, besticht **TJØRNUVÍK** vor allem durch seine Lage, die alte Bebauung sowie der Aussicht auf RISIN UND KELLINGIN, die zwei berühmten, vom Meer umspülten Felsnadeln.

Bereits die Anfahrt auf der 594 ist ein Erlebnis. Pkw-Fahrer sollten sich dabei aber auf die schmale, streckenweise unübersichtliche Straße konzentrieren. Die heimischen Schafe nutzen im Sommer den von der Sonne erwärmten Asphalt gern für ein Ruhepäuschen. Die letzten 1,5 Kilometer gehen steil bergab; während sich Tjørnuvík mit seinem SCHWARZEN SANDSTRAND unten an der Bucht auftut, eröffnet sich nach hinten ein famoser Blick auf Risin und Kellingin.

Früh wurde der pittoreske Ort besiedelt, was zwölf Grabfunde aus der Wikingerzeit belegen. Und kurz bevor man in Tjørnuvík eintrifft, erstreckt sich linker Hand neben der Straße eine WIKINGERGRABSTÄTTE; viel ist allerdings nicht mehr zu erkennen. Als bedeutendstes Fundstück gilt eine 15 cm lange Bronzenadel, die sich im Nationalmuseum in Tórshavn befindet.

Risin und Kellingin ▶

## RISIN UND KELLINGIN

Am schönsten sieht man sie von Tjørnuvík aus, die beiden nördlich von Eiði gelegenen Felsnadeln namens Risin und Kellingin. Mächtig ragen sie in den Nordatlantik hinaus und werfen wohl einen sehnsuchtsvollen Blick gen Island. Übersetzt bedeutet Risin DER RIESE und Kellingin DAS TROLLWEIB. Nicht immer standen die zwei so versteinert vor der Nordwestspitze Eysturoys. Und niemand hätte sich damals getraut, mit dem Boot zwischen den beiden hindurchzufahren, was bei Windstille durchaus möglich ist.

Island, die große Insel im Nordatlantik, machte sich Sorgen um die kleinen Färöer, die ganz alleine im Nordatlantik lagen. Um sie nach Hause zu holen, wurden der Riese und seine Frau beauftragt, die 18 Inseln durchs Meer zu ziehen und nach Island zu bringen. Risin und Kellingin machten sich auf den Weg und hatten schon bald die Färöer erreicht. An dem äußersten nordwestlichen Berg Eiðiskollur machten sie Halt. Der Riese blieb im Meer stehen, während das Trollweib den Berg erklomm, um die Inseln zusammenzubinden. Beim ersten Versuch, die Färöer wegzuziehen, brach die nördliche Flanke des Berges ab; also mussten sie es erneut versuchen.

Es dauerte eine ganze Weile, bis sie die Inseln fest verzurrt hatten, um endlich mit dem Fortschleppen beginnen zu können. Die Nacht war jedoch schon weit fort geschritten und der Tag graute – beide Trolle waren so in ihre Arbeit vertieft, dass keiner bemerkte, wie die ersten Sonnenstrahlen über den Horizont kamen. Trolle vertragen aber kein Sonnenlicht und so verwandelten sich beide augenblicklich zu Stein. So stehen die beiden ersten »Touristen« noch heute als Säulen im Meer. Und sage da einer noch, es würde hier oben keine Sonne scheinen...

Ob es die schöne Aussicht oder der weite Sandstrand war, der die Wikinger an diesen schattigen Ort führte? Das steile und schwer zu bearbeitende Ackerland dürfte es wohl kaum gewesen sein. Im Winter gefährden zudem Lawinen von den ÜBERSTEILTEN BERGFLANKEN den Ort.

Ganz und gar außergewöhnlich ist die Fahrt in einer SEILWINDE 100 m über den Stakssund, der in 1,5 Stunden Fußmarsch ab hier zu erreichen ist. Seit jeher versucht man, jedes Fleckchen Erde auf den Färöer zu bestellen oder für die Schafzucht zu nutzen. Und auf der Streymoy vorgelagerten, 134 m hohen Felsnadel TJØRNUVÍKSTAKKUR soll besonders gutes Gras wachsen. Doch wie bekommt man die Schafe auf den Felsen hinüber? Die Einwohner lösten das Problem mit einer von Hand betriebenen Seilwinde. Einige Male im Sommer wird der Schaflift zum Personenlift umfunktioniert – ein beflügelndes Erlebnis und nichts für schwache Nerven! Aktuelle Informationen erteilt das Touristenbüro.

Vom 448 m hohen SKORADALSHEYGGJURIN, über den der Weg zum Tjørnuvíkstakkur führt, sieht man nach Westen in die Bucht SJEYNDIR, in der spannende Szenen des erfolgreichen und ins Deutsche übersetzten Krimis »Mild ist die färöische Sommernacht« (als Neuausgabe »Endstation Färöer«, siehe Seite 42) spielen.

## Information

◉ **VISIT TÓRSHAVN**, Vaglið 4, FO –110 Tórshavn, Tel. 30 24 25, Fax 31 68 31, torsinfo@torshavn.fo, www.visittorshavn.fo. 1.5.–31.8. Mo–Fr 8–17.30 Uhr, Sa 9–14 Uhr (Juli So 11–15 Uhr), sonst Mo–Fr 9–17, Sa 10–14 Uhr.»Welcome Card« siehe Seite 57.

◉ **VESTMANNA TOURIST CENTRE**, Fjarðavegur 2, FO – 350 Vestmanna, Tel. 471 500 u. 771 500, Fax 471 509, touristinfo@olivant. fo, www.visit-vestmanna.com. 1.5.– 30.9. täglich 9–17 Uhr, 1.6.–31.8. bis 18 Uhr, sonst wird Telefonkontakt erbeten.

## Sehenswert / Adressen

◉ **NATIONALMUSEUM** (über Natur u. Kultur) TJÓÐSAVN – MENTAN OG NÁTTÚRA in Hoyvík (im Nordosten v. Tórshavn), Tel. 340 500, www.savn.fo. Adresse Ausstellung Brekkutún 6, Freilichtmuseum Kúrdalsvegur. 15.5.–15.9. Mo–Fr 10–17 Uhr, Sa+So 14–17 Uhr, sonst Do+So 14–17 Uhr (nur die Ausstellung).

◉ **ROYKSTOVAN**, Kirkjubøur, Tel. 328 089, joannes@patursson.com, www.patursson.com. 1.6.– 31.8. Mo–Sa 9–17.30 Uhr, So 14–17.30 Uhr, sonst auf Anfrage.

◉ **HEIMATMUSEUM** BYGDASAVNIÐ I **VESTMANNA**, Tel. 470 110 sowie 230 114. Nur nach Vereinbarung.

◉ **HISTORISCHER BAUERNHOF** GOMLU DUVUGARÐAR in Saksun, Tel. 340 500, savn@savn.fo, www.

Wer viele Museen plus das Aquarium besuchen möchte, sollte über die Anschaffung der »Tórshavn Welcome Card« nachdenken (siehe Seite 57 unter »Information«).

savn.fo. 15.6.–15.8. Mo–So 14–17 Uhr, sonst auf Anfrage.
◎ **SAGA MUSEUM** im Touristenbüro Vestmanna (siehe oben).

BOOTSTOUREN
Außer den Fahrten zu Vogelkliffs und Grotten sind u.a. Angeltrips, Ausflüge nach Mykines sowie Bootscharter im Angebot. Bei Schönwetter zu empfehlen sind die Abendtouren zu den Grotten, wenn die Steilküste in goldenem Sonnenlicht erstrahlt. – Bei schwerer See können Touren entfallen.
◎ **SJÓFERDIR**, Skúvadal Sp/f in Kooperation mit dem Touristenbüro Vestmanna (siehe Seite 90), Tel. 471 500, puffin@olivant.fo, www.puffin.fo.
◎ **VESTMANNABJØRGINI** Sp/f, Palli Lamhauge, Vestmanna, Tel. 424 155, sight@sightseeing.fo, www.sightseeing.fo. Touren auch ab Tórshavn.

## Wanderungen

◎ **WANDERUNG 1**: Seite 182 ff.
◎ **WANDERUNG 2**: Seite 184 ff.
◎ **WANDERUNG 3**: Seite 188 ff.
◎ **WANDERUNG 4**: Seite 192 ff.
◎ **WANDERUNG 5**: Seite 196 ff.
◎ **WANDERUNG 6**: Seite 201 ff.

## Unterkunft

Ferienwohnungen und Privatzimmer vermittelt das lokale Touristenbüro.
◎ **VESTMANNA**: B&B Krákureiðrið, Niðari vegur 34, FO–350 Vestmanna, Tel. 424 747 und 764 747, info@krakureidrid.com, www.krakureidrid.com. Gepflegte Zimmer, als EZ 500 DKK, als DZ 600 DKK.

## Essen und Trinken

◎ **VESTMANNA**: Restaurant Fjørukrógvin im Touristenbüro, Fjarðavegur 2, Tel. 471500. – Café und Pub Bryggjan, Tel. 424 210. Do 18–23 Uhr, Fr+Sa 17–04 Uhr, So 18–23 Uhr.

## Versorgung

◎ **ARZT**: Tórshavn, Vestmanna.
◎ **LEBENSMITTEL**: Argir, Kollafjørður, Hósvík, Hoyvík, Tórshavn, Vestmanna.
◎ **BANKEN/GELDAUTOMAT**: Kollafjørður, Tórshavn, Vestmanna.
◎ **POSTAMT**: Tórshavn.
◎ **TANKSTELLEN**: Argir, Kollafjørður, Tórshavn, Vestmanna.
◎ **AUTOVERMIETUNG**: rentacar.fo í Homrum 19, FO–410 Kollafjørður Tel. 232 121, www.rentacar.fo.

## Weiterreise

◎ **FÄHRE** Gamlarætt – Skopun (sowie Hestur) mit »M/F Teistin« (Linie 60): täglich 2–4 x (fast alle Abfahrten nur auf Anfrage), Dauer 15 Minuten. Ticket retour 45/25 DKK. Tel. 293 103.
◎ **TAXI**: Auto, Niels Finsens gøta 28, FO–100 Tórshavn, Tel. 363 636.

# Eysturoy

◎ **EINWOHNERZAHL**: 10.670
◎ **KARTEN**: Topografische Kartenblätter 1 : 20.000: 312, 411, 412, 413, 509, 510, 511, 512, 610, 611

Seit 1973 verbindet eine Brücke die sogenannten Hauptinseln Streymoy und Eysturoy miteinander. Nach Färöer-Maßstab herrscht hier reger Verkehr, der nach der Eröffnung des Tunnels zwischen Eysturoy und Klaksvík (im Osten) weiter zugenommen hat. Nun nimmt man Kurs auf das nächste Tunnelprojekt, das den Inselsüden direkt mit der Hauptstadt Tórshavn verbinden soll, aber kaum vor 2024.

Dafür ist der Inselnorden vor allem landschaftlich interessant: Der 880 m hohe SLÆTTARATINDUR, der Hafen von GJÓGV sowie die Lage FUNNINGURs sind nur einige Höhepunkte der Reise auf die Insel.

Auf Eysturoy hat sich in den letzten Jahrzehnten neben dem historisch gewachsenen Zentrum FUGLAFJØRÐUR im Osten ein weiteres herausgebildet: RUNAVÍK im Süden wuchs inzwischen mit den Nachbarsiedlungen zusammen und ist Mittelpunkt einer Wachstumszone am SKÁLAFJORD.

## IM ÜBERBLICK

◎ **GRÖSSE**: 286 km²
◎ **MAX. LÄNGE**: 36,6 km
◎ **MAX. BREITE**: 13,4 km
◎ **HÖCHSTE ERHEBUNG**: Slættaratindur, 882 m

## Route 4: von Oyrarbakki nach Oyndarfjørður

IM ÜBERBLICK

◎ **STRECKENVERLAUF**: Oyrarbakki – Eiði (11 km) – Gjógv (13 km) – Funningur (8 km) – Funningsfjørður (7 km) – Oyndarfjørður (15 km)
◎ **STRECKENLÄNGE**: 54 km
◎ **TRANSPORT**: Bus 200 bedient Eiði 5–8 x täglich, mit Bus 201 kommt man nach Gjógv und Elduvík (2–3 x täglich). – Ab Oyrarbakki geht es mit Linie 400 nach Skálabotnur und von dort mit Bus 481 (nur an Werktagen) nach Oyndarfjørður. Eine direkte Busverbindung zwischen Eiði und Gjógv sowie Oyndarfjørður besteht nicht.
◎ **ANSCHLUSSMÖGLICHKEITEN**: Route 4 kann mit Route 5, die auch auf Eysturoy verläuft, kombiniert werden. Auch Route 7 auf die Nordinseln lässt sich gut mit Route 4 verknüpfen.
◎ **ABSTECHER**: Der Ausflug nach Elduvík lohnt sich vor allem für all diejenigen, die die Wanderung nach Oynadarfjørður (ganz oder teilweise) unternehmen möchten.
◎ **PROFIL**: Die Strecke führt durch eine der landschaftlich schönsten Regionen der Färöer. Man kommt am Fuße des Slættaratindur vorüber und

# EYSTUROY 93

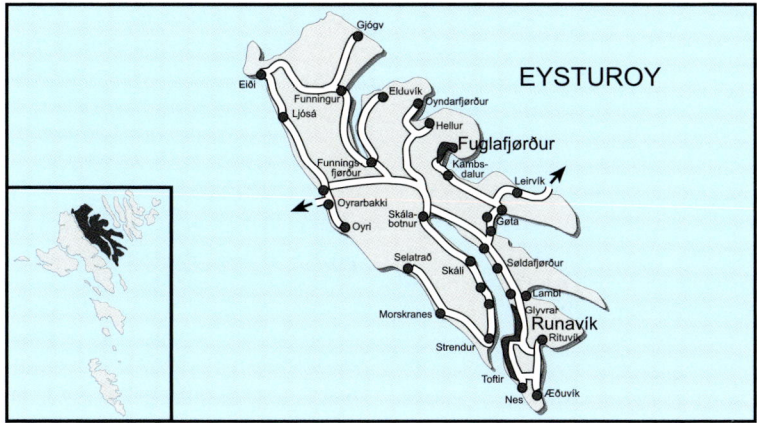

macht einen Abstecher nach Gjógv, einer kleinen Ortschaft mit engem Naturhafen. Über Serpentinen geht es hinunter nach Funningur mit alter Holzkirche. Um den Fjord herum führt der Abstecher nach Elduvík. In Oyndarfjørður steht eine der schönsten Holzkirchen aus dem 19. Jh. Unterwegs sind mehrere Wanderungen möglich, von denen zwei hinten im Wanderteil vorgestellt werden.

◎ **RADFAHRER-TIPP**: Die Strecke überwindet einen Höhenunterschied von 400 m. Abwechslungsreichtum sowie geringes Verkehrsaufkommen machen die Route zu einer optimalen Tagestour. Die Übernachtungsmöglichkeiten finden Sie auf Seite 105 f.

Der Ort **OYRARBAKKI** besitzt als infrastruktureller KNOTENPUNKT zwischen Eysturoy und Streymoy eine Bedeutung, die ihn von anderen Ortschaften abhebt. Dominiert wird die Gemeinde Sunda durch die wichtigste Brücke der Färöer, die beide Inseln seit 1973 miteinander verbindet, worauf sich die lokale Wirtschaft enorm entwickelte. Die Tankstelle avancierte zum Verkehrsknotenpunkt, wo sich mehrere Buslinien kreuzen.

Das vermeintliche Touristenbüro in der Tankstelle beschränkt sich auf einige ausliegende Prospekte. Wir bessern daher nicht unseren Wissensstand, sondern lieber unseren Proviant mit lauter ungesunden, aber köstlichen Leckereien auf.

Am Ostufer der Meerenge SUNDINI, die im Bereich der Brücke einen starken Gezeitenstrom bildet (der sogar für den Inselnamen Streymoy verantwortlich sein soll), geht es in Richtung Norden. Die Szenerie am Westufer mit der TREPPENARTIGEN Landschaftsform und den weißen Wassermassen des Fossá zieht immer wieder die Blicke auf sich.

Der Info-Block mit den Öffnungszeiten sowie anderen Daten zu Sehenswertem, Unterkünften etc. befindet sich am Kapitelende auf Seite 104 ff.

Wir erreichen **EIÐI**, mit über 600 Einwohnern eine der größeren Ortschaften, die vor einigen Jahren eine Auszeichnung für die Lebensqualität vor Ort erhielt. Die Siedlung ist nach ihrer Lage auf der Landenge benannt, was auf Färöisch eben *eiði* heißt. Von dem Hotel, das exponiert über Eiði steht, hat man einen tollen Blick über den Sundini und hinauf zum 882 m hohen Slættaratindur. Im HEIMATMUSEUM á Látrinum, einem renovierten Bauernhaus, sind Gebrauchsgegenstände aus mehreren Jahrhunderten ausgestellt.

Von Eiði geht es die Str. 662 bergauf. Bevor der Pass erreicht ist, lohnt der BLICK ZURÜCK: RISIN UND KELLINGIN erscheinen aus dieser Perspektive in ungewohnter Form. Nur wenige Meter neben der Straße steht auf einem kleinen Parkplatz ein fest installiertes FERNGLAS. Eine optische Täuschung lässt den aufgestauten See Eiðisvatn auf Meeresniveau sinken; man glaubt, er sei nur durch die Staumauer vom Nordatlantik getrennt. Am SCHEITELPUNKT EIÐISSKARÐ besteht die Möglichkeit, den höchsten »Aussichtspunkt« der Färöer zu erklimmen (siehe Seite 203 f.).

Die AUSSICHT VOM GIPFEL des **SLÆTTARATINDUR** ist fantastisch: Von Viðoy im Norden bis Suðuroy im Süden reicht der Blick ÜBER DEN GESAMTEN ARCHIPEL. Nicht minder imposant ist das PANORAMA IN DEN TALKESSEL FUNNINGURS.

Doch bevor wir die Serpentinen in den alten Wikingerort hinunterfahren, machen wir den Abstecher nach **GJÓGV**. Schon einige Kilometer vor dem Ort verläuft die Straße durch die saftig grüne Indmark. Die Hauptattraktion ist der NATÜRLICHE HAFEN. Im 16. Jahrhundert wurde Gjógv, das seinen Namen von der imposanten KLUFT (fär. *gjógv*) erhielt, das erste Mal urkundlich erwähnt. Vermutlich waren es Bewohner aus Funningur, die diesen Ort gründeten. Friedlich und ruhig liegt das Wasser im Schutz der Steilwände. Wenn jedoch Nordstürme im Winter die Wellen in den Hafen hineindrücken, herrscht hier wahres Inferno. Über die Schienen und Seilwinde, die parallel zu den Hafentreppen angebracht sind, werden die Boote spät im Jahr hinauf in die schützenden Bootsschuppen gezogen. Umgekehrt haben Besucher hier die einmalige Gelegenheit, problem- und gefahrenlos in eine Gjógv zu steigen.

Nahe der KIRCHE (1929) erinnert ein SEEMANNSDENKMAL an die vielen tragischen Unfälle, die solch bevölkerungsarmen Siedlungen besonders tiefe Wunden zufügen. Wie fast alle Kirchen ist auch diese in der Regel verschlossen. Das Altarbildnis – gemalt von *Niels Kruse* – stellt Jesus dar, wie er über den See Genezareth läuft. Die künstlerische Freiheit ließ es zu, dass die Umgebung eher an die färöische Landschaft als an den Nahen Osten erinnert – ein Blick aus dem Fenster zur Linken zeigt sogar recht konkret, was der Maler vor Au-

*Votivschiffe in Kirchen spiegeln die Bedeutung der Seefahrt wider, hier im Gotteshaus von Eiði, unten rechts eine weitere farbenfrohe Innenansicht. – Links der Naturhafen in der Kluft der Ortschaft Gjógv.* ▶

gen hatte. Das Stilelement, die einheimische Landschaft einzubeziehen, begegnet dem Betrachter häufiger auf den Inseln.

Die Auswanderungswelle im Anschluss an den Zweiten Weltkrieg traf Gjógv hart: Zu wenig Arbeit gab es in dem idyllischen Ort. Heutzutage stellt neben der großen Lachszuchtanlage und einer Firma für Fertigbauteile vor allem der Tourismus eine wichtige Einnahmequelle dar. Ein Stützpfeiler ist dabei die Möglichkeit, hier in gehobenem Ambiente übernachten zu können, zumal das Hotel in Eidi die Pforten geschlossen hat und eine weitere Unterkunft in der Region wegfiel: Der GJÁARGARÐUR fungiert mit seinen aparten Zimmern als einladendes Hotel; man sollte selbst in der Nebensaison reservieren. Und die Kronen für das kleine aber feine ABENDBUFFET kann man guten Gewissens investieren! (Die preiswerten Alkoven-Zimmer aus der letzten Buchauflage sind nicht mehr zu beziehen.) Dass es nicht nur Fremden, sondern auch Färingern in Gjógv gefällt, zeigen am Ortseingang die neuen Ferienhäuser. Freilich täuschen die schönen Holzbauten nicht darüber hinweg, dass keine 30 Menschen mehr permanent hier wohnen.

Ganz in der Nähe des Gjáargarður führt ein Weg ins AMBATAL, dem angeblich grünsten Tal der Insel. Da der Pfad über Privatgelände führt, ist ein kleiner Obolus zu entrichten; am besten fragt man vorher im Gjáargarður nach.

Im Schatten von Gráfelli und Slættaratindur geht die Fahrt zurück. Beeindruckend windet sich die Straße in mehreren Serpentinen hinunter nach **FUNNINGUR** am Funningsfjord. Malerisch steht die KIRCHE des Ortes ein wenig exponiert direkt am Wasser. Mit ihren schwarz geteerten Wänden, der Grasbedachung und dem kleinen, weißen Türmchen entspricht sie dem klassischen Kirchenbaustil des 19. Jhs.

Bis Ende der 1980er Jahre war der Ort nur über die Straße ab Eiði oder per Boot zu erreichen.

Um den Fjord herum bietet sich der Abstecher **NACH ELDUVÍK** an. Wir lassen den Wagen am Kirchplatz stehen und erkunden diesen Ort zu Fuß. Dicht GEDRÄNGT stehen die Häuser. Außer zwei Alten, die sich über den Fischfang unterhalten, liegt Stille über der verschlafenen Ortschaft. Nun muss man entscheiden, ob man nach Oyndarfjørður das Fahrzeug nimmt oder über den Bergkamm wandert (siehe Seite 205 ff.).

Als wir nach Oyndarfjørður unterwegs sind, frischt der Wind auf und fängt kräftig an zu blasen. Die vielen Wasserläufe, die von den Bergen herabstürzen, werden von den Böen erfasst und nach halber Fallstrecke wieder in die Höhe getrieben – ein unwirkliches SCHAUSPIEL. Der Karikaturist *Óli Petersen* meint schmunzelnd dazu: »Wir sind das einzige Land, in dem Wasser den Berg hinauffließt!«

Oben Blick vom Gjáargarður landeinwärts, oberhalb von Gjógv, unten die malerisch direkt am Fjord stehende Kirche von Funningur ▶

**OYNDARFJØRÐUR** ist erreicht. 128 Einwohner zählt die Siedlung, vor zehn Jahren waren es noch über 160. Gleich am Ortseingang wartet eine Kuriosität: *Rinkusteinar* – WACKELSTEINE! Ein Schild weist den rechten Weg ans Ufer, wo zwei große Felsbrocken in der Dünung der Wellen leicht hin und her schwappen, und das wohl schon seit Hunderten von Jahren. Geschichten von versteinerten Piratenschiffen mögen die Fantasie anregen; nüchtern betrachtet, ist die Erklärung für die Wackelsteine mit dem hohen Schwerpunkt unspektakulär.

Oyndarfjørður ist einer der Orte, die durch die Auflösung des Monopolhandels von 1856 stark profitierten. Aufbruchstimmung und innovative Einfälle ließen die Siedlung schnell zu einem kleinen, aber lebhaften Zentrum am gleichnamigen Fjord werden. Unverändert dominiert die Fischereiindustrie das tägliche Leben. Die wunderschöne KIRCHE des Ortes lohnt in jedem Fall einen Besuch. Das Altarbild schuf 1841 der renommierte dänische Künstler *C. W. Eckersberg*. Im Lebensmittelladen ist der Schlüssel zur Kirche abzuholen.

# Route 5: von Fuglafjørður nach Rituvík

IM ÜBERBLICK

- **STRECKENVERLAUF**: Fuglafjørður – Leirvík (9 km) – Gøta (5 km) – Runavík (10 km) – Toftir (3 km) – Æðuvík (4 km) – Rituvík (6 km)
- **STRECKENLÄNGE**: 37 km
- **TRANSPORT**: Bus 410 nach Gøtudalur verkehrt – wegen des Schulzentrums Kambsdalur – an Werktagen 2–3 x pro Stunde, Bus 400 nach Skálabotnur (5–12x), Bus 440/480 nach Runavík (7–15x) sowie Bus 442 nach Rituvík/Æðuvík 1x werktags.
- **ANSCHLUSSMÖGLICHKEITEN**: Route 5 kann mit Route 4, die ebenfalls auf Eysturoy verläuft, und Route 7 auf Borðoy kombiniert werden.
- **ABSTECHER**: n. Lambi, 1,5 km.
- **PROFIL**: Die Strecke schlägt einen historischen Bogen von der Wikingerzeit bis in die Gegenwart. Vom Fischereizentrum Fuglafjørður geht es über die geschichtsträchtigen Ortschaften Leirvík und Gøta zum neuen Wachstumsmotor Runavík im Süden: Diese Region um den Skálafjord hat sich wie keine zweite in den letzten 50 Jahren nachhaltig verändert.
- **RADFAHRER-TIPP**: Die Strecke zwischen den beiden größten Orten Eysturoys ist relativ stark befahren. Der Tunnel zwischen Leirvík und Norðragøta kann über die alte Uferstraße umfahren werden. Eysturoys Südspitze ist relativ flach und bietet schöne Fahrradstrecken.

Kunst im Hafen von Fuglafjørður ▸

1.500 Menschen leben in der Region **FUGLAFJØRÐUR**, zu der auch Hellur und Kambsdalur gehören. Ausgrabungen belegten, dass hier am Fjord bereits vor über 1000 Jahren Menschen siedelten: nicht verwunderlich, schaut man sich die topografische Lage der Siedlung an. Die BUCHT ist nach allen Seiten hin GESCHÜTZT, der Wasserlauf Gjógvará deckte die Trinkwasserversorgung, und es gab genügend flaches Land, das sich zum Ackerbau eignete. Wie an allen anderen Orten damals prägte die Landwirtschaft auch das Leben der Menschen Fuglafjørðurs. Da sich in der Gegend keine Vogelfelsen befinden, trocknete man viel Torf, der als Tauschmittel gegen Vögel Verwendung fand. Es entwickelte sich ein reger Handel zwischen Fuglafjørður und der benachbarten Insel Kalsoy.

Mit dem Aufkommen modernerer Fischkutter Ende des 19. Jhs. entstand allmählich eine florierende FISCHEREIINDUSTRIE, die die Strukturen der Kleinstadt prägt: 20 % des nationalen Exports stammt von hier. Neben einem großen Hersteller von Fischöl- und -mehl komplettieren eine Seilerei, die WELTWEIT Fischernetze vertreibt, Kühlhallen, Lachsfutter und -verarbeitungsstätten etc. den Wirtschaftszweig. Der Auslandshandel und damit die Fischkutter benachbarter Nationen, die in Fuglafjørður einlaufen, trugen entscheidend zum kulturellen Aufbau der Ortschaft bei.

Zahlreiche mythologische Ortsnamen geben ebenso vielen Sagen und Legenden um diese Region Nahrung. Wer sich für derlei Grundlagenforschung interessiert, ist nirgends besser aufgehoben als im Touristenbüro Kunningarstovan Fuglafjørður: Zusammen mit der Bibliothek befindet sie sich im alten Schulhaus (1882) im Ortszentrum. Falls *Petur Martin Petersen* nicht gerade nach den Schafen sieht, weiß er zu jedem Stein, jedem Platz und Haus etwas zu erzählen. Darüber hinaus erhält man Tipps über die aktuelle Lage und zu Schwierigkeiten möglicher Wanderungen in der Region.

Wir stöbern noch ein wenig im Lädchen »Piddasa« (1887, gegründet von Petur Martins Großvater), der Handarbeiten und lokale Kunst feilbietet, bevor wir nach Leirvík aufbrechen. Kunstliebhaber finden gleich neben dem Touristenbüro eine Galerie.

Zunächst passieren wir KAMBSDALUR, eine Schulstadt, die erst in den 1980er Jahren entstand. In den Monaten Juli sowie August fungiert das Studentenwohnheim als Pfadfinderheim. Im weiteren Verlauf bevorzugen wir die EINSPURIGE alte UFERSTRASSE nach Leirvík, die um den 641 m hohen Ritafjall führt.

Nach nur wenigen Metern legen wir schon wieder einen Halt ein, um der einzigen WARMEN QUELLE der Färöer die Aufwartung zu machen. Der **VARMAKELDA**, wie sie genannt wird, werden vor allem zwischen dem 3. und 4. Juli heilsame Kräfte nachgesagt. Am ersten Wochenende im Juli laufen viele Bewohner zur konstant 18°C warmen Quelle, um zu tanzen, zu klönen sowie Quell- und anderes »Heilwasser« zu trinken; neben der heilsamen Wirkung soll es bei Liebenden die geknüpften Bande festigen – immerhin für die nächsten 50 Jahre! Wir sind bei dem Nieselwetter gleich »Feuer und Flamme« für ein warmes Fußbad. Nachdem wir eine Stunde erfolglos den halben Abhang nach der warmen Quelle abgesucht haben, ist uns zwar sehr warm, auf die heilende Wirkung müssen wir leider verzichten. Wenigstens erging es uns nicht wie zwei Mädchen, die im 19. Jahrhundert ebenfalls auf dem Weg zur Quelle waren und auf Piratenschiffen verschleppt wurden. Wir entschließen uns, beim nächsten Mal in einen Führer zu investieren, den man über die Touristenbüros von Fuglafjørður und Runavík buchen kann.

Kurz vor **LEIRVÍK** endet der Tunnel von Gøta, gleich hinter Leirvík geht es in den neuen Tunnel, der Eysturoy mit Borðoy verbindet. – Nur als einfache Durchgangsstation sollte man Leirvík jedoch nicht einschätzen. Am Beginn des Ortes sind Ausgrabungen aus der Wikingerzeit zu bestaunen. Behutsam restauriert, kann man sich anhand der frei gelegten Fundamente ein BILD VON DEN ERSTEN NORDISCHEN SIEDLERN machen. Die Mauern von Wohnhaus und Ställen wurden bis zu einer Höhe von 80 cm wieder hochgezogen. Die steingefassten Hohlräume im Inneren der Gebäude gaben den Stützpfeilern für das Dach Halt. Man datiert den Siedlungsplatz namens TOFTANES auf über 1.000 Jahre zurück; weitere Funde kamen bei der Dorfkirche von 1906 zu Tage. Im alten Friedhof sind die Reste einer mittelalterlichen Kirche bewahrt. Beim Blick hinüber auf die Nordinseln fällt, gegenüber auf Kalsoy, die zwar verwaiste, aber immer noch saftig grüne Indmarksfläche von BLANKSKÁLI auf. Viel ist von der kleinen Siedlung, die um 1809/16 verlassen wurde, allerdings nicht übrig.

Wer nicht die Route zu den Nordinseln nimmt, fährt wieder zurück und trifft hinter dem 2,2 km langen Tunnel in **GØTA** ein: Die Orte NORÐRAGØTA, GØTUGJÓGV, SYÐRUGØTA und GØTUEIÐI werden oft pauschal als Gøta bezeichnet. Ein Platz voller Historie. Hier lebte der berühmte WIKINGERHÄUPTLING *Tróndur í Gøtu* (945–1035), dessen Taten in der FÄRINGERSAGA aufgeschrieben sind. Tróndur lag im ständigen Kampf mit Widersacher Sigmundur Brestisson (966–1002), der seinerseits vom norwegischen König Olav Tryggvason (995–1000) zum Christentum bekehrt worden war. Obwohl die Bekehrung offiziell als Grund der Streitigkeiten galt, ging es vor allem um Macht und Landbesitz. Erst die nachfolgende Generation konnte mittels einer Hochzeit wieder Frieden zwischen den verfeindeten Sippen stiften. Mauerreste des Hofes von Tróndur, der im alten Ortskern lag, sind noch vorhanden. Die SKULPTUR des Wikingerhäuptlings Tróndur í Gøtu, in der Dorfmitte platziert, zählt zu den BEDEUTENDSTEN Werken Hans Pauli Olsens.

Neueren Datums und doch schon über 150 Jahre alt ist der Gutshof mitten in Norðragøta, in dem das schöne MUSEUM BLÁSASTOVA zu Hause ist. Der Name des Hofes kommt übrigens vom hl. Blasius, das Gut war einst eins der größten im Dorf. Bis auf den neueren Ofen und den Wasseranschluss gibt Blásastova ein authentisches Bild eines Hofes im 19. Jahrhundert wieder: Das Dach ist komplett mit Birkenrinde gedeckt. – Gut kann man sich in die Zeit zurückversetzen, als sich hier noch das tägliche Leben abspielte. Das Inventar ist vollständig vorhanden und sogar ergänzt worden. Eine an den Wohntrakt angeschlossene, komfortable Pfarrersstube war allein für den Besuch des geistlichen Herren vorgesehen, während sich das Leben der Großfamilie in einem einzigen Hauptraum abspielte – schlafen und kochen, spinnen und stricken, alles geschah in diesem Zimmer.

»Anno 1833« ist über den Eingang der Kirche geschnitzt, die im Rahmen des Museumsbesuchs besichtigt werden kann. Insgesamt gibt es sechs Gebäude jener Periode, die den Ortskern dominieren. Mit dem einheitlichen Erscheinungsbild – über dem weißen Sockel schwarze Holzwände sowie Grasdach – bieten sie ein reizendes Motiv.

Der Info-Block mit den Öffnungszeiten sowie anderen Daten zu Sehenswertem, Unterkünften etc. befindet sich am Kapitelende auf Seite 104 ff.

Wie so oft in kleinen Ortschaften ist das Fußballfeld nicht zu übersehen; der Verein Vikingur Gøta schaffte seit 2012 drei Pokalsiege in Folge sowie international 2014/15 die dritte Qualifikationsrunde zur Europa League.

Oberhalb der Durchgangsstraße steht die neue Kirche in Syðragøta, die durch ihre moderne Architektur einen interessanten Kontrast zur Umgebung darstellt. 1995 wurde sie im Beisein von Königin *Margrethe II.* von Dänemark geweiht. Die Glasinstallationen stammen von dem bekannten Künstler Tróndur Patursson. Die drei Kreuze am Kirchturm symbolisieren den Hügel von Golgatha. Nahebei befindet sich das Gøta-Schulzentrum.

Über eine kleine Anhöhe geht die Fahrt von der Str. 70 auf die Nr. 10; man sieht hinunter auf den SKÁLAFJORD. An dessen Ende weiter nordwestlich liegt **SKÁLABOTNUR**, das gut 100 Einwohner zählt und bereits zur Gemeinde Runavík gehört. Diese Ortschaft wurde einst auf Erlass des dänischen Königs errichtet, damit ein Versorgungspunkt auf den beschwerlichen Verbindungswegen innerhalb Eysturoys vorhanden war. Auch heute befindet sich dort eine Tankstelle mit angeschlossener Cafeteria.

Die WERFT in Skála, am Westufer des Fjords, ist seit Anfang des 20. Jhs. ein wichtiger Arbeitgeber in der Region. Kontinuierlich ausgebaut, besitzt sie auch ein 120 m langes Trockendock. Seit Ende der 80er Jahre standen fast nur noch Reperaturen in den Auftragsbüchern, doch zuletzt hat die Offshore-Industrie in der Nordsee für neuartige Aufträge gesorgt: Die »Thor Alpha« (2008) war der erste Schiffsneubau seit 1987.

Die Str. 10 führt am Ostufer des Fjords nach Süden. Hinter Søldarfjørður beginnt im südlichsten Teil von Eysturoy eines der Zentren, denen der ökonomische Wachstumsprozess der letzten Jahrzehnte deutlich anzumerken ist: RUNAVÍK. Zwar sind die Gemeinden Runavík sowie Nes administrativ getrennt, jedoch stellt die Region von Lamareiði im Norden bis Nes im Süden einen zusammenhängenden urbanen Raum dar. Die geschützte Lage im Skálafjord trug einen hohen Anteil zur wirtschaftlichen Entwicklung bei. Und doch ist seit einiger Zeit auch hier ein Bevölkerungsrückgang zu verzeichnen: für Regionalplaner und Politiker ein starkes Argument für den erhofften Tunnel nach Tórshavn.

Die Straße 683 biegt von der 10 links ab und erreicht nach 1,5 km **LAMBI**.

Am Neujahrstag 1707 geriet vor der steilen Küste des Dorfes der dänische Segler »Norske Løve« in Seenot. Die Mannschaft konnte gerettet werden, während das Schiff in den Fluten versank. Als letztes verbliebenes Erinnerungsstück an die »Norske Løve« hängt ihre SCHIFFSGLOCKE heute in der Havnar Kirkja in Tórshavn.

Das HEIMATMUSEUM FORNI in **GLYVRAR** ist in einem unscheinbaren Haus direkt an der Hauptstraße beheimatet. Neben den üblichen Wohnungseinrichtungen und Werkzeugen gibt es einen alten Kaufmannsladen zu sehen.

Am betriebsamen Hafen **RUNAVÍKS** hat sich nicht nur Fischerei-, sondern auch Schiffsindustrie angesiedelt. Ein Denkmal erinnert an die ersten Siedler. Dargestellt sind ein Mann mit Spaten und eine strickende Frau.

Weiter geht's nach **TOFTIR**, das 1967 der damals neu gegründeten, jüngsten (2005 in Nes aufgegangenen) Gemeinde vorstand. Nicht gebunden an alte, unbewegliche Fischereistrukturen, kannte die Wachstumsregion zusammen mit Runavík und Nes so gut wie keine Arbeitslosigkeit, selbst während der Krisenjahre in den 1990ern nicht. Ein PHÄNOMEN ist im hiesigen Strömungsverhalten zwischen Ebbe und Flut zu beobachten. Während am östlichen Ufer des Skálafjords, nur gut einen Kilometer entfernt, sich Ebbe und Flut kontinuierlich abwechseln, ist am Westufer nichts von der Tide zu bemerken.

Architektonisch eine Augenweide ist die FRIÐRIKSKIRKJA (1994). Und auch die Innenraumgestaltung vereint moderne Kunst mit traditionellen Baustoffen. Die spiralförmigen Leuchter lassen die Kirche in einem beeindruckenden Licht erscheinen. Des Weiteren ist das weiße Bauwerk dank seiner imposanten Akustik eine geschätzte, bekannte Konzertstätte.

Im oberen Stadtteil von NES erinnert eine alte Kanone an die traurige Zeit des Zweiten Weltkrieges.

### FUSSBALLGESCHICHTE – DEN GROSSEN EIN BEIN STELLEN

Den wirtschaftlichen Erfolg überträgt man auch draußen im Nordatlantik gerne auf die sportliche Leistung des Landes. Nach Toftir strömte einige Jahre alles, wenn es galt, die nationale Fußballehre zu verteidigen – was so manchem Gastteam nicht allzu gut in Erinnerung geblieben sein dürfte. Selbst ein Unentschieden, wie jenes im Jahr 2000 gegen Slowenien oder 2004 (dies bereits im neuen Stadion in Tórshavn) gegen Zypern vermag Volksfeststimmung auszulösen. Ganz zu schweigen von Siegen, wie 2009 gegen Litauen oder 2014 sogar gegen Griechenland. Die Bilanz bei Redaktionsschluss meldet immerhin 20 Siege und 16 Unentschieden in 160 Spielen. In den Qualifikationen zur EM 2004 und zur WM 2014 trafen die Färinger auf Deutschland, das 2002/03 nur knapp die Oberhand behielt.
Toftírs Stadion entspricht der internationalen Norm und fasst immerhin 16.000 Fußballfans. Auslösender Faktor zum Stadionbau war der erste Sieg färöischer Fußballer 1991 auf internationaler Bühne, damals über die österreichischen Nationalkicker in Landskrona/Südschweden, als man auf den Inseln noch über keine geeignete Arena verfügte.

**Der Info-Block mit den Öffnungszeiten sowie anderen Daten zu Sehenswertem, Unterkünften etc. befindet sich am Kapitelende auf Seite 104 ff.**

Die südlichste Siedlung auf Eysturoy ist **ÆÐUVIK**. Das Denkmal im Ort erinnert an die 100-Jahr-Feier. Nicht immer ist es hier so friedlich gewesen. Ein ganzer Stall voller Hulden – böse nordische Geister – sollen hier einst gelebt haben, bis Priester und Exorzist *Dean Evensen* sie alle ausgetrieben haben soll.

Die südlichste Region Eysturoys ist verhältnismäßig flach. In den Mulden haben sich zahlreiche Feuchtgebiete gebildet. Der See Toftavatn, nur 17 m über dem Meeresspiegel gelegen, zieht an sonnigen Tagen häufig Besucher aus der Umgebung an. Aber auch ZUGVÖGEL bevorzugen diese wirtliche Umgebung und können gut beobachtet werden.

Östlich des 165 m aufragenden Vatnfelli schmiegt sich RITUVÍK lieblich in die Meeresbucht. Die kleine weiße KIRCHE mit rostrotem Dach stammt aus dem Jahr 1953. Ganz in der Nähe werfen zwei Bronzefiguren ihre Blicke suchend in die See, um nach verlorenen Seeleuten Ausschau zu halten. Zumindest Nólsoy könnten sie erblicken.

Die färöische Regierung legt ein besonderes Augenmerk auf die Region um den Skálafjørður: Geplant ist eine Tunnelverbindung von Sund aus (5 km nördlich von Tórshavn) nach Strendur und Toftir. Was vor einigen Jahren noch als Hirngespinste einiger weniger Visionäre abgetan wurde, hat nach den realisierten Tunnelbauprojekten von Vágar und Klaksvík konkrete Formen angenommen. Aktuelle Verhandlungen haben aber ergeben, dass frühestens 2024 mit der Fertigstellung zu rechnen ist.

## Information

FUGLAFJØRÐUR
◎ **KUNNINGARSTOVAN I FUGLAFIRDDI**, á Bug, FO–530 Fuglafjørður, Tel. 238 015, Fax 445 180, info@visiteysturoy.fo, www.visiteysturoy.fo. Mo–Fr 09–12 Uhr und 13–17 Uhr, Sa 9–12 Uhr.

RUNAVÍK
◎ **KUNNINGARSTOVAN I RUNAVÍK**, Heiðavegur 26, FO – 620 Runavík, Tel. 417 060, Fax 417 001, kunningarstovan@runavik.fo, www.visiteysturoy.fo. Mo–Fr 9–16 Uhr und sofern Kreuzfahrtschiffe im Hafen ankern.

## Sehenswert / Adressen

EIÐI
◎ **HEIMATMUSEUM Á LÁTRINUM**, FO – 470 Eiði, Tel. 423 269, 423 597 sowie 423 102. 1.6.–30.9. Mo+So 16–18 Uhr. Anmeldung erforderlich.

OYNDARFJØRÐUR
◎ **HOLZKIRCHE** (1838), Tel. 444 501. Den Schlüssel erhält man im lokalen Lebensmittelladen.

▲ Landschaft bei Fuglafjørður

FUGLAFJØRÐUR
◎ **KULTURHISTORISCHE SAMMLUNG** FUGLAFJARÐAR FORNMINNISFELAG, FO–530 Fuglafjørður, Tel. 238 015. Anmeldung obligatorisch.
◎ **KUNSTGALERIE** GALLARÍ RIBARHÚS, FO–530 Fuglafjørður, Tel. 237 015 u. 444 440. Mo–Fr 15–17.30 Uhr, Sa 11–13 Uhr, sonst nur auf Anfrage.

GLYVRAR
◎ **HEIMATMUSEUM** FORNI, FO–625 Glyvrar, Tel. 226 088 und 448 720. 1.6.–15.9. Mo, Mi, So 16–18 Uhr, sonst auf Anfrage.

GØTA
◎ **KULTURHISTORISCHES MUSEUM** BLÁSASTOVA, Gøtu Fornminnissavn, FO– 512 Norðagøta, Tel. 222 717 und 228 768, www.blasastova.fo. 15.5.–15.9. Mo +Di+Sa+So 14–16 Uhr, sonst auf Anfrage.

TOFTIR / NES
◎ **FRIÐRIKSKIRKJA** (1994), Toftir. Di, Do, Sa 13–16 Uhr.
◎ **ALTER PFARRHOF** GAMLI PRESTAGARÐURIN, Bygdarsavnið í Nes Kommunu, FO–655 Nes, Tel. 447 696 und 219 214 und 227 096. 1.6.–31.8. Mo–Di 16–18 Uhr, So 15–17 Uhr, ansonsten auf Anfrage.

## Wanderungen

◎ **WANDERUNG 7**: Seite 203 ff.
◎ **WANDERUNG 8**: Seite 205 ff.

## Unterkunft

Ferienwohnungen und Privatzimmer vermitteln die lokalen Touristenbüros.

HOTELS
◎ **GJÓGV**: Gjáargarður, FO–476 Gjógv, Tel. 423 171 und 211 590, info @gjaargardur.fo, www.gjaargardur.fo. Geöffnet 1.3.–1.11. EZ ab 745 DKK, DZ ab 845 DKK, Alkoven EZ ab 345 DKK, DZ ab 545 DKK, Frühstück und Internet inklusive.

Der Gjáargarður liegt etwas oberhalb des Dorfzentrums und ist über eine neue Zufahrtsstraße leicht zu erreichen. Im Hauptgebäude gibt es mehrere Schrankbetten, sogenannte

Alkoven, wie sie früher auf den Inseln üblich waren. Für viele der schönste Übernachtungsort auf den Inseln.

- **RUNAVÍK**: Hotel Runavík, Heiðavegur 6, FO–620 Runavík, Tel. 663 333, info@hotelrunavik.fo, www.hotel runavik.fo. EZ 795 DKK, DZ 995 DKK.

CAMPING

- **EIÐI**: FO – 470 Eiði, Tel. 217 383. 2014 auf früherem Fussballplatz bei Møl an der Küste eröffnet.
- **ELDUVÍK**: FO – 478 Elduvík, Tel. 444 815 u. 214 815 u. 224 815. Ganzjährig geöffnet.
- **SELATRAÐ**, Pfadfinderzentrum, www.skoti.fo. Buchung via Touristenbüro Runavík. Nur Zelte.
- **ÆDUVÍK**: FO – 645 Æðuvík, Tel. 221768, hdumvaling@kallnet.fo/ 1.5. bis 1.9.

WOHNWAGENSTELLPLÄTZE

- **GJÓGV**: Flatnagarður, Kampingøkið við Gjógv, FO–476 Gjógv, Tel. 423 171, www.gjaargardur.fo.
- **SELATRAÐ**: Selatrað Camping, FO–497 Selatrað, Tel. 232 725. 1.5.–30.9.

## Essen und Trinken

- **GJÓGV**: Restaurant Gjáargarður, FO–476 Gjógv, Tel. 423 171 und 211 590, info@gjaargardur.fo, www.gjaar gardur.fo. Siehe Seite 95 f.
- **FUGLAFJØRÐUR**: Restaurant Muntra, Toftagøta 1a, Tel. 444 081. Asiatisch-färöisches Restaurant.
- **SKÁLAFJØRÐUR**: Cafeteria Effo, FO–485 Skálafjörður. Mo–Sa 7.30 –23 Uhr, So 9–23 Uhr.
- **STRENDUR**: Cafeteria Bygdarhúsið á Strondum, FO–490 Strendur, Tel. 472 737.
- **RUNAVÍK**: Carthage Steak, Heiðavegur 3, FO–620 Runavík, Tel. 442 223.
- **SALTANGARÁ**: Café 44, Heiðavegur 44, FO–600 Saltangará, Tel. 447040. Mo 11.30–14, Di–Do 11.30–19 Uhr. Fr+Sa 11.30–21 Uhr So 14–19 Uhr. – Pizza Shawarma Bar, Heiðavegur, FO–600 Saltangará, Telefon 448 237.
- **TOFTIR**: Café í Hópinum, Toftavegur 4, FO–650 Toftir, Tel. 229 229 und 580 761. Täglich 17–23 Uhr.

## Versorgung

Die Aufzählungen erfolgen jeweils in alphabetischer Reihenfolge.

- **ARZT**: Runavík / Saltangará.
- **LEBENSMITTEL**: Eiði, Fuglafjørður, Glyvrar, Norðragøta, Norðskáli, Oyndarfjørður, Runavík / Saltangará, Skála, Strendur, Toftir.
- **BANKEN/GELDAUTOMAT**: Eiði, Fuglafjørður, Gøtugjógv, Leirvík, Norðskáli, Runavík / Saltangará, Skála, Strendur, Toftir.
- **POSTAMT**: Runavík / Saltangará.
- **TANKSTELLEN**: Leirvík, Norðragøta, Oyrarbakki, Runavík / Saltangará, Strendur.

## Transport/Weiterreise

Als zweite Hauptinsel hat Eysturoy ein gut ausgebautes Straßennetz und ist mit Streymoy mittels Brücke über den Sundini verbunden, zudem durch einen Tunnel mit Borðoy. Fahrplanauskünfte via www.ssl.fo.

AB STRENDUR
◎ **BUS** 480 nach Skálabotnur.

AB TOFTIR
◎ **BUS** 440 nach Skálabotnur.

AB LEIRVÍK
◎ **BUS** 400 nach Klaksvík bzw. Tórshavn.

AB OYRARBAKKI
◎ **BUS** 200 nach Eiði.

◎ **BUS** 201 nach Gjógv.
◎ **BUS** 400 nach Klaksvík bzw. nach Tórshavn.
◎ **BUS** 202 nach Tjørnuvík.

AB SKÁLABOTNUR
◎ **BUS** 481 nach Oyndarfjørður.
◎ **BUS** 480/482 nach Selatrað.
◎ **BUS** 440 nach Toftir.
◎ **BUS** 400 nach Klaksvík bzw. nach Tórshavn.

AB FUGLAFJØRÐUR
◎ **BUS** 410 nach Klaksvík.

AB RUNAVÍK
◎ **BUS** 442 nach Rituvík u. Æðuvík.

MIT DEM TAXI
◎ **GLYVRAR**: Eysturoyar Taxa, FO–625 Glyvrar, Tel. 717 171.

# Vágar

Wer nicht mit der Fähre anreist, sondern mit dem Flugzeug, landet auf Vágar, der Insel mit dem einzigen Flughafen der Färöer.

Die Rollbahn bei Sørvágur verdanken die Färinger den Engländern, die während des Zweiten Weltkrieges einen Außenposten auf dem Archipel unterhielten. Um die schnelle Versorgung zu gewährleisten, suchten sie so nahe wie möglich bei Tórshavn eine große Fläche, die sich für eine Landepiste eignete, kein leichtes Unterfangen auf den gebirgigen Inseln. Östlich von Sørvágur wurden sie fündig.

Nach dem Krieg baute man den Airport aus – seither die wichtigste Verbindung ins Ausland.

Die Insel Vágar verdankt ihren Namen, der so viel wie »Buchten« heißt, ihrer Südküste.

## IM ÜBERBLICK

- **GRÖSSE**: 176 km²
- **MAX. LÄNGE**: 22,6 km
- **MAX. BREITE**: 13,4 km
- **HÖCHSTE ERHEBUNG**: Árnafjall, 722 m
- **EINWOHNERZAHL**: 3.040
- **KARTEN**: Topografische Kartenblätter 1 : 20.000: 209, 210, 309, 310

## Route 6: von Vágatunnilin nach Gásadalur

IM ÜBERBLICK

- **STRECKENVERLAUF**: Vágatunnilin – Sandavágur (6 km) – Miðvágur (2 km) – Sørvágur (10 km) – Bøur (4 km) – Gásadalur (5 km) – aktuelle Tunnelmaut-Tarife via www.tunnil.fo
- **STRECKENLÄNGE**: 27 km
- **TRANSPORT**: 6–10 x täglich verkehrt Bus 300 zwischen Sandavágur und Sørvágur.
- **ANSCHLUSSMÖGLICHKEITEN**: Route 6 kann mit der Route 2 kombiniert werden.
- **PROFIL**: Die Straße verläuft nur im Süden der Insel – den reizvollen Norden erschließen lediglich Wanderwege. Die Route über Sanda- und Miðvágur führt am größten See sowie dem internationalen Flughafen vorbei. Zwischen Sørvágur und Bøur blickt man auf die Felseninsel Tindhólmur und die Vogelinsel Mykines ganz im Westen der Färöer.
- **RADFAHRER-TIPP**: Eine Radtour auf Vágar ist problemlos zu bewältigen und lässt sich außerdem gut mit einer Wanderung kombinieren.

Schnell ist man durch den Vágatunnilin auf der Insel Vágar. Per Videokamera wird das Bezahlen der Maut überprüft. Tickets – die retour gelten – erhält man an sämtlichen Tankstellen; die nächsten liegen in Kollafjørður auf Streymoy bzw. in Miðvágur auf Vágar. Sollte man den Pkw einer färöischen

Der Info-Block mit den Öffnungszeiten sowie anderen Daten zu Sehenswertem, Unterkünften etc. befindet sich am Kapitelende auf Seite 114 ff.

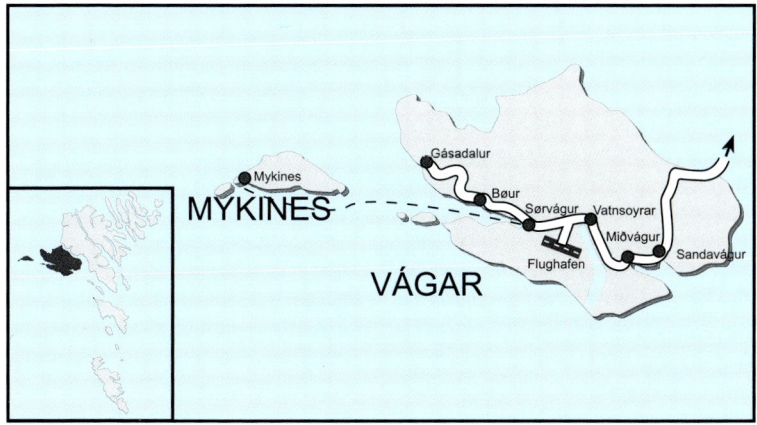

Autovermietung nutzen, hat dieser in der Regel eine Art Maut-Abo, womit man freie Fahrt genießt.

Eine kleine Straße kurz nach der Tunnelausfahrt führt hinunter an das Ufer von FÚTAKLETTUR, wo in Erinnerung an den Zweiten Weltkrieg ein Denkmal platziert ist.

Nach weiteren 2 Kilometern erhebt sich der 676 m hohe REYNSATINDAR. Hat man die Steigung überwunden, fällt das Dunkelgrün der umzäunten Indmark ins Auge, durch die sich die Stóra bis Sandavágur schlängelt.

In dem geschichtsträchtigen Weiler **SANDAVÁGUR** befand sich 1555 bis 1816 der Sitz des Løgmaður, des obersten Gesetzeshüters sowie Landesthingvorstehers – auf dem Hofgut À Steig, damals die größte färöische

## WEM DIE FÄRINGER IHR Ð / ð VERDANKEN

Der berühmteste Spross, der aus dem Steig-Hof in Sandavágur hervorging, war Vencelslaus Ulricus Hammershaimb (1819–1909), Sohn des letzten Løgmaður, der hier wohnte. V. U. Hammershaimb SAMMELTE LEGENDEN und Volksweisen, um sie der Nachwelt zu erhalten. Bei seiner literarischen Arbeit hatte er aber immer mit den Dialekten sowie unterschiedlichen Schriftformen der einzelnen Landesteile zu kämpfen. Um eine einheitliche, allgemeingültige Hochsprache zu schaffen, begründete Hammershaimb schließlich die färöische Schriftsprache und Grammatik.

Viele Färinger bringen ihm eine gewisse Hassliebe entgegen. Besonders den altnordischen Buchstaben »Ð / ð« band er aus nationaler Verbundenheit zu den normannischen Wurzeln konsequent in die Grammatik ein; nicht nur bei Schülern machte er sich damit – bis in die heutige Zeit – unbeliebt. Das »ð« bleibt in Worten unbetont, weshalb manche die Legitimation als färöischer Buchstaben anzweifeln. Geht es in Diskussionen um nationale Eigenständigkeit, zweifelt jedoch kein Färinger die Bedeutung dieses Buchstabens an. Nahe der Kirche erinnert ein GEDENKSTEIN an den Linguisten.

Farm, wurde Politik gemacht. – 1822 teilte man À Steig in acht Güter auf.

Ein viel älteres, steinernes Schriftstück bewahrt die Ortskirche auf, die 1917 nach den Plänen des Tórshavner Architekten *Magnus á Kamarinum* gebaut wurde: Ein RUNENSTEIN, 1917 hier gefunden, gibt Hinweise auf die Siedler der frühen Landnahme. Die Inschrift lautet: »*Thorkil Onundarson, ein Ostmand aus Rogaland, baute als erster (auf) diesem Platz.*« Rogaland im Südwesten Norwegens ist das Hinterland von Stavanger, wo jener Thorkil hergekommen war.

Von Sandavágur bietet sich ein Spaziergang zum **TRØLLKONUFINGUR** an: Oberhalb des Sportplatzes führt eine Brücke über die Storá – rechter Hand das Hammershaimb-Denkmal. Wir biegen links ab und folgen der guten (!) Beschilderung bergan. An der nächsten Kreuzung wählt man die einspurige Straße den Hang hinauf. Den Traðarvegur durchfahren, bis die geschlossene Bebauung aufhört: Auf der linken Seite kann man das Fahrzeug abstellen – selbst wenn man noch weiter fahren könnte: Hier befindet sich die beste Parkmöglichkeit bei einer kleinen Schafscheide. Faulenzer haben die Wahl, 1,5 km weiter zu fahren und nur einen Mini-Spaziergang (ca. 10 Min.) zu unternehmen. Ist das Wetter schön, sollte man die Tour so lange wie möglich zu Fuß bestreiten. Wir sind am späten Nachmittag unterwegs, die Sonne taucht das Meer in tausend glitzernde Silbersterne. Die Bauern sind emsig dabei, Heu einzuholen, während unser Blick hinunter auf die Kirche von Sandavágur schweift. 40 m bevor die kleine Fahrstraße endet, ist auch für Autofahrer Schluss, die ihren Wagen in einer kleinen Parkbucht abstellen können. Gegenüber ragt die Landspitze PRESTTANGI sanft in den Vágafjord hinein. In Verlängerung der Straße laufen wir über die saftig grüne Wiese und gelangen unweigerlich zwischen zwei Zäune, die zu einem schwarzen Holztor führen. 80 m weiter folgt ein zweites, anschließend ist ein Bach zu queren. Jetzt bleiben wenige Meter, bis man eine gemauerte Windschutzwand vorfindet, von der man einen fabelhaften Blick auf die 313 m hohe Felsnadel Trøllkonufingur hat. Und in Verlängerung der Inseln Koltur und Sandoy kann man sogar die Steilküste Suðuroys wahrnehmen.

Gemütlich schlendern wir zurück. Entlang der Straße laden hin und wieder Bänke und kleine Tische zum Verweilen ein; wir legen uns lieber auf die frisch gemähte Wiese und lassen uns die Sonne auf den Pelz scheinen.

Die Str. 40 bringt uns weiter nach **MIÐVÁGUR**, das immer mehr mit

*Oben links ein Wahrzeichen auf Vágar, die 313 m hohe Felszinne Trøllkonufingur, unten die Kirche in Sandavágur* ▶

dem Nachbarort zusammenwächst. Die beiden Ortschaften teilen sich Hafen, Schule und Feuerwehr.

Zunächst fällt das große NATÜRLICHE HAFENBECKEN in Miðvágur auf. Wenn im Winter der steife Südwestwind die See an die Küste drückt, wird es ungemütlich im Vágafjord. Damit die Schiffe diese Jahreszeit unbeschadet überstehen, wurde 1970 eine robuste, große Mole quer in die Bucht gebaut, die den Hafen vor den gewaltigen BRECHERN schützt. (1899 wurden in der Bucht die enorme Zahl von 1.500 Grindwalen erlegt.)

Wer schon immer mal einen Wohncontainer als Urlaubsunterkunft ausprobieren wollte, biegt am Ortseingang (= eigentlich Ortsausgang Sandavágur) in die Straße nach links ein und steht vor der zweckmäßigen, aber unschönsten Jugendherberge der Färöer. Immerhin wurde inzwischen der einst grelle Anstrich mit sanften Farben und Holzverkleidung überdeckt.

Einige hundert Jahre älter ist das schön gelegene Wohnhaus KÁLVALÍÐ oberhalb Miðvágurs. In dem alten Witwensitz lebte traditionell die Frau des verstorbenen Dorfpriesters. Die weitaus berühmteste unter ihnen hieß *Beinta Christina Broberg*. Der Schriftsteller Jørgen-Frantz Jacobsen verarbeitete den dramatischen Stoff jener Beinta in seinem Roman »Barbara«.

1830 entstand das ERSTE färöische SCHULHAUS in Miðvágur. Als junger Lehrer war hier u.a. jener Jørgen-Frantz Jacobsen um die vorletzte Jahrhundertwende tätig.

Weiter geht es Richtung Vatnsoyrar, kurz hinter dem Ortsausgang Miðvágur ist die Ostseite des Sees LEITISVATN bzw. SØRVÁGSVATN erreicht. Bei gutem Wetter ist die Wanderung an der Westseite zum 3 km entfernten Wasserfall **BØSDALAFOSSUR** zu empfehlen. Wer es etwas bequemer will, kann vom Norduferbei Vatnsoyrar das Ausflugsboot nehmen, das an ein schwimmendes Treibhaus erinnert. Die schöne, abwechslungsreiche Tour dauert ca. 2,5–3 Stunden.

Hier ergießt sich der größte See der Färöer aus 50 Metern Höhe ins Meer. Der Sørvágsvatn entstand – so wie ein Fjord – durch die Erosionskraft eines Gletschers in der letzten Eiszeit. Läge der Meersspiegel 50 m höher, handelte es sich heute nicht um einen Binnensee, sondern tatsächlich um einen Fjørður, einen Fjord.

Die 1921 gegründete Ortschaft Vatnsoyrar ist DIE EINZIGE OHNE MEERBLICK AUF DEN FÄRÖERN. Bei dem großen Gebäude mit der Aufschrift »Zarepta« handelt es sich um ein baptistisches Schulferienheim. Wer der Ortsstraße folgt, kann auf einem Feldweg bis 2,5 km an den FJALLAVATN herankommen. Den FORELLENREICHEN See erreicht man über einen Wanderweg, wo sich an den Sonntagen viele Einheimische einfinden.

Die Hauptverkehrsstraße Nr. 40 erreicht nun den Flughafen Vágar, der neben Autovermietung, Cafeteria und Souvenirshop auch das Touristenbüro für Vágar / Mykines beherbergt.

## BARBARA – DAS SCHÖNE BIEST

Auch auf den friedlichen Färöern kann der bravste Priester nicht in Frieden leben, wenn ihn die hübsche Beinta Christina Broberg begehrt. Den Dingen aus Liebe und Eifersucht, die sich vor über 250 Jahren in Miðvágur abspielten, setzte Jørgen-Frantz Jacobsen in seinem Roman »Barbara« ein literarisches Denkmal. Obwohl Jacobsen kurz vor Vollendung seines Werks 1938 an Tuberkulose starb, wurde »Barbara« ein großer Erfolg. Seine Freunde William Heinesen und *Christian Matras* brachten den Roman 1939 posthum heraus. Nur ein Jahr später wurde der erste färöische Beitrag zur Weltliteratur ins Deutsche übersetzt. Eine prima Reiselektüre!

Jacobsen, 1900 in Tórshavn geboren und mit 16 Jahren zum Studium nach Dänemark gezogen, schrieb nur diesen einen Roman. Der politisch und historisch interessierte Jacobsen griff sonst eher Sachthemen auf, wie 1936 in der umfangreichen Landeskunde »Færoerne. Natur og folk«.

Mit dem Roman »Barbara« griff er eine alte Geschichte auf, die sich in Miðvágur abgespielt haben soll. Babara/Beinta, die Tochter des obersten Gerichtsschreibers, hatte bereits zwei Ehemänner »unter die Erde gebracht«, als sie sich in den Pastor Peder Arrheboe verliebte. Die schöne Barbara konnte ihrem neuen Ehemann aber einfach nicht treu sein, was diesen regelrecht zermürbte. Sie warf sich in die Arme einer alten Jugendliebe; nur war diese Affäre ebenfalls nicht von Dauer. Neben dem tragischen Schicksal dieser zwei Menschen zeichnet Jacobsen ein detailliertes Bild der färöischen Gesellschaft in der zweiten Hälfte des 18. Jahrhunderts.

Der deutsche Regisseur *Frank Wisbar* verfilmte die Geschichte 1961. 1996/97 folgte das dänische Remake von *Nils Malmros* mit *Barbara Auer* in der Hauptrolle, das im Buchhandel synchronisiert als DVD erhältlich ist und bereits den Weg ins deutsche TV fand. (Nicht zu verwechseln mit dem gleichnamigen Film aus dem Jahr 2012 mit Nina Hoss als Ärztin in der DDR.)

Wen Barbara in ihren Bann gezogen hat, findet nicht nur in Museum Kálvalið in Miðvágur Relikte jener Figuren, sondern kann auf dem Altar der Kirche von Miðvágur einen Kerzenständer begutachten, mit dem Barbara einst auf einen ihrer Ehemänner wütend eingeschlagen, ihn aber verfehlt haben soll.

Vorbei am »Hotel Vágar«, das seine Besucherrekorde bei Nebel erzielt, wenn der nahe Flughafen geschlossen wird, erreichen wir **SØRVÁGUR**. Der beschauliche Ort liegt geschützt AM ENDE DES SØRVÁGSFJORDS. Die Kirche entstand 1886, nachdem ein Wintersturm die vorige davongetragen hatte. Besichtigung nach telefonischer Absprache: Tel. 333 284.

Von Sørvágur aus startet die Fähre »Jósup« nach Mykines; das Schiff wurde eigens für die hiesigen Verhältnisse gebaut. Wegen der sandigen, flachen Bucht befindet sich der Fähranleger am südlichen Fjordufer.

Im Schatten des 449 m hohen Eindalsfjall gelangt man nach **BØUR**. Als ich das erste Mal nach Bøur kam, war es mir, als umarmten sich die Häuser gegenseitig, um gemeinsam dem Atlantik die Stirn zu bieten. Vielleicht ist es dieses Erscheinungsbild, vielleicht auch die romantische Lage mit dem vorgelagerten TINDHÓLMUR, die Bøur zu einer Perle im färöischen Inselreich macht. Bei dem Spaziergang durch das pittoreske, VERTRÄUMTE DORF sieht man unter den grasbewachsenen Dächern Schaf- und Walfleisch baumeln, gleich neben der Wäsche zum Trocknen aufgehängt.

Bøur liegt geschützt in einer Karlage am Bächlein Stórá. Ein toller Blick bietet sich von hier auf den sagenumwobenen Tindhólmur, den rechts und links der Gásholmur und die Felsnadel Drangarnir einrahmen. Die bizarre Form der Klippen ist faszinierend, blickt man über den Stórásund.

Die letzte bewohnte Siedlung Vágars mit 18 Einwohnern ist **GÁSADALUR**. 2006 wurde er als letzter Ort auf Vágar ans Straßennetz angeschlossen. Bis zur Eröffnung des einspurigen, aber gut ausgebauten Tunnels konnte man nur zu Fuß oder mit dem Hubschrauber in den idyllischen Ort im gleichnamigen fruchtbaren Tal gelangen. Die Post kommt nun regelmäßiger als früher: Stattliche 50 Jahre hatte Postbote Henriksen die Post über den steilen Pass gebracht. Sein Arbeitgeber ließ ihm zu Ehren eine Briefmarke mit seinem Konterfei drucken.

# Information

FLUGHAFEN
◉ **VÁGA KUNNINGARSTOVA**, Vága Flughafen, FO–380 Sørvágur, Tel. 333 455, Fax 333 475, vagar@vagar.fo, www.visitvagar.fo. Mo bis Fr 9–16 Uhr. Zuständig für Vágar / Mykines.

# Sehenswert / Adressen

SANDAVÁGUR
◉ Die KIRCHE **SANDAVÁGS KIRKJA** steht meistens offen. Vorab-Info via Touristenbüro: Tel. 333 455.

MIÐVÁGUR
◉ **MUSEUM KÁLVALÍÐ**, FO–370 Miðvágur, Tel. 332 425 und 275 325. Zu besichtigen nach telefonischer Absprache. Vom östlichen Ortseingang aus gesehen, geht es hinter dem Ortsschild rechts nach oben.
◉ **MUSEUM JANSAGERÐI**, FO–370 Miðvágur, Tel. 333 455. Nur nach telefonischer Absprache.

SØRVÁGUR
◉ **BOOTSTOUREN**: nach Mykines sowie zum Tindhólmur, Tel. 210 870, www.mykines.fo. Mykines mit Guide: 600 DKK, Tourdauer 5 Stunden.
◉ **HEIMATMUSEUM** SØRVÁGS BYGDASAVN, FO–380 Sørvágur, Tel. 253 757 und 333 191. Anmeldung mit zeitlichem Vorlauf erforderlich.
◉ **GALERIE S**, FO–380 Sørvágur, Tel. 332 107 und 250688, lasses@olivant.fo, www.galeries.dk.

## Unterkunft

Ferienwohnungen und Privatzimmer vermitteln die lokalen Touristenbüros.
◎ **SØRVÁGUR**: 62°N airport hotel, FO–380 Sørvágur, Tel. 309 090, hotel @62n.fo, www.62n.fo. Ganzjährig geöffnet. EZ 990 DKK, DZ 1.206 DKK.
 Das Hotel steht direkt am Flughafen. Durch das geringe Verkehrsaufkommen ist nicht mit häufigem Fluglärm zu rechnen. Von außen präsentiert sich das Hotel eher schlicht, die Zimmer sind aber geräumig und komfortabel ausgestattet.
◎ **SANDAVÁGUR**: Hostel á Giljanesi, á Hillingartanga 8, FO–360 Sandavágur, Tel. 333 465, Fax 332 901, giljanes@giljanes.fo, www.giljanes.fo. Ganzjährig geöffnet. EZ 370 DKK, DZ 480 DKK, 4-Bett-Schlafsackzimmer 220 DKK je Person.
 Wohncontainer samt Aufenthaltsraum und Gemeinschaftsküche. Ein schöner Ausblick Richtung Koltur. Es werden auch Touren organisiert.
◎ **CAMPING**: Eine überschaubare Stellfläche sowohl für Zelte als auch für Wohnmobile gibt es neben der Jugendherberge á Giljanesi. Information siehe dort. 100 DKK je Person.

## Versorgung

Die Aufzählungen erfolgen jeweils in alphabetischer Reihenfolge.
◎ **ARZT**: Miðvágur.
◎ **LEBENSMITTEL**: Miðvágur, Sandavágur, Sørvágur.
◎ **BANKEN/GELDAUTOMAT**: Miðvágur, Sandavágur, Sørvágur.
◎ **POSTAMT**: Miðvágur.
◎ **TANKEN**: Miðvágur, Sørvágur.
◎ **AUTOVERMIETUNG**: AVIS Føroyar, Vágar Lufthavn, FO–380 Sørvágur, Tel. 358 800 und 212 765, info @avis.fo/ – HERTZ 62°N car rental, Vágar Lufthavn/62°N, FO–380 Sørvágur, Tel. 340 000, hertz@62n.fo/ – Unicar, FO–360 Sandavágur, Telefon 332 527, unicar@olivant.fo/

## Transport / Weiterreise

AB FLUGHAFEN
◎ **HELIKOPTER**: Ab Flughafen werden jeden Mi, Fr, So alle Landesteile angeflogen. 1.6.–31.8. auch Mo.
◎ **BUS**: Die Linie 300 verkehrt durchgehend zwischen Tórshavn und Flughafen bzw. Sørvágur.

AB SØRVÁGUR NACH MYKINES
◎ **FÄHRE** Linie 36 mit »M/B Josup«: 1.5. bis ca. 21.10. täglich 2 x, Dauer 45 Minuten. Ticket retour 120/60 DKK. Tel. 343 030, www.ssl.fo.

MIT DEM TAXI
◎ **SANDAVÁGUR**: Eivind Johannesen, Tel 216 468.
◎ **MIÐVÁGUR**: Kaj Egon Fagraberg, Tel. 333 078 sowie 265 353. – Benni Haraldsen, Tel. 332 990 und 267 990 und 220 547.
◎ **SØRVÁGUR**: Frank Davidsen, Telefon 221866.

# Mykines

Wissenschaftliche Untersuchungen ergaben, dass schon im Jahr 650 Hafer auf Mykines angebaut wurde. Die Kulturpflanze pflanzten vermutlich IRISCHE MÖNCHE an – die Wikinger bevorzugten Gerste. Die Mönche sollen der 10 km$^2$ großen Insel den keltischen Namen Mykines verliehen haben – was Schweineinsel bedeutete. Ein Schwein gibt es hier nicht (mehr), dafür abertausende Vögel und deutlich mehr als 1.000 Schafe. Mykines ist die westlichste und für Vogelliebhaber wohl faszinierendste Insel im Archipel (Karte siehe Seite 109).

## IM ÜBERBLICK

- ◎ **GRÖSSE**: 10 km$^2$
- ◎ **MAX. LÄNGE**: 8,3 km
- ◎ **MAX. BREITE**: 2,4 km
- ◎ **HÖCHSTE ERHEBUNG**: Knúkur, 560 m
- ◎ **EINWOHNERZAHL**: 13
- ◎ **KARTE**: Topografisches Kartenblatt 1 : 20.000: 110

## ANREISE / ANKUNFT / WARTEZEITEN

Bei klarem Wetter und Ostwind können Flugpassagiere Mykines im Landeanflug über den Sørvágsfjord auf den Vágar Airport bestaunen.

> **PAARE SOLLTEN MYKINES NUR GEMEINSAM BESUCHEN**
>
> Wer es nicht schafft, auf die Inseln zu kommen, mag sich getrost in die jahrhundertelange Geschichte einreihen – von denen, die nicht hinüber kamen oder, was gerade bei Kurzurlaubern nicht unterschätzt werden darf, lange nicht zurück. So erging es einst einem Pastor aus Miðvágur, der sich nach Mykines zum Gemeindebesuch aufgemacht hatte. Elf Tage saß er fest, bevor er wieder zurück konnte. Zu Hause angekommen, fand er die Wohnung leer, seine Frau hatte sich mit Sack und Pack davongemacht. Es empfiehlt sich also für Lebenspartner, Mykines stets gemeinsam zu besuchen ;-)

Vom Flughafen auf Vágar erhebt sich im Sommer viermal wöchentlich der HUBSCHRAUBER nach Mykines. Die Anreise mit der FÄHRE ab Sørvágur dauert etwa 45 Minuten und ist wie keine zweite abhängig vom Wetter; dasselbe gilt für die Ausflugsboote ab Vestmanna, die von (MItte) Juni bis (Anfang) August fahren.

Aus jahrelanger (leidvoller) Erfahrung gesprochen, sollte man gleich die erste Chance nutzen, die sich bietet, auf die Inseln zu gelangen. Ein Telefonat mit der Fährgesellschaft (343 030) kann viel Zeit sparen helfen!

Ist man die endlosen Treppen vom Hafenbecken emporgestiegen, findet man einen Ortsplan, der über die wenigen Einrichtungen vor Ort aufklärt.

Der Info-Block mit Öffnungszeiten sowie anderen Daten zu Vogelfelsen-Bootstouren, Unterkünften befindet sich am Kapitelende auf Seite 121 f.

Das LITERARISCHE DENKMAL über den verlassenen Pfarrer setzte Jørgen-Frantz Jacobsen Anfang des 20. Jahrhunderts mit seiner Novelle »Barbara« – übrigens eine hervorragendes Lektüre, wenn man hier festsitzt: Denn wem auf Mykines Regen und Wind gehörig um die Nase pfeifen, versteht, aus welchem Stoff tragische Romane sind (siehe Seite 113).

## Unterwegs auf Mykines

Bald ein Drittel aller Färöer-Besucher versucht Mykines nicht auszulassen. Schon allein der beschauliche Ort mit seinen niedlichen Häusern und Grassodendächern lohnt einen Besuch – kaum vorzustellen, dass hier Ende des 19. Jhs. noch 180 Menschen gelebt haben, die ihren Lebensunterhalt vorwiegend mit dem Vogelfang erwirtschafteten. Heute haben gerade mal 13 Personen ihren ständigen Wohnsitz hier – das sind zwar 6 weniger als 2007, dafür noch 4 mehr als 2001.

Mykines meldet andere Schlagzeilen als irgendwelche westlichen Ballungsräume: So gabe es im Jahr 2000 zwei neue ATTRAKTIONEN in dem kleinen Dorf. Zum Einen zog ein junger Mann auf die Insel: rein rechnerisch ein beachtlicher Bevölkerungsanstieg von damals 11,1 % an einem Tag. Zum Anderen wurde ein neues Haus gebaut – und das, obwohl die meisten der 40 Gebäude leer stehen.

Warum niemand sein Anwesen verkauft, ist ziemlich einfach zu erklären. Die BEGEHRTEN VOGELFANGRECHTE sind auf Mykines an Grund und Boden gebunden, d.h. wer sein Haus verkauft, verliert das Fangrecht.

Der Maler *Sámal Joensen Mikines* wurde 1906 auf Mykines geboren. Trotz der Lehrjahre in Kopenhagen beeinflusste der Alltag in der Heimat sein künstlerisches Werk. Während man heute mehr Touristen als Einwohner auf Mykines treffen kann, war das Leben damals von einem harten Überlebenskampf geprägt. Man lebte von Landwirtschaft, Vogelfang sowie Fischerei. Nicht selten blieben Männer draußen auf See oder bezahlten waghalsige Kletteraktionen beim Vogeleier-Sammeln mit ihrem Leben.

Die höchste Erhebung ist der 560 m hohe **KNÚKUR**, ein beliebtes Ziel für WANDERER. Zu erreichen ist er über die Dorfstraße, die links des Baches hinaufführt. Schließlich hält man sich an den Verlauf der Strommasten, die die Telekommunikationsmasten zum Ziel haben – von dort verbleiben noch 300 Meter bis zum Ziel.

Wer sich für GEOLOGIE interessiert, der/m bietet die Insel neben vielen Holmen und Klippen, an die die Brandung klatscht, bemerkenswerte **BASALTFORMATIONEN**. Sehr beeindruckend ist der STEINSKÓGIR im Korkatal, der sogenannte Steinwald. Gewaltig ragen hier die Basaltsäulen in den Himmel. Als vor Urzeiten flüs-

sige Lava erkaltete, bildeten sich sogenannte Entspannungsklüfte; das Resultat des Vorgangs sind die achteckigen Gesteinssäulen.

Nicht nur die Geologie kennt eine Erklärung für den Steinwald und andere bizarre Formationen, ebenso die MYTHOLOGIE, in der es heißt, dass einige Färinger dem König *Olav II. Haraldsson* (später Olav der Heilige) einen Besuch in Norwegen abstatteten. Er beklagte, dass die Abgaben der Färinger so gering seien, und erkundigte sich, was denn alles auf den Inseln wachse. Nur Steine und Felsen, gaben die Männer zurück. Als Olav dies hörte, sagte er: »Lass es so sein, wie Ihr es mir gesagt!« – Augenblicklich verwandelten sich die Wälder auf Mykines und auf Suðuroy zu Stein.

Nach wie vor sind die **PAPAGEITAUCHER** der Besuchermagnet auf Mykines. Der schwarzweiße Piepmatz hat den Westteil der Insel komplett unterhöhlt. Ornithologen sowie Fotografen kommen auf ihre Kosten, sollten sich in dem Gelände aber vorsehen!

Neben den vielen tausend Zugvögeln, die sich in den Sommermonaten einfinden, sei die einzige färöische **BASSTÖLPELKOLONIE** hervorgehoben. An den VOGELFELSEN Gáadrangur, Píkarsdrangur, Flatidrangur, die sich um MYKINESHÓLMUR gruppieren, und am Steilhang des KLETTUR brüten (schätzungsweise) 2.500 Paare dieser majestätischen Vögel, die es auf eine Spannweite von bis zu 180 cm bringen.

Außerdem seien Dreizehenmöwe, Eissturmvogel, Tordalk, Gryllteiste, Krähenscharbe, Eiderente, Austernfischer, Großer Brachvogel, Schmarot-

### »DER BASSTÖLPEL IST GUT!«

Zwei Riesen namens Tóri Rami und Óli Rami kämpften um die Herrschaft auf MYKINES. Nach wildem Kampf unterlag Tóri seinem Widersacher und gab ihm, wenn der ihn nur am Leben lassen würde, das Versprechen, den Einwohnern von Mykines jedes Jahr drei gute Dinge zu schicken: erstens einen Baumstamm, um das Dach der Kirche reparieren zu können, die oft vom Sturm beschädigt wurde, zweitens den Basstölpel und drittens den Entenwal, damit niemand Hunger leiden müsse.

Jahrelang war es so, wie der Riese versprochen hatte. Als das Dach der Kirche wieder einmal repariert werden musste, wurde ein Baumstamm in die Bucht VIÐARHELLI geschwemmt. Die Dorfbewohner machten sich über den krummen Stamm lustig – und von nun an erreichte kein Stückchen Treibholz mehr die Insel. Auch der Entenwal, der den meisten nicht besonders gut schmeckte, wurde mit bösen Worten bedacht – fortan kam auch er nicht mehr. Nur der Basstölpel blieb den Einwohnern von Mykines als letztes Gut, so dass sich keiner traute, irgend etwas Schlechtes über den Vogel zu sagen. »Der Basstölpel ist gut!« ist die einhellige Meinung, die alle Einwohner bis heute vertreten ... und noch ist er da!

zerraubmöwe, Große Raub-, Mantel-, Herings- und Silbermöwe genannt.

Abschließend ein kleiner Trost für alle, die im Herbst auf die Inseln reisen, wenn die meisten Zugvögel ihre Bleibe in wärmere Regionen verlegt haben. Überall auf Mykines wachsen köstliche WIESENCHAMPIGNONS. Und da die Insulaner keine Pilze sammeln, können Sie sich ruhigen Gewissens Ihr Abendessen sammeln.

# Information

MYKINES
◉ **KATRINA JOHANNESEN** im Kristianshús, FO–388 Mykines, Tel. 321 985 und 212 985, Fax 321 985, mykines@olivant.fo, http://mykines.info ergiebig auch auf Deutsch.

FLUGHAFEN
◉ **VÁGA KUNNINGARSTOVA**, Vága Flughafen, FO–380 Sørvágur, Tel. 333 455, Fax 333 475, vagar@vagar.fo, www.visitvagar.fo. Mo–Fr 9-16 Uhr.

# Wanderung

◉ **WANDERUNG 10**: Seite 218 ff.

# Die Vogelfelsen

Während die PAPAGEITAUCHER aus allernächster Nähe die schönsten Fotomotive abgeben, sollte man für die Beobachtung der BASSTÖLPEL ein gutes Fernglas nicht vergessen.

Mein Tipp: den Spätnachmittag auf MYKINESHÓLMUR verbringen, bei den Papageitauchern samt anschließendem Sonnenuntergang.

BOOTSTOUREN AB VESTMANNA
Von (Mitte) Juni bis (Anfang) August, auch mit Landgang und Führer.
◉ **SJÓFERDIR**, Skúvadal Sp/f in Kooperation mit Touristenbüro Vestmanna (siehe Seite 90), Tel. 471 500, puffin@olivant.fo, www.puffin.fo. Di+ Sa.
◉ **VESTMANNABJØRGINI** Sp/f, Palli Lamhauge, Vestmanna, Tel. 424 155, sight@sightseeing.fo, www.sightseeing.fo.

# Unterkunft / Verpflegung

Das Touristenbüro für Vágar und Mykines vermittelt einige wenige Objekte für Selbstversorger. Platzhirsch ist ◉ **KRISTIANSHÚS** (blaues Haus mit großer Aufschrift), Katrina Johannesen, FO–388 Mykines, Tel. 312 985 und 212 985, Fax 321 985, mykines@olivant.fo, http://mykines.info. 1.5.–1.9., sonst auf Anfrage. Pro Person 400 DKK, Hostelzimmer 250 DKK.

Obwohl die begehrte Unterkunft inzwischen mehrere Häuser mit 35 Betten umfasst, empfiehlt es sich in der Hochsaison zu RESERVIEREN.

CAMPING ist ebenfalls möglich. Die Küche darf mitbenutzt werden.

Für Gäste in Hotel oder Hostel ist das Frühstück inklusive, Lunchpaket und Abendessen können bestellt und Getränke gekauft werden. Wer sich ganz oder teilweise selbst versorgen will, sollte die Zutaten mitbringen. Am besten zuvor schriftlich verständigen.

◎ **GULA HÚSIÐ**: Das gelbe Haus direkt gegenüber vom Kristianshús hat 25 Betten plus je zwei Küchen und Badezimmer. Billiger als die Konkurrenz. leonsson@kallnet.fo oder via Touristenbüro (siehe oben).

## Transport / Weiterreise

◎ **FÄHRE** Sørvágur – Mykines (Linie 36) mit »M/S Jósup«. 1.5.–31.8. täglich 1–2 x, Dauer 45 Minuten. Ticket 45/25 DKK. Tel. 210 870, www.mykines.fo. Busanbindung gegeben.

Zu buchen auch Mykines mit Guide für 600 DKK je Teilnehmer, Tourdauer 5 Stunden.

◎ **HELIKOPTER** von / nach Mykines nach / von Vágar Flughafen und Tórshavn Mi + So je 1 x, Fr 2 x, 1.6.–31.8. auch 1 x Mo. Ticket ab Vágar 145 DKK, 215 DKK ab Tórshavn.

Da Hin- und Rückflugtickets nicht für denselben Tag ausgestellt werden, kommt es nicht in Betracht, morgens auf die Insel und nachmittags wieder zurück zu fliegen; abgesehen davon, dass ein Kurzbesuch auf Mykines keinen Sinn machte und der Heli die Insel an den meisten Flugtagen ohnehin nur 1 x die Insel anfliegt. Eine Übernachtung im Kristianshús oder Gula Húsið ist also immer vor einem Flugticket zu buchen.

# Nordinseln

Als Nordinseln der Färöer bezeichnet man die sechs nordöstlich gelegenen BORÐOY, VIÐOY, KUNOY, KALSOY, SVÍNOY und FUGLOY. Mit ihrem hohen Relief zählen sie zu den imposantesten Erscheinungen im Archipel. Allein auf der 35 km$^2$ kleinen Insel Kunoy erheben sich fünf der acht färöischen Gipfel über 800 m.

Doch gerade diese steil aufragenden Berge machen die Nordinseln für Wanderungen größtenteils ungeeignet. Wie auch viele Färinger betonen, sind die Nordinseln ausgesprochen schwierig zu erwandern und zu besteigen. Selbst erfahrene Bergsteiger meiden das poröse Gestein der steilen Berghänge; weshalb dieses Buch sich auf zwei kürzere Wanderungen beschränkt.

Wer die Nordinseln dennoch zu Fuß erkunden möchte, sollte dies mit einem ortskundigen Führer tun und sich dafür an das Touristenbüro in KLAKSVÍK wenden. Aber auch ohne Wanderung ist der Norden der Färöer reizvoll: Ein Besuch in VIÐAREIÐI oder die Fährfahrt nach Svínoy und Fugloy sind mir als ganz besondere Erlebnisse in Erinnerung. Pläne die Nordinseln untereinander mit Seilbahnen zu verbinden lesen sich eher wie Luftschlösser.

 Der Info-Block mit den Öffnungszeiten sowie anderen Daten zu Sehenswertem, Unterkünften etc. befindet sich am Kapitelende auf Seite 135 ff.

**NORDINSELN** 123

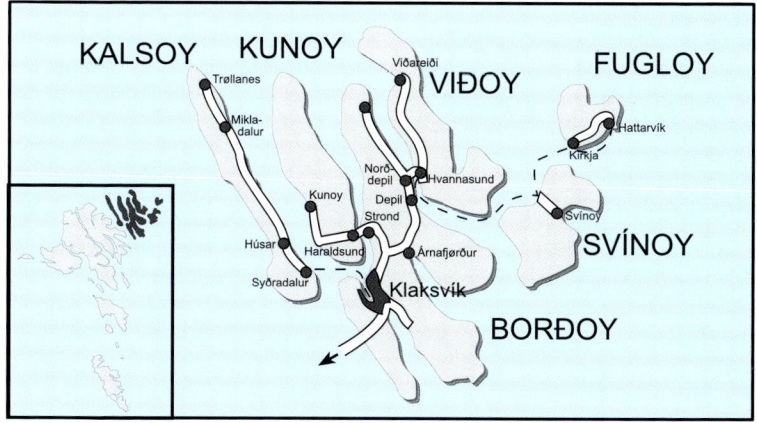

## KLAKSVÍK –
## EIN BISSCHEN STICHELN GEGEN DIE HAUPTSTÄDTER

So wie sich Preußen und Bayern, Norweger und Schweden usw. necken, ist eine ähnliche VERBUNDENHEIT zwischen Klaksvík und Tórshavn zu beobachten. Auch wenn die Klaksvíker es nie geschafft haben, die Vormachtstellung Tórshavns in Frage zu stellen, so bemüht man sich doch emsig, in »kleineren Dingen« führend zu sein: Der selbst verliehene Titel »Fischereihauptstadt der Färöer« ist ein Beispiel dafür. Ein anderes regt geradezu zum Schmunzeln an – die Einrichtung sogenannter Treffpunkte für Hafenarbeiter und Fischer. Während sich die ersten Räumlichkeiten eines solchen Treffs Anfang des 20. Jahrhunderts in Tórshavn etablierten, nannte man diese aufgrund der örtlichen Gegebenheiten – im Erdgeschoss eines Hafengebäudes – »Unterhaus«. In Klaksvík parierte man weniger bescheiden und nannte eine ähnliche Einrichtung – in Anlehnung an das britische »Unterhaus« – gleich »Parlament«.

Man ist über die Bevormundung aus Tórshavn noch nie amüsiert gewesen, egal ob es sich um finanzielle, soziale oder kulturelle Angelegenheiten handelte. Wer zum Beispiel Näheres über den legendären ÄRZTESTREIT zwischen den beiden Städten (1953–55) erfahren möchte, sollte sich ins örtliche Museum begeben, dem ehemaligen Sitz des Königlichen Monopolhandels. Neben einer sehenswerten alten Apotheke gehören Bilder sowie Berichte über jenen Zwist zur Ausstellung.

Leser berichten uns mitunter, dass Klaksvík es »als Stadt« nicht mit Tórshavn aufnehmen könne. Nicht viel los hier ... Das stimmt. Andererseits sind die Färinger von Klaksvík sehr kontaktfreudig. Nirgends wird man so frei angesprochen, ob beim Einkauf im Supermarkt oder beim Hafenspaziergang, nirgends kann man näher den Alltag einer Fischereistadt erleben.

## IM ÜBERBLICK

- **BORÐOY**: 95 km² – 4.980 Einw.
- **VIÐOY**: 41 km² – 580 Einwohner
- **KUNOY**: 35 km² – 127 Einwohner
- **KALSOY**: 31 km² – 130 Einwohner
- **SVÍNOY**: 27 km² – 29 Einwohner
- **FUGLOY**: 11 km² – 42 Einwohner
- **EINWOHNERZAHL**: 5.851
- **HÖCHSTE ERHEBUNG**: Kúvingafjall, 830 m
- **KARTEN**: Topografische Kartenblätter 1 : 20.000: 511, 512, 513, 611, 612, 613, 712, 713

# Route 7: von Klaksvík nach Viðareiði

## IM ÜBERBLICK

- **STRECKENVERLAUF**: Klaksvík – Árnafjørður (5 km) – Norðdepil (5 km) – Viðareiði (8 km)
- **STRECKENLÄNGE**: 18 km
- **TRANSPORT**: Bus 500 nach Viðareiði verkehrt bis zu 7 x täglich, Linie 504 nach Kunoy nur 2–3 x täglich sowie am Wochenende gar nicht.
- **ANSCHLUSSMÖGLICHKEITEN**: Route 8 nach Svínoy und Fugloy.
- **ABSTECHER**: nach Kunoy
- **PROFIL**: Beginnend in der zweitgrößten färöischen Stadt, in Klaksvík, geht es im wahrsten Sinne des Wortes mitten durch Borðoy, indem zwei enge, insgesamt 3,8 km lange Tunnel zu durchqueren sind. Die 8 km lange Strecke an der Westküste der Nachbarinsel Viðoy mit dem Panorama auf Borðoy ist landschaftlich wunderbar.
- **FÜR RADFAHRER**: Obwohl die Straßen der Nordinseln keine größeren Anstiege kennen, eignen sie sich nicht zum Radeln. Die Tunnel, die alle durchqueren müssten, um zu den Ortschaften außerhalb Klaksvíks vorzudringen, sind unbeleuchtet und besitzen keine Abluftanlage, so dass das Durchradeln lebensgefährlich wäre.

Dennoch gibt's eine Fahrradhandlung auf den Nordinseln: Súkklusmiðja John W. Thomsen, Nólsoyar Pálsgøta 26, FO–700 Klaksvík, Tel. 455 858, Fax 457 878, jwt@olivant.fo/

Neben Streymoy weist **BORÐOY**, die wichtigste unter den Nordinseln, mit Abstand die höchste Bevölkerungsdichte der Färöer auf. Schon bei der Anfahrt durch den unterseeischen Norðoyatunnilin brausen uns zahlreiche Lkw mit Kühlcontainern entgegen: KLAKSVÍK ist das Fischereizentrum der Inseln. Im tiefsten Punkt des Tunnels sollen farbige Lichteffekte die Ödnis der tiefen Röhre etwas auflockern. Diese Licht-Glas-Installation stammt einmal mehr von Tróndur Patursson, dem Künstler aus Kirkjubøur. – Nach 15-minütiger Fahrt erblicke ich wieder das Tageslicht im »Zentrum des Nordens«. Da das Wetter kühl und nieselig ist, suche ich gleich neben dem Supermarkt am Ortseingang ein Café auf. Lange schaue ich in die graue Landschaft, trinke meinen Kaffee, genieße Ruhe und Zeit – was man im hektischen Deutschland allzu oft versäumt.

*Oben: Die steilen Felsflanken, die Klaksvik umgeben, schränken eine weitere Ausdehnung der städtischen Bebauungsflächen ein. – Unten unterwegs auf Kunoy.* ▸

Eingebettet zwischen hohen Bergflanken überschritt **KLAKSVÍK** erst in den 1940er Jahren die 2.000-Einwohner-Marke. Einerseits mag dies in der wirtschaftlichen Entwicklung und Konkurrenz zu Tórshavn begründet sein, andererseits ergeben sich durch die naturräumlichen Gegebenheiten vor Ort entscheidende Unterschiede: Das Siedlungsbild von Klaksvík teilte sich ursprünglich in vier kleine Gehöfte an den Buchten von Vágur und Borðoyarvík, wie die zwei Meeresarme nordwestlich bzw. südöstlich von Klaksvík heißen. 1838 öffnete hier eine Zweigstelle des Monopolhandels, die Ortschaft begann zu wachsen. Die Indmark, die sich ursprünglich zwischen den zwei Buchten befand, wurde von beiden Seiten zurückgedrängt, was schließlich zu ihrer Auflösung führte. Die steilen Felswände, die Klaksvík umgeben, schränkten eine weitere flächenhafte Ausdehnung ein.

Dennoch ist Klaksvík das FISCHEREIZENTRUM schlechthin, dem die Färöer einen Großteil des ökonomischen Aufschwungs seit der Krise Anfang der 1990er Jahre verdanken. Damals entstand hier die größte Fischfabrik des Landes. Um nicht ins Leere zu laufen, wurden alle Fisch produzierenden Betriebe in einem großen Unternehmen zusammengefasst. Dementsprechend DREHT SICH in Klaksvík BEINAHE ALLES UM DEN FISCH – was bereits der Kreisverkehr am Ortseingang klar verdeutlicht...

Fisch ist aber nicht das einzige Exportprodukt im Sektor Lebensmittel, für das Klaksvík bekannt ist. Auch die Brauerei FØROYA BJÓR (www.bjor.fo) hat hier ihren Stammsitz. Das Traditionsunternehmen (1888) stellt jährlich über 20.000 Hektoliter Bier her und wird in der dritten Generation von derselben Familie betrieben. Unter der Leitung von *Einar Waag*, der die Braukunst im deutschen Weihenstephan erlernte, werden aus dänischem und englischem Malz sowie bayerischem Hopfen sechs Sorten Bier produziert.

Mit Fischereihochschule, Technischer und Navigationsschule sowie Gymnasien ist Klaksvík auch das BILDUNGSZENTRUM des Nordens.

Sehenswürdigkeiten im klassischen Sinn gibt es kaum. Eine jedoch ist die große CHRISTIANS-KIRCHE (1963): Der dänische Architekt *Peter Koch* ließ sich stark von der Domruine in Kirkjubøur inspirieren. Tritt man ein, fällt der Blick unweigerlich auf das große Altarfresko von *Joakim Skovgaard*. Der dänische Künstler schuf das Gleichnis vom Hochzeitsmahl einst für die Bischofskathedrale im dänischen Viborg. Das hölzerne Boot, das unter der Decke hängt, war das Dienstfahrzeug des Pfarrers, wenn er die Dörfer auf den Nordinseln bereiste, bevor die ans Straßennetz angeschlossen wurden. Das Taufbecken aus Dänemark diente vor 4.000 Jahren bereits als Opferschale.

Wer sich für Zeugnisse der EISZEITEN interessiert, sollte sich zum Ufer BORÐOYARVÍK begeben. Vom nördlich der Stadt gelegenen Berg Køldukinn bewegten sich die Eismassen ins Tal, dort wo heute Klaksvík liegt. Am bescheidenen Steilufer der Bucht lassen sich in einem Gesteinsaufschluss mit mehreren Moränenschichten die extremen Klimaschwankungen der letzten Eiszeit vor 72.000 bis 10.000 Jahren erkennen.

Seit 1925 das erste Automobil durch Klaksvík fuhr, hat der Straßenverkehr zwar zugenommen. Doch fährt man aus Klaksvík heraus, ist man oft allein auf der Straße unterwegs. Dementsprechend ENG SIND DIE TUNNEL, die in RICHTUNG NORDEN auf unserer Route liegen. Nach 2,5 km zweigt die Str. 754 links ab. Vorbei am 1931 erbauten Wasserkraftwerk Strond legen wir zunächst den ABSTECHER NACH **KUNOY** auf der gleichnamigen Insel ein.

1986 wurde Kunoy-Ort durch einen Tunnel und einen Verbindungsdamm an Borðoys Straßenverkehrsnetz angeschlossen. Als Tunnel samt Straßenanbindung 1988 offiziell eröffnet wurden, waren stolze 100 Mio. Kronen in das Projekt geflossen. Der lieblich gelegene Ort erlebte einen Mini-Boom, der sich durch den Bau neuer Wohnhäuser bemerkbar machte, verlor aber in den letzten Jahren ein Fünftel seiner Einwohner. Als wir über den Straßendamm hinüber nach Haraldssund fahren, wird uns etwas flau in der Magengegend. Sturm ist aufgezogen und wirft Gischt über den Damm. Ich denke zurück an unsere vorletzte Reise, als wir bei strahlendem Sonnenschein in Kunoy picknickten.

HARALDSSUND liegt an der Ostküste der 127 Einwohner zählenden Insel. 6 km nördlich auf dieser Inselseite liegt Skarð, das 1919 verlassen wurde, nachdem sechs Jahre zuvor alle arbeitsfähigen Männer bei einem Unglück auf See geblieben waren.

Einst verband ein Gebirgspass die Orte Skarð und Kunoy miteinander; der Pfad ist in aktuellen Karten nicht mehr eingezeichnet, da er sehr steil ist und selbst für Ortskundige zu viel Gefahr birgt. Allein fünf Gipfel über 800 m ragen auf dem 35 km$^2$ großen Eiland empor. – Wer die spärlichen Überreste der Siedlung Skarð erkunden möchte, läuft den KÜSTENWEG ab Haraldssund. Aus Skarð stammte übrigens der Verfasser der Nationalhymne Símun á Skarð. Im Rahmen nationalromatischer Strömungen entstand 1906 das Färöer-Lied »Tú alfagra land mítt, mín dýrasta ogn, á vetri so randhvítt, á sumri við logn« (»Du mein wunderschönes Land, mein teuerstes Eigentum, im Winter schneegekränzt, im Sommer voll Stille«); ein Jahr später von *Petur Alberg* vertont.

Durch den Tunnel erreichen wir an der Westküste KUNOY. Das Dorf hat eine dramatische Geschichte mit mehreren Schiffskatastrophen hinter sich. Kunoy zählt zu den wenigen Färöer-Siedlungen, die ein WÄLDCHEN besitzen, das vor dem Hunger der allgegenwärtigen Schafe – rund 1.250 grasen auf Kunoy – verschont blieb.

Wieder zurück auf der Straße Nr. 70, geht es in den ersten FINSTEREN

---

Der Info-Block mit den Öffnungszeiten sowie anderen Daten zu Sehenswertem, Unterkünften etc. befindet sich am Kapitelende auf Seite 135 ff.

TUNNEL. Er ist unglaublich eng und nur 3,30 m hoch. Da die Ausweichbuchten (mit einem »M« markiert) auf der linken Seite sind, haben wir Vorfahrt, müssen entgegenkommende Fahrzeuge warten, bis wir vorüber sind. Links und rechts der einspurigen Straße ist ein Wassergraben, der im unbeleuchteten Tunnel nicht immer zu sehen ist. Nach 3,3 km erblickt man für 30 Meter das Tageslicht, bis es in den nächsten Tunnel geht. Wir haben es nicht ganz so eilig, stellen das Fahrzeug am Parkplatz oberhalb der Ortschaft Árnafjørður ab und unternehmen eine Wanderung zur alten Thingstätte oben in den Bergen (Wanderung 11, siehe Seite 221 ff.).

Der folgende Tunnel steht dem ersten an Komfort in nichts nach. In DEPIL steht direkt an der Durchgangsstraße ein schöner alter Bauernhof, der auf das Jahr 1815 datiert wird. Weiter geht es nach Norðdepil, wo die EINZIGE AMPEL der Nordinseln den Schülern der hiesige Schule die Straßenüberquerung sichern soll. Da wir zur Ferienzeit unterwegs und keine Schüler weit und breit zu sehen sind, wirkt die moderne Ampelanlage eher skurril und fremd in der färöischen Landschaft.

Der nördlichste Ort auf **BORÐOY** ist MÚLI, ein Gehöft, dem man den Beinamen »ewig zu spät« verpassen kann. Schon 1737 waren Pläne für eine Schule fertig gestellt, doch die Kinder mussten 98 Jahre (!) warten, bis diese verwirklicht wurde. In der zweiten Hälfte des 20. Jhs. hat man Straßen (und Tunnel) zu fast jedem färöischen Dörfchen gebaut. Als die Straße nach Múli 1988 frei gegeben wurde, lebte nur noch eine Handvoll alter Menschen hier; im Jahr 2008 waren es noch drei, jetzt sind noch zwei gemeldet – der Verfall ist vorgezeichnet. Die Fahrt in das aussterbende Dorf lohnt sich nicht, und die imposanten Kare, die sich an Borðoys Ostküste aneinanderreihen, sieht man ohnehin besser von Viðoy aus.

Auf Borðoys Nachbarinsel **VIÐOY**, hinüber nach HVANNASUND, führt ein aufgeschütteter Damm, der den rund 580 Einwohnern das Hin und Her seit 1972 erheblich erleichtert. Von hier startet die Personenfähre »M/S Ritan« nach Svínoy und Fugloy. Wer genug Zeit hat, sollte die romantische Bootsfahrt unbedingt mitmachen.

Bei der Fahrt nach **VIÐAREIÐI** breitet sich ein großartiges Panorama auf die Ostküste Borðoys aus. Allerdings ist diese Aussicht auf Aussicht endlich: Denn inzwischen haben die Arbeiten zum Tunnel Viðareiðitunnilin begonnen, der nördlich von Hvannasund in einem Bogen den Gebirgszug der Inselmitte durchquert, um Viðareiði an der Ostküste Vidoys zu erreichen. Bereits Ende 2015 könnte die neue Tunnelröhre frei gegeben werden.

Viðareiði, die nördlichste Siedlung der Färöer, lebt trotz landwirtschaftlicher Prägung primär vom Fischfang. Zu besichtigen sind die Kirche und der alte Pfarrhof, beide aus dem 19. Jahrhundert. Der Pfarrhof ist unverändert bewohnt, hier erhält man den Schlüssel für die Pfarrkirche. Beinta Christina Broberg, das Vorbild für Jørgen-Frantz Jacobsens Roman »Barbara«, verbrachte einige Jahre hier. Die silbernen Artefakte in der Kirche schenkte Großbritannien den Einwohnern Viðareiðis, nachdem diese britische Schiffbrüchige gerettet hatten.

Schwere STURMFLUTEN hatten im vorletzten Jahrhundert die alte Kirche und sogar Gräber des Friedhofs ins Meer gerissen – die Särge waren später wieder in Hvannasund an Land getrieben worden, wo man sie erneut eingrub.

Bis Beton als Baustoff populär wurde, war Holz das wichtigste Material für den Hausbau: Der Name Viðareiði setzt sich aus den Worten »eiði« (für Landenge) sowie »viðar« (Treibholz) zusammen. Denn mit der kalten Polarströmung, die die Färöer überwiegend an ihrer Nordflanke streift, wird immer wieder Holz aus Norwegen sowie Sibirien angetrieben. Viðareiði ist einer der besten Rohstoffstätten für Treibholz. Das Holz ließ die traditionelle norwegische HOLZBAUWEISE auf den (fast) baumlosen Färöer fortleben, wenn auch in bescheidenerem Ausmaß.

Zum nördlichsten Punkt von Viðoy, dem 754 m hohen KAP ENNIBERG, werden Wanderungen organisiert. Information im Touristenbüro Klaksvík.

# Route 8: Hvannasund – Svínoy – Fugloy

## IM ÜBERBLICK

◉ **STRECKENVERLAUF**: Hvannasund (Fähre) – Svínoy (10 km) – Kirkja (5 km) – Hattarvík (5 km)
◉ **STRECKENLÄNGE**: 10 km
◉ **TRANSPORT**: Die Fährlinie 58 für Personen verbindet die Inseln 1–2 x täglich, im Winter eingeschränkt.
◉ **PROFIL**: Pkw werden nicht befördert. Die Passagierfähre startet in Hvannasund und erreicht 40 Minuten später den Anleger auf der Insel Svínoy. Wer nur einen Tagesausflug plant, muss auf Fugloy verzichten und kann Svínoy gerade mal einen einstündigen Besuch abstatten, bis die Fähre von Fugloy zurückkehrt. Wer die 7 km Straßennetz auf den Inseln unbedingt mit dem Rad befahren möchte, kann das Gefährt mit auf die Fähre nehmen. Es macht aber wenig Sinn; auch die Einwohner erledigen fast alles zu Fuß.

Da die Fähre kurz vor 9 Uhr Hvannasund verlässt, geht's heute ein wenig früher los. Die Fahrt durch den SUND und den **SVÍNOYARFJORD** ist einfach traumhaft. Bis auf einige Strömungen, die das Schiff gehörig zum Wackeln bringen, erreichen wir Svínoy mühelos. Unterwegs können wir zahlreiche PAPAGEITAUCHER BEIM FISCHFANG beobachten.

Die Fähre läuft **SVÍNOY** von der Nordwestseite an. Übrigens findet sich auf der Schweineinsel – so die Übersetzung ins Deutsche – kein einziger Ringelschwanzträger mehr, dafür gibt es hier umso mehr Schafe.

Vom Anleger geht es von der Westküste über die geteerte Straße an die Ostküste nach Svínoy-Ort mit 29 Einwohnern – 19 weniger als noch 2007. Während des kurzen Spaziergangs überholt uns der einzige hier registrierte Kleinlaster, der die Waren zwischen Anleger und Siedlung befördert.

Unter den Nordinseln ist Svínoy mit maximal 586 m die flachste und eine von denen, auf denen es keine Nagetiere gibt, was sich positiv auf die VOGELWELT auswirkt; lediglich ein paar Hasen hoppeln noch herum. Die meisten der elegant aussehenden Sterntaucher und die Großen Raubmöwen, deren Nester sich in der felsigen Utmark befinden, haben Ende Juli bereits ihr Brutgeschäft abgeschlossen.

Svínoy zählt nachweislich zu den ältesten Besiedlungen der Färöer. Wikingerhäuptling *Svínoyar-Bjarni*, von dem die FÄRINGERSAGA berichtet, soll der erste Siedler gewesen sein; es wird vermutet, dass die heutige Kirche direkt auf einem Opferplatz erbaut wurde, an dem die Wikinger Odin um Beistand baten. BJARNARSTEINUR, ein Grabstein, der in der Kirche aufbewahrt wird, stammt angeblich von jenem Bjarni. Das flache, gut zu bebauende Land, Trinkwasser- und Torfvorkommen waren optimal für einen Siedlungsplatz – nur ein guter Hafen fehlt auf der Insel. Je nach Wetterlage ist die besiedelte Landenge immerhin sowohl von Osten als auch von Westen anzulaufen.

Beim Spaziergang durch den Ort sollte man den kleinen KAUFLADEN besuchen, ein echter Tante-Emma-Laden! Etwas schwer aufzuspüren, aber lohnenswert. Wer länger bleiben möchte, kann während der Ferien in der Schule unterkommen oder fragt die Einwohner nach einer Möglichkeit zum Zelten. Auskunft gibt ferner der Bürgermeister Eyðun Jacobsen.

Südlich der Ortschaft hat sich am kleinen Fluss Storá eine ansehnliche LACHSZUCHTANLAGE entwickelt.

Wem die Anreise zu langwierig ist, macht es der dänischen Königin nach, die die Inseln 1984 per Helikopter besuchte. So besteht im Sommer zum Beispiel dienstags die Gelegenheit, die Fähre nach Svínoy zu nehmen, mittwochs per Helikopter nach Fugloy zu fliegen und sich nachmittags wieder gen Hvannasund einzuschiffen. Fähren und Heli sind allerdings unbedingt im Voraus anzumelden! Bei der gleichen Variante ab Donnerstag hat man am Folgetag sogar ein paar Stunden mehr Zeit.

Wer bei ruhiger See mit der Fähre nach **FUGLOY** kommt, kann am Betonanleger von KIRKJA bequem an Land gehen. Bei rauer See verlangt der Ausstieg am frei liegenden Kai einigen Mut. Über einen steilen befestigten Weg, der in den Fels gehauen ist, geht es nach oben. In den zwei Dutzend Wohnhäusern leben gerade mal 26 Menschen. Über den Fugl-

*Fugloy aus der Luft, unten beim Anflug auf Hattarvik* ▶

oyarfjord fällt der Blick hinüber auf die 344 m hohe Steilküste Svínoys.

Fugloy bedeutet VOGELINSEL und macht seinem Namen alle Ehre. Gegründet wurde der Ort wohl zur Zeit der Landnahme durch die Wikinger. Um 1400 wurde die kleine Insel häufiger von Piraten überfallen. Ebenso wie an anderen Orten änderte sich die Gesellschaftsstruktur auf Fugloy zum Ende des 19. Jahrhunderts. Die bis dato landwirtschaftlich geprägte Gesellschaft verwandelte sich in eine Fischereination. Deren Aufschwung hielt bis 1960 an. Modernen Verarbeitungsmöglichkeiten und der »Zeit-ist-Geld«-Mentalität konnte das periphere Fugloy kein Paroli bieten, Abwanderung war die logische Folge. In der alten Schule von Kirkja schlägt sich heute noch ein einziger (!) Schüler mit Mathematik und Grammatik herum. HATTARVÍK, die zweite Siedlung, benötigt seit Jahren keine Schule mehr.

Wird man von einem Einwohner gefragt, ob man mit zum KLUBBIN kommt, sollte man nicht an den bekannten Bierclub in Tórshavn denken. Der Klubbin von Fugloy ist mit 621 m die höchste Erhebung; bis zu seinem Gipfel ist man gleich mehrere Stunden unterwegs.

# Route 9: von Klaksvík nach Trøllanes

## IM ÜBERBLICK

◉ **STRECKENVERLAUF**: Klaksvík (Fähre) – Syðradalur (5 km) – Húsar (2,5 km) – Mikladalur (8,5 km) – Trøllanes (4 km)
◉ **STRECKENLÄNGE**: 20 km
◉ **TRANSPORT**: Von Klaksvík geht es mit der Fährlinie 56 5–7 x täglich nach Kalsoy, Dauer 20 Minuten. Bus 506 von Syðradalur nach Trøllanes ist auf die Fährzeiten abgestimmt.
◉ **PROFIL**: Mit der Personenfähre geht es in 20 Minuten nach Syðradalur, von wo aus ein Linienbus bis nach Trøllanes verkehrt. Kalsoy ist ein lang gestreckter Gebirgszug, dessen einzelne Ortschaften seit 1985 ein Tunnelband miteinander verbindet.
◉ Wegen der ständigen Tunnel kann man auf Kalsoy **KEIN RAD** fahren.

Dank ihrer lang gestreckten Form und gleich VIER TUNNELN wird **KALSOY** scherzhaft »Blockflöte« genannt.

Problemlos gleitet die Fähre in den neu angelegten Hafen SYÐRADALUR. Den Ort gründeten 1809 die Bewohner von Blankskáli, einer verwaisten Siedlung auf der Südwestseite Kalsoys. Der ständigen Lawinengefahr wegen hatten die sich trotz guten Ackerbodens einen sichereren Ort gesucht und in Syðradalur gefunden.

Bevor der neue Hafenanlage angelegt wurde, befand sich der »Haupthafen« in HÚSAR. Ich kann mich noch

Der Info-Block mit den Öffnungszeiten sowie anderen Daten zu Sehenswertem, Unterkünften etc. befindet sich am Kapitelende auf Seite 135 ff.

gut an meinen ersten Kalsoy-Besuch erinnern. Von einem Hafen war nichts zu sehen, lediglich ein in die Jahre gekommener Betonkai ragte für ein paar Meter in den Kalsoyarfjord hinaus. Der Seegang war so stark, dass das Schiff nicht vertäut werden konnte; lediglich ein Mann am Kai hielt locker das Tau in den Händen, das ihm zugeworfen worden war. Dann ging es schön der Reihe nach: Jeder Passagier bekam seine eigene Welle. Wenn diese ihren Höhepunkt erreichte und das Boot längs des Kais hochkam, sprang man beherzt oder mit »seemännischem Nachdruck« von hinten, hinüber aufs trockene Land. Dem verbesserten Anlandungsplatz in Syðradalur verdankt die Insel nun einen sichereren, häufigeren, geregelten Fährbetrieb.

Wieder an Land, steigen wir nun in den Bus. Sieben Fremdlinge sind es heute, die ihre Plätze einnehmen. Obwohl sich die meisten nie zuvor gesehen haben, rottet man sich zusammen, als sei man eine eingeschworene Reisegruppe. Scheinbar hat jede/r die gleiche Idee: die Wanderung zum Kallur. Außer den wenigen Einheimischen verlässt dann auch keine/r vor Trøllanes den Bus.

Alle vier Siedlungen auf Kalsoy liegen auf der GESCHÜTZTEN OSTSEITE und wurden in den Jahren 1979–1985 durch Tunnel miteinander verbunden. Vorsicht ist geboten, wenn man in die dunklen Röhren fährt, da sich ab und zu eine Kuh hinein verläuft.

Mit seinen derzeit 43 Einwohnern ist **MIKLADALUR** Kalsoys »Metropole«, die mit nur noch 29 Einwohnern dennoch stark von der Abwanderung betroffen ist. Der mittelalterliche Siedlungsplatz wurde bereits im 13. Jh. erwähnt. Man sagt seinen Einwohnern eine besondere Kunstfertigkeit nach: Einige der bekanntesten färöischen MALER stammen aus Mikladalur.

Kalsoy ist ebenfalls durch SAGEN UND GESCHICHTEN ein Begriff. Eine der amüsantesten ereignete sich

## DIE SAGE UM DAS ROBBENMÄDCHEN

Man sagt, dass aus Selbstmördern, die sich ins Meer gestürzt haben, Robben werden. Doch einmal im Jahr, am Dreikönigstag, dürfen sie ihre Felle ausziehen und sich wie andere Menschen an Land aufhalten. Es wird erzählt, dass ein junger Mann aus Mikladalur davon erfuhr. Daher ging er an jenem Abend zum Strand, um das Schauspiel zu beobachten. Er versteckte sich hinter einem Felsen. Nachdem die Sonne untergegangen war, sah er eine Menge Robben angeschwommen kommen. Als sie an Land waren, zogen sie ihre Robbenfelle aus und legten diese am Strand ab. Nun sahen sie aus wie ganz normale Menschen. Der junge Mann erkannte unter ihnen ein außergewöhnlich schönes Mädchen. Er verliebte sich augenblicklich in sie, schlich sich zum Strand und nahm das Fell des Mädchens mit.
FORTSETZUNG SIEHE NÄCHSTE SEITE

## FORTSETZUNG: **DIE SAGE UM DAS ROBBENMÄDCHEN**

Als der Morgen graute, stieg jede/r wieder ins eigene Fell. Das Robbenmädchen jedoch fand sein Fell nicht wieder, und die Nacht neigte sich dem Ende zu. Kurz vor Sonnenaufgang bemerkte sie den Mann und flehte ihn an, ihr das Fell zurück zu geben. Aber er ging nach Hause, und so musste sie ihm folgen, denn er hatte ja das Fell dabei.

Er nahm sie zu sich und sie lebten zusammen. Er musste immer darauf achten, dass sie nicht des Fells habhaft würde. Er versteckte es daher in einer Kiste, die er sorgsam abschloss, und den Schlüssel trug er immer bei sich. Eines Tages war er hinausgerudert zum Fischen. Entsetzt stellte er fest, dass er den Schlüssel daheim vergessen hatte. Er legte sich mit aller Kraft in die Riemen, um so schnell wie möglich nach Hause zu gelangen. Als der Mann zu Hause ankam, sah er, dass die Frau verschwunden war. Aber ihre gemeinsamen Kinder saßen noch still da.

Sie war unterdessen zum Strand gelaufen, hatte sich das Fell angezogen und war dabei ins Wasser zu springen. Im selben Moment, als sie lossprang, tauchte das Robbenmännchen auf, mit dem sie vorher zusammen war, gemeinsam schwammen sie davon; all die Jahre hatte er dort auf sie gewartet. Immer wenn die Kinder, die sie mit dem Mann hatte, fortan hinunter zum Strand kamen, sah man eine Robbe im Wasser, die nach ihnen guckte. So vergingen viele Jahre, und der Bauer lebte alleine mit seinen Kindern.

Eines Tages wollten die Männer von Mikladalur zum Robbenfang. In der Nacht zuvor erschien die Robbenfrau dem Bauern im Traum und sagte ihm, dass sie nicht das Männchen töten sollten, das am Höhleneingang sitze, denn das sei ihr Mann. Sie sollten auch zwei Heuler in der Höhle verschonen, denn die seien ihre Söhne. Aber der Bauer beachtete den Traum nicht. Er ging mit den Männern und sie töteten alle Robben.

Als zum Abendessen die Robben gekocht wurden, gab es draußen einen fürchterlichen Lärm, und die Robbenfrau kam in Gestalt eines hässlichen Trolls herein und schrie wütend: »Hier liegt der Alte mit erhobener Nase, die Hände von Hárek und die Füße von Frederik – nun hast du deine Rache bekommen, und jetzt soll die Rache alle Männer von Mikladalur treffen. Ein Teil wird auf See bleiben und ein anderer Teil von den Vogelfelsen fallen, und das so lange, bis genügend Männer gestorben sind, um die Insel Kalsoy zu umringen, wenn sie sich an den Händen halten.« Als sie das gesagt hatte, ging sie hinaus und wurde nie wieder gesehen.

Leider war es nicht so selten, dass Unglücksnachrichten aus Mikladalur kamen, wo Menschen in den Bergen beim Vogelfang oder Schafehüten verunglückten. Allerdings sind das bisher noch nicht genug, als dass sie ausreichen würden, die Insel zu umringen.

Am Strand von Mikladalur steht heute das hübsche Standbild der Seehundfrau.

Mitte der 1980er Jahre. Es war die Zeit »zwischen den Jahren«, der Tunneldurchbruch zwischen Trøllanes und Mikladalur war zwar fertig, doch noch konnten keine Autos hindurchfahren. Als die »Dornenvögel« im TV übertragen wurden, machten sich die Fernseher-losen Einwohner von Trøllanes gemeinsam vor jeder Folge auf den Weg durch den Tunnel nach Mikladalur. Nach der Sendung ging es auf demselben dunklen Weg wieder zurück – von wegen, Fernsehen sei nicht kommunikativ!

Seit 1584 gibt es in **TRØLLANES** zwei Höfe, die unverändert bewohnt sind, heute noch von 15 Einwohnern. Wir kommen mit einer jungen Frau ins Gespräch, die zwar von hier stammt, aber nur in den Sommermonaten die Stadtwohnung in Tórshavn mit der Heimat tauscht. Ganz in der Hauptstadt zu leben steht nicht zur Debatte.

Auf der Rückfahrt erfahren wir noch ein Kuriosum. Neben den vier Autotunneln der Insel gibt es einen fünften, einen Seitentunnel zu jenem Tunnel, der Mikladalur mit Trøllanes verbindet. Dieser Nebentunnel führt ein paar hundert Meter nach Djúpidalur, wo man Schafzucht betreibt. Da es ansonsten sehr schwierig war, in dieses Tal zu kommen, nahm man den Weideplatz der Vierbeiner mit in das staatliche Tunnelbauprojekt auf.

Am frühen Abend besteigen wir die Fähre zurück nach Klaksvík.

## Information

◎ **NORÐOYA KUNNINGARSTOVA**, i Norðoyggjum, Nólsoyar Pálsgøta, FO –700 Klaksvík, Tel. 456 939, Fax 456 586, E-mail: info@klaksvik.fo, www.visitnordoy.fo. 1.5.–31.5. Mo –Fr 9–17 Uhr, 1.6.–31.8. Mo–Fr 9–17, Sa 10–12 Uhr, sonst Mo–Fr 9–16 Uhr.

## Sehenswert /Adressen

KLAKSVÍK

◎ **CHRISTIANSKIRKJAN**: geöffnet Mo–Fr 10–11 und 13–16 Uhr. Wertvolles Inventar, Glasmalerei und annähernd 1.000 Sitzplätze.

◎ **GALERIE LEIKALUND**: Klaksvíksvegur 84, FO–700 Klaksvík, Tel. 457 151, leikalund@leikalund.com, www.leikalund.com.

◎ **KULTURHISTORISCHES MUSEUM** NORÐOYA FORNMINNISSAVN, Klaksvíksvegur 86, FO–700 Klaksvík, Tel. 456 287 u. 456 939. Zur Sammlung gehört eine historische Apotheke, die bis 1961 in Funktion war.

SEGELTÖRN

◎ Die **TOUREN MIT DEM SEGLER** DRAGIN starten von Klaksvík aus. Information: Tel. 456 939 und 756 661, heh@olivant.fo, www.dragin.fo.

## Wanderungen

◎ **WANDERUNG 11**: Seite 221 ff.
◎ **WANDERUNG 12**: Seite 223 f.

Der Bus auf Kalsoy fährt nur selten. Wer den im Buch beschriebenen Anschlussbus 506 Richtung Trøllanes erreichen will, muss frühmorgens die erste Fähre nehmen. Die aktuellen Fahrpläne sind im Voraus prüfen.

## Unterkunft

Ferienwohnungen und Privatzimmer vermittelt das Touristenbüro.

◎ **KLAKSVÍK**: Hotel Klaksvík, Víkavegur 38, FO–700 Klaksvík, Tel. 455 333, Fax 457 233, hotelklaksvik@hotelklaksvik.fo, www.hotelklaksvik.fo. EZ 795 DKK, DZ 995 DKK.

Das ehemalige »Seemannsheim« präsentiert sich heute als solides Hotel mit 28 Doppelzimmern, fast alle mit Bad. Frühstück und Internet inklusive.

◎ **KLAKSVÍK CAMPING**: Fährt man von Klaksvík Richtung Norðoyri, kommt man zum Friedhof und einem kleinen Park (mit Bäumen). Oberhalb liegt der Kindergarten und nebenan eine Wiese (mit famoser Aussicht) für Zelte. Küche und sanitäre Einrichtungen sind vorhanden. Aktuelle Informationen gibt's im Touristenbüro.

◎ **SVÍNOY**: Übernachtung im Schulhaus in den Sommerferien; auch Zelten ist möglich. Info: Touristenbüro.

◎ **KALSOY**: Camping/Abstellfläche beim Fußballplatz in Mikladalur, Zugang zu sanitären Anlagen gegeben. Information: Touristenbüro Klaksvík.

## Essen und Trinken

IN KLAKSVÍK

◎ **HOTEL KLAKSVÍK**, Víkarvegur 59, Tel. 455 333, www.hotelklaksvik.fo. Hier findet man noch einheimische Gerichte auf der Speisekarte.

◎ **FRIÐA**, Nólsoyar Páls gøta 7, Tel. 273 344, frida@frida.fo, www.frida.fo. Von Einheimischen wie Touristen geschätzt, bekannt für leckere hausgemachte Speisen.

◎ **RESTAURANT HEREFORD**, im Klaksvíksvegur 45, Tel. 456 434, www.hereford.fo. Di–So 18–23 Uhr. Besonders für Fleischesser interessant. Gehobenes Preisniveau. Uriges Ambiente, von außen unscheinbar.

◎ **CAFÉ BAKARÍÐ HJÁ JÓRUN**, Klingrugarður 6, Tel. 455 314, hjajorun@gmail.com/

◎ **ROYKSTOVAN**, Klaksvíksvegur 41, Tel. 456 125. Täglich geöffnet. Als Pub eher etwas fürs Feierabendbier.

◎ **PIZZA 67**, Klaksvíksvegur 67, Tel. 456 767. Am Wochenende verlängerter Nachtbetrieb bis 6 Uhr.

IN VIÐAREIÐI

◎ **MATSTOVAN** HJÁ ELISABETH, Tel. 451 275 und 451 093 und 222 450, jeny@olivant.fo/ 15.5.–31.8. Mo–So 12–21 Uhr. Hier stehen noch Papageientaucher und Lamm auf der Speisekarte. Wer zuvor anruft, erfährt, was Elisabeth aktuell im Kochtopf hat.

## Versorgung

Die Aufzählungen erfolgen jeweils in alphabetischer Reihenfolge.

◎ **ARZT**: Klaksvík.
◎ **BANK/GELDAUTOMAT**: Klaksvík.
◎ **LEBENSMITTEL**: Húsar, Hvannasund/Norðdepil, Kirkja, Klaksvík, Svínoy, Viðareiði.
◎ **POSTÄMTER**: Kirkja (auf Fugloy), Klaksvík, Svínoy.

 Klaksvík: Leser spürten in dem Gewerbegebiet gleich hinter dem Tunnel und in Nachbarschaft zum Toyota-Händler einen Bäckerei-Großbetrieb mit Direktverkauf auf.

## ZU BESUCH AUF KALSOY (RÜCKBLENDE INS JAHR 2000)

Bei Kaffee und köstlichem Gebäck sitzen wir in der Wohnküche von Østreøs. Für die Kinder sind wir die Attraktion schlechthin, Babypuppe und Vogelfedern fliegen rasch in die Ecke, lieber mal hören, was die Fremden zu erzählen haben. – Wir sind allerdings genauso gespannt auf die Themen, die die Menschen hier bewegen.

Während uns die Mutter nun süße Pfannkuchen auf die Teller lädt, erfahren wir, dass sich zur Zeit alles um den Vogelfang dreht. Über die gute Ausbeute, über das elektrische Entfederungsgerät, das der alten Bäuerin in Geschwindigkeit und Qualität trotzdem keine Konkurrenz machen kann. Das Meiste ist hier Subsistenzwirtschaft: Papageitaucherfedern eignen sich gut für Bettfüllungen, die Flügel als Tischbesen – und gebraten schmeckt das Fleisch hervorragend. Betrübt ist man über den Verbleib der Schafwolle. Billige Importwolle hat die Produktion vielerorts unrentabel gemacht, so dass ein Teil nutzlos draußen verrottet. (Nachtrag: Neugründungen wie »Sirri« haben seitdem einiges zum Positiven verändert, siehe Seiten 164 und 72.)

◎ **TANKSTELLE**: einzig in Klaksvík.

## Transport/Weiterreise

AB KLAKSVÍK
◎ **FÄHRE** Linie 56: Klaksvík – Syðradalur mit »M/F Sam«. 4–8 x täglich, Dauer 20 Minuten. Ticket 45/25 DKK. Tel. 343 030, www.ssl.fo.
◎ **BUS** 504 nach Kunoy.
◎ **BUS** 500 nach Viðareiði.
◎ **TAXI KLAKSVÍK**: Tel. 590 000.

AB SYÐRADALUR
◎ **BUS** 506 nach Trøllanes.

NACH SVÍNOY UND FUGLOY
◎ **FÄHRE** Linie 58: Hvannasund – Svínoy – Kirkja – Hattarvík mit »M/S Ritan«. 1–3 x täglich, Dauer 1 Stunde. Tel. 293 105 u. 293 118, www.ssl.fo.

**Die Blockflöte von Kalsoy** ▲

# Nólsoy

Vom »Hotel Føroyar« in Tórshavn aus kann man häufiger das faszinierende FARBENSPIEL bewundern, wenn die Abendsonne Nólsoy in goldenes Licht taucht. Nólsoy, das schützend vor der Hauptstadt liegt, hielt – zum eigenen Leidwesen – schon viele schwere Brecher vom internationalen Fährhafen ab (Karte siehe Seite 75).

Das einzige Dorf auf Nólsoy, das den gleichen Namen trägt und sich direkt an der Landenge der Insel befindet, bietet heute 214 Bürgern ein Zuhause; 2007 waren es noch über 250. 2005 wurde Nólsoy von Tórshavn eingemeindet.

IM ÜBERBLICK

◎ **GRÖSSE**: 10 km²
◎ **MAX. LÄNGE**: 8,7 km
◎ **MAX. BREITE**: 2,3 km
◎ **HÖCHSTE ERHEBUNG**: Eggjarklettur, 372 m
◎ **EINWOHNERZAHL**: 214
◎ **KARTEN**: Topografische Kartenblätter 1 : 20.000: 508, 509

Auf dem Ortsplan am Kai kann man sich einen ersten Überblick über die örtlichen Gegebenheiten machen. Das weiße WALKNOCHENTOR wurde für den Besuch des dänischen Königs *Frederik VIII.* 1907 errichtet. Als der Torsockel im Lauf der Jahre verrottet war, renovierte und stellte man es neu auf, bevor Königin Margrethe II. ihre Stippvisite auf Nólsoy 1984 ankündigte. Beim Tor erinnert eine Steintafel an eine KURIOSE RUDERPARTIE von 1986. Um für ein Schwimmbad im Dorf zu sammeln, ruderte *Ove Joensen* mit dem Boot in 41 Tagen von Nólsoy zur Kopenhagener Langelinie. Doch zur Finanzierung reicht das gesammelte Geld bisher nicht. Wer die Schwimmbad-losen Nólsoyer unterstützen möchte, komme im August zum OVASTEFNAN-Fest, das an die sportliche Werbeaktion erinnert und dessen Erlös ins »Projekt Schwimmbad« fließt. Jenes Ruderboot »Diana Victoria« ziert übrigens im Keller des Touristenbüros eine Ausstellung über Ove Joensen.

## Unterwegs auf Nólsoy

Schlägt man die Dorfstraße nach links ein, führt der Weg durch beschauliche Gässchen und zur Kirche von 1863 – Interessenten erhalten den Schlüssel im Supermarkt. Auffällig sind die Metallplatten, die bei einigen Häuschen vor der Tür liegen und von alten ÖFEN stammen, wie man sie im 18. Jahrhundert verwendete; befeuert wurden sie überwiegend mit Torf. Die alten Öfen, die nicht mehr gebraucht wurden, baute man auseinander, um sie zu Türvorlegern umzufunktionieren.

Zu Nólsoy beachten Sie bitte die Übersichtskarte auf der vorderen inneren Umschlagseite oder auf Seite 75.

## NATIONALHELD POUL POULSEN ALIAS NÓLSOYAR PÁLL

Der berühmteste Nólsoyer ist ohne Zweifel Poul Poulsen. Im Jahr 1766 erblickte Páll das Licht der Welt. Seine Ausbildung zum Bootsbauer, Navigator und schließlich Kapitän verdankte er dem damals wichtigen Schmuggelstützpunkt Tórshavn. Hier wurden Waren durch Umgehung des strengen englischen Handelsmonopols zwischen England und Nordamerika umgeschlagen. Berührt durch die Weltpolitik, erreichten 1800 die Ideen der Französischen Revolution die Färöer, als Páll von seinen Seereisen heimkehrte: Er hatte zwischenzeitlich die Revolution in Frankreich erlebt und vieles an seinem künftigen Wirken sollte damit zu tun haben, die Heimat von den dänischen Beamten und vor allem vom Handelsmonopol zu befreien.

So baute er aus einem Wrack ein neues, hochseetüchtiges Schiff, die »Royndin Fríða«. Die erfolgreiche moderne Konstruktion trug dazu bei, den Färingern wieder mehr Selbstbewusstsein zu verleihen: Denn neben der Fischerei, die Páll damit forcierte, war dies seit der Wikingerzeit das erste färöische Schiff, das Handelsfahrten in andere Länder unternehmen konnte. Man kann es als Segen für die färöische Bevölkerung bezeichnen, als Páll von einer seiner Handelsfahrten sogar Impfstoff gegen Pocken mitbrachte.

Den Nutznießern des dänischen Monopolhandels hingegen, die den färöischen Warenaustausch kontrollierten, war Páll natürlich ein Dorn im Auge, da er vehement für den Freihandel eintrat und öffentlich die Aufhebung des Handelsmonopols forderte. 1807 wollte er seine Absichten den Verantwortlichen in Kopenhagen unterbreiten. Der Ausbruch des englisch-dänischen Krieges machte ihm jedoch einen Strich durch die Rechnung und zog die kleinen Inseln sogar mit ins Kriegsgeschehen. Von ungebrochenem Kampfgeist für sein Land angetrieben, wollte Páll etwas gegen den kriegsbedingten Versorgungsmangel seiner Landsleute unternehmen. Bei dem Versuch, Getreide nach Hause auf die Inseln zu bringen, ging die »Royndin Fríða« samt Besatzung aus ungeklärten Gründen unter. Viele Geschichten ranken sich seither um die Person des Nationalhelden Nólsoyar Páll.

Auf dieser Route erreicht man das nördliche Dorfende, dort wo sich der Großteil des KULTIVIERTEN Landes anschließt.

Folgt man der Dorfstraße dagegen in Richtung Süden, trifft man am Ortsausgang auf eine kleine Betonbrücke. Hier, an der engsten Stelle Nólsoys, kommt es nicht selten vor, dass die starken Herbst- und Winterstürme die TOBENDE SEE über die Insel treiben. Beredtes Zeugnis sind die Gesteinstrümmer der vor Jahren eingestürzten natürlichen Brücke, die den Nord- und Südteil der Insel miteinander verbunden hatte. Unterhalb der Straße steht am Hafen die Filetfabrik, die als Folge der Wirtschaftskrise Anfang der 1990er Jahre geschlossen wurde.

Die Siedlung Nólsoy lebt überwiegend vom Fischfang, der sich meist in unmittelbarer Nähe zur Insel abspielt. Inzwischen fand sich eine neue Nutzung für die Halle, indem sie dem expandierenden AQUAKULTUR-Gewerbe als AUFZUCHTSTATION für Forellen und Lachse dient.

Etwa 400 m weiter erreicht man die kaum sichtbaren Überreste des Hofes KORNDALUR aus dem 14. Jahrhundert. Die Tochter eines schottischen Königs soll hier einst gewohnt haben. Im Streit mit ihrem Vater war sie mit Mann und Kind aus der Heimat auf die Färöer geflohen. Als Jahre später der Vater seine Tochter aufsuchte, stellte sich diese ihm mit ihrem Kind in den Weg und verlangte, das Kind und sie zu erschlagen, bevor er dem Ehemann Gewalt zufügen wolle. Von dieser Geste gerührt, versöhnte sich der König mit ihr. Die Ruine ist übrigens der Ausgangspunkt für die Wanderung zur Südspitze Nólsoys (siehe Seite 225 ff.).

Die 10 km$^2$ große Insel ist vor allem auch für ihr **VOGELLEBEN** bekannt. Die Ornithologen interessieren sich besonders für die angeblich größte STURMSCHWALBENKOLONIE der Erde, die sich hier »häuslich« niedergelassen hat. Diese NACHTAKTIVEN VÖGEL, die nur bei Dunkelheit von der offenen See heranfliegen, um ihre Jungen in der Bruthöhle mit Nahrung zu versorgen, machen eine nächtliche Vogelexkursion zu einem unvergesslichen Erlebnis.

Auch für den fotogenen PAPAGEITAUCHER ist Nólsoy ein optimaler Lebensraum. Für Kurzzeit-Urlauber sowie Transitreisende, die keine Zeit haben, die »Papageitaucher-Insel« Mykines zu besuchen, bietet sich der Tagesausflug auf die Insel Nólsoy als reelle Alternative an. Die Passage mit dem mehrmals täglich zwischen Tórshavn und Nólsoy verkehrenden Passagierschiff »M/F Ternan« dauert nur 20 Minuten. Im Jahr 2015 soll Nólsoy endlich ein eigenes Schiff nur für den Fährbetrieb mit Tórshavn erhalten.

Offiziell gilt Nólsoy übrigens als autofrei, wobei einige Insulaner motorisiert in Nólsoy-Ort unterwegs sind.

## Information

◉ **NÓLSOYAR KUNNINGARSTOVA**, FO–270 Nólsoy, Tel. 327 060, info@vistinolsoy.fo, www.visitnolsoy.fo. 1.6.–31.8. täglich 10–17 Uhr, sonst werden Anfragen via E-mail erbeten. Es werden Unterkünfte und die Teilnahme an Naturtrips vermittelt.

## Sehenswertes

◉ Als Hobby-Ornithologe sowie Präparator hat Jens Kjeld Jensen eine stattliche **SAMMLUNG AN AUSGESTOPFTEN HEIMISCHEN VÖGELN** geschaffen. Man kann die Werkstatt besichtigen und eigentlich auch prä-

*Das Wetter hat es so entschieden, unsere schönsten Nólsoy-Aufnahmen kommen aus dem Schwarz-Weiß-Bestand: am Hafen von Nólsoy das Tor aus Walkieferknochen, unten Nachwuchs-Wikinger in stilechter Bekleidung in Aktion* ▸

parierte Vögel kaufen. Allerdings dürfen ausgestopfte Tiere NICHT NACH DEUTSCHLAND mitgenommen werden. – Wer Interesse am Geschmack des färöischen »Hähnchens« bekundet, der/m mag der gelernte Koch vielleicht sein Lieblingsrezept verraten. 2012 erhielt Jensen, der sich auch auf anderen Feldern der Biologie gut auskennt, eine AUSZEICHNUNG für seine Verdienste um die Natur auf den Färöern.

Die Ausstellung findet man im letzten, dem gelben Haus Richtung Norden an der oberen Dorfstraße.

◉ ORGANISIERTE TOUREN: Der Hobby-Biologe Jens Kjeld Jensen bietet nächtliche Wanderungen inklusive Führung zur Sturmschwalbenkolonie an. Tel. 327 064, nolsoy@gmail.com, www.jenskjeld.info. 1.6.–15.9.

Wer sich in der Hauptstadt aufhält, kann die komplette Tour (einbezogen Fährüberfahrt sowie Übernachtung in der Kaffistovan) bei Jensen persönlich oder in der Kaffistova buchen.

◉ HEIMATMUSEUM: HUSET VIÐ BRUNN, FO–270 Nólsoy. Besuch bei Anfrage ans Touristenbüro möglich.

## Wanderung

◉ WANDERUNG 13: Seite 225 ff.

## Unterkunft

◉ KAFFISTOVAN, FO–270 Nólsoy, Tel. 327 175 und 327 025. Preis pro Bett 350 DKK (200 bei mitgebrachtem Schlafsack). Gemeinschaftsbad.

Die Pension liegt im Ortskern. Nur 8 Betten. Ganzjährig vorbestellen.

◉ Wer sich für eine **FESTE BLEIBE** auf Selbstversorger-Basis auf Nólsoy interessiert, regelt das im Kontakt mit dem Touristenbüro, das über die freien Objekte informiert ist. Für ein Haus sind 600–900 DKK zu veranschlagen. Über den Sommer (1.6.–1.10.) hergerichtet ist eine **CAMPING**-Fläche: Information zum »Nólsoy Campsite« ebenfalls via Touristenbüro.

## Versorgung

◉ ESSEN UND TRINKEN: Kaffistovan (s.o.), Tel. 327 175. In der kleinen Stube trifft man meistens auf Dorfbewohner, mit denen man rasch ins Gespräch kommt. Als Spezialität gilt GEBRATENER FISCH.

◉ Grundlegend für die Versorgung der Insulaner mit Alltagsgütern ist der Laden **MATVØRUBÚÐIN**. Mo–Fr 9–14 und 16–17.30 Uhr, Sa 9–12 Uhr. Mo, Mi und Fr ist eine Postfiliale von 11 bis 12 Uhr geöffnet.

## Transport / Weiterreise

◉ FÄHRE Linie 90: Nólsoy – Tórshavn noch mit »M/F Ternan«, ab 2015 mit neuer Fähre. 5–7 x täglich, Dauer 20 Minuten. Ticket retour 45/25 DKK. Tel. 343 030, www.ssl.fo.

# Hestur

Der schönste Blick auf Hestur bietet sich auf der Str. 54 von Tórshavn nach Velbastaður / Kirkjubøur. 2 km vor Kirkjubøur befindet sich der Fähranleger Gamlarætt, der zwar nicht von Schönheit gezeichnet ist, dafür immerhin die langwierige Anreise nach Hestur und Sandoy – ursprünglich ab Tórshavn – um einiges verkürzt hat und Schlechtwetter bzw. unruhiger See trotzt (Karte siehe Seite 75). Ob der erwogene unterseeische Tunnel nach Sandoy eine Ein-/Ausfahrt ab/nach Hestur erhielte, ist – in Anbetracht der wenigen Einwohner – ziemlich vage.

Entsprechend bezaubernd ist die umgekehrte Perspektive, die sich ergibt, klettert man den am südlichen Ortsende beginnenden, alten Pfad an der steilen Nordostflanke des 212 m hohen Navirnar empor. Im Gipfelbereich verteilen sich mehrere Seen auf einem großen Plateau. Die Südwestflanke Hesturs fällt fast senkrecht ins Meer ab.

## IM ÜBERBLICK

- **GRÖSSE**: 6 km²
- **MAX. LÄNGE**: 5,3 km
- **MAX. BREITE**: 1,5 km
- **HÖCHSTE ERHEBUNG**: Doppelgipfel Múlin und Eggjarrók, je 421 m
- **EINWOHNERZAHL**: 20
- **KARTE**: Topografisches Kartenblatt 1 : 20.000: 408

Die ergiebigen Fischgründe im SKOPUNARFJORD sind schon seit langem eine wichtige Nahrungsgrundlage für die Dorfbewohner von Hestur. 1919 versanken hier jedoch zwei Fischerboote, was den männlichen Bevölkerungsanteil auf der Insel um ein Drittel sinken ließ.

Im späten Mittelalter hatten bereits Piratenangriffe die Einwohnerzahl in schmerzvoller Weise dezimiert. Doch einmal setzten sich die Menschen erfolgreich zur Wehr: Alte Gräber französischer Piraten, die die Insulaner damals mit Steinen erschlugen, finden sich bei der Kirche.

Die Brandung hat mehrere Höhlen in die schwer zugängliche Steilküste hinein erodiert. Wer das spannende VOGELKLIFF erleben möchte, der/m bietet sich in den Sommermonaten die Gelegenheit, an einem romantischen Törn mit dem **SEGLER** »Norðlýsið« ab Tórshavn teilzunehmen (siehe Seite 144).

Doch die Fahrt an Hesturs Westküste entlang kann einiges mehr bieten als unzählige Vogelscharen. Bei ruhiger See steuert der Segler nämlich in die Höhlen hinein und veranstaltet ein kleines Konzert. Die GROTTENKONZERTE sind unvergessliche AKUSTISCHE ERLEBNISSE. Mit etwas Glück streckt auch noch ein SEEHUND die Nase aus dem Wasser.

Zu Hestur beachten Sie bitte die Übersichtskarte auf der vorderen inneren Umschlagseite oder auf Seite 75.

Wenn die Sonne in den Wintermonaten nur knapp über den südlichen Horizont blickt, kommt für die gerade mal 20 Einwohner Hesturs in der Leelage die SCHATTIGE JAHRESZEIT. In dem beschaulichen Ort mit seiner Kirche (1910, restauriert 2006 / 07) fällt ein größeres Gebäude rasch ins Auge: Ja, wovon die Nólsoyer noch träumen, das haben sich die Hesturer bereits in den 1970er Jahren beschert: eine SCHWIMMHALLE.

## Wanderung

Wer die verlassene Siedlung HÆLUR besuchen mag, folge dem Weg durch die Indmark in südöstlicher Richtung. Nachdem man die tiefgrünen Felder des kultivierten Landes hinter sich gelassen hat, geht der Weg bald in einen Pfad über, der um die Südspitze der Insel herum sowie vorbei am LEUCHTFEUER SKÚTIN schließlich Hælur erreicht. Von hier aus hat man einen guten AUSBLICK NACH SANDOY. Die Insulaner gaben Hælur auf, als sich der Schwerpunkt ihres Broterwerbs von der Landwirtschaft zum Fischfang hin verlagerte, der von der Ostküste aus leichter möglich war.

## Segeltörn

◉ Der Trip mit dem **SEGLER NORÐLYSID** führt an die Südküste Hesturs. Der unter roten Segeln fahrende Kahn mit blauem Rumpf startet seine Touren vom Osthafen (Eystaravág) der Hauptstadt aus. Norðlysið, FO –100 Tórshavn, Telefon 218 520, info@nordlysid.com, www.nordlysid.com. Buchung über das Touristenbüro der Hauptstadt (siehe »Unterkunft«).

## Unterkunft

◉ Besucher können im ehemaligen **GEMEINDEHAUS** übernachten (ehemalig, da Hestur heute zur Kommune Tórshavn gehört). Information vor der Anreise via Touristenbüro Tórshavn: Tel. 302 425, torsinfo@torshavn.fo, www.visittorshavn.fo.

## Transport / Weiterreise

Obgleich Hestur zu den autofreien Inseln zählt, verkehrt ab Gamlarætt auf Streymoy die Autofähre »M/F Teistin« über den Hestfjord: Hestur ist nur Zwischenstation bei Bedarf – die Fähre nimmt anschließend Kurs nach Skopun auf Sandoy.
◉ **FÄHRE** Linie 60: Gamlarætt – Hestur – Skopun / Sandoy mit »M/F Teistin«. Zwar verkehrt das Schiff täglich 1–2 x via Hestúr, doch ist für das Anlegen eine telefonische Anmeldung erforderlich. Fahrtdauer 15 Minuten, Ticket retour 45/25 DKK. Tel. 293 103, www.ssl.fo.

# Koltur

Koltur besitzt wohl eine der skurrilsten Inselformen auf den Färöern. Während der südwestliche Teil sehr flach ist und intensiv landwirtschaftlich genutzt werden kann, türmt sich das kleine Eiland an der Nordostseite am Kolturshamar 477 m auf. Koltur war bis vor Kurzem die kleinste bewohnte Insel der Färöer (Karte siehe Seite 75).

Nicht nur in der geografischen Lage, auch im Namen deutet sich eine enge Verbindung zu der Nachbarinsel Hestur (Pferd) an: *Koltur* gilt als Lehnwort aus dem Englischen: *colt* (Fohlen). Andere Quellen stufen Koltur dagegen als Bezeichnung für Berg ein, was sich aus dem Altnordischen ableitet.

## IM ÜBERBLICK

- **GRÖSSE**: 2 km$^2$
- **MAX. LÄNGE**: 4 km
- **MAX. BREITE**: 1 km
- **HÖCHSTE ERHEBUNG**: Kolturshamar, 477 m
- **EINWOHNERZAHL**: 1 (nur stat.)
- **KARTE**: Topografisches Kartenblatt 1 : 20.000: 408

Von 1994 an wurde auf der zwischenzeitlich verlassenen Insel eines von zwei Gehöften wieder bewirtschaftet. *Bjørn* und *Lükka Patursson* zogen aus einer Mischung romantischer und traditioneller Gefühle von Kirkjubøur auf die einsame Insel und teilten sich mit mehr als hundert Schafen, schottischen Hochlandrindern, Hunden, Gänsen sowie ab und zu einigen Touristen ihr kleines Reich. Doch nach gut 15 Jahren war Zeit für eine Veränderung. Lükka ist zwar noch auf Koltur gemeldet, während Bjørn einen Job in Tórshavn hat und dort gemeldet ist. Die Insel ist aber verlassen.

Der Landwirt Petur Patursson, der in einem Beitrag von »mareTV« 2009 so idyllisch in naturromantischen Einstellungen zu sehen war, hat niemals dauerhaft auf Koltur gelebt, sondern war nur zum Bestellen seiner Wiesen.

Vor 160 Jahren lebten auf dem engen Fleckchen Erde immerhin 42 Insulaner. Bis in die 1960er Jahre waren es zwei Familien, die sich aber spinnefeind waren. Mein Freund David bekommt den unverkennbaren Schalk in die Augen, wenn er mir davon erzählt, wie er als kleiner Junge mit dem kleinen Tankschiff des Großvaters nach Koltur kam. »Wenn du mal wieder auf Koltur warst, um dem einen Bauern Heizöl zu liefern, konntest Du unmöglich am selben Tag die Nachbarsfamilie mit Öl beliefern.«

Heute sind alle willkommen, die die Insel besuchen möchten, was jedoch an der fehlenden Unterkunft auf Koltur scheitert; denn ein Kurzbesuch ist laut der aktuellen Beförderungsregeln im Helikopterverkehr nicht möglich.

Zu Koltur beachten Sie bitte die Übersichtskarte auf der vorderen inneren Umschlagseite oder auf Seite 75.

Heimat der Paturssons ist der Hof des ehemaligen Bootsbauers Niclas Í Koltri. Das Paar hat sich um traditionelle landwirtschaftliche Strukturen bemüht, die anderswo auf den Inseln in Vergessenheit geraten sind, so zum Beispiel die PULTEBEETE, eine Art Terrassierung, um Staunässe im Boden zu vermeiden. Koltur ist heute Teil des Nationalmuseums und es wird diskutiert die Insel zum Nationalpark zu machen. Meiner Meinung nach wäre ein Biosphärenreservat eher angebracht, um die landwirtschaftliche Nutzung der Kulturlandschaft auch in Zukunft zu gewährleisten und somit das Landschaftsbild zu erhalten.

Der Hof HEIMI Í HÚSI ist das historische Juwel der Insel. Die Aufgabe und die periphere Lage dieses Hofs brachten es mit sich, dass Heimi í Húsi sein altertümliches Erscheinungsbild erhalten konnte, das EINZIGARTIG auf den Färöern ist. In Zusammenarbeit mit Archäologen und Ethnologen war hier ein »lebendes« Museum im Gespräch, aber das Projekt stockt schon seit vielen Jahren.

Dass es sich um eine außergewöhnliche Insel handelt, sprach sich jedenfalls bis zur dänischen Königin Margrethe II. herum, die es sich nicht nehmen ließ, bei ihren beiden Färöer-Besuchen 1995 und 2010 einen Abstecher nach Koltur zu unternehmen.

### AN-/WEITERREISE
◎ Per Helikopter ab Vágar-Flughafen und Tórshavn Mi, Fr und So je 2 x, 1.6.–31.8. auch Mo. Ohne Unterkunft derzeit nicht möglich. Anfrage Bootstransfer via Touristenbüro.

# Sandoy

Sandoy ist die lieblichste aller Färöer-Inseln. Die Gletscher der letzten Eiszeit haben hier ganze Arbeit geleistet und eine sanft hügelige Landschaft geschaffen. An der Westküste gibt es einige Steilabhänge und in der Bucht von Sandur den einzigen weißen Sandstrand der Färöer. Der vielerorts sandige Boden verlieh der Insel auch ihren Namen (Karte siehe Seite 149).

IM ÜBERBLICK
- ◎ **GRÖSSE**: 111 km$^2$
- ◎ **MAX. LÄNGE**: 24 km
- ◎ **MAX. BREITE**: 8,5 km
- ◎ **HÖCHSTE ERHEBUNG**: Tindur, 479 m
- ◎ **EINWOHNERZAHL**: 1.230
- ◎ **KARTEN**: Topografische Kartenblätter 1 : 20.000: 406, 407, 506, 507

## Route 10: von Skopun nach Dalur

IM ÜBERBLICK
- ◎ **STRECKENVERLAUF**: Skopun – Sandur (8 km) – Skálavík (9 km) – Húsavík (7 km) – Dalur (5 km)
- ◎ **STRECKENLÄNGE**: 29 Kilometer
- ◎ **TRANSPORT**: Bus 600 fährt von Skopun nach Skálavík, Bus 601 von Skopun nach Dalur.
- ◎ **ABSTECHER**: ab Sandur nach Søltuvík, Skarvanes und, bei Bedarf, zur Nachbarinsel Skúvoy.
- ◎ **PROFIL**: Die Inselroute erschließt alle Ortschaften. Der historisch bedeutsamste Ort ist Sandur; dort startet auch die Fähre zur Nachbarinsel Skúvoy. Mehrere Wege und Wanderpfade bieten sich für angenehm leichte Touren über die Insel an.
- ◎ **RADFAHRER-TIPP**: Sandoy eignet sich bestens zum Radeln. Die 35 Straßenkilometer sind – keinen häufigen Gegenwind vorausgesetzt – an einem Tag mühelos zu meistern.

Wer nach Sandoy reist, kommt unweigerlich zunächst nach SKOPUN, dem Verbindungshafen nach Streymoy. Skopun ist noch keine 200 Jahre alt. Sein schnelles Wachstum verdankt er zum Einen seiner Funktion als Hafenort, zum Anderen der expandierenden Fischereiindustrie auf den Inseln. Die Bedeutung als Fährhafen könnte er verlieren, falls der derzeit diskutierte Tunnel hinüber nach Streymoy verwirklicht wird.

Über die ERSTE färöische Straße, die 1915 entstand, geht es durch das liebliche Traðatal in Richtung Süden, vorbei am Ufer des Sandsvatn. Mit der Idylle könnte es aber vorbei sein, sofern ein anderes Großprojekt auf der Insel umgesetzt wird, nämlich hier einen neuen Flughafen zu bauen. Durch den Tunnel zwischen Stremoy

◀ Wie aus einer längst vergangenen Zeit: verlassener Hof Heimi í Húsi auf Koltur, zur Linken der markante Berg auf Hestur, im Hintergrund die Küste von Sandoy

und der Flughafen-Insel Vágar ist dieses Vorhaben aber wieder ein wenig in die Ferne gerückt.

Wir erreichen **SANDUR**, mit derzeit 518 Einwohnern die größte Ansiedlung auf Sandoy. Die Umgebung von Sandur war eins der ersten Siedlungsgebiete der Wikinger – die Besiedlung wird auf das Jahr 825 datiert. Der Ort liegt auf einer Halbinsel zwischen den zwei Buchten GRÓTVÍK und SANDVÁGUR. Der leicht sandige Boden, der hier dominiert und sowohl dem Ort als auch der Insel seinen Namen gab, eignet sich SEHR GUT ZUM KARTOFFELANBAU. In der ersten Hälfte des 19. Jahrhunderts baute man die innovative Pflanze intensiv im Umland von Sandur an – die traditionellen Getreideanpflanzungen reichten nicht an die guten Erträge der Kartoffel heran. Die Bevölkerung vermehrte sich, Sandur war für eine Zeitlang eine der größten färöischen Siedlungen.

Im alten Ortsteil í Koytu widmet sich ein HEIMATMUSEUM den Lebensumständen der Bauern und zeigt Gerätschaften, daran anknüpfend, dass sich das flache Land auf Sandoy seit jeher besonders gut für die Landwirtschaft eignete.

In unmittelbarer Nähe zum Meer steht die hübsche KIRCHE. Sie ist das geschichtsträchtigste Gebäude Sandurs. Bei Umbauarbeiten wurden die SPUREN FÜNF WEITERER KIRCHEN gefunden, die auf denselben Fundamenten wie das heutige Gotteshaus basierten. Die älteste war eine norwegische Stabkirche, die vor ungefähr 1.000 Jahren hier stand. Vom Hafen aus verkehrt die Fähre zur Nachbarinsel Skúvoy.

Wer sich mitten im Nordatlantik nach weißem Sandstrand sehnt, ist in Sandur bestens aufgehoben. Ein 600 m breiter **SANDSTRAND MIT DÜNENLANDSCHAFT** macht Sandoy zu einer einzigartigen unter den Inseln. Bei kühlem Nebelwetter wagen wir es allerdings nur bis zu den Knöcheln ins Wasser.

Eine schmale, einspurige Straße führt an der Steilküste westlich des Sees Gróthúsvatn zu der einsamen Bucht Søltuvík. Hier wurden 1993 die ersten Ratten auf Sandoy entdeckt. Damit ging auch hier die Nager-freie Ära zu Ende. Ratten greifen schwerwiegend in den ökologischen Haushalt der Vogelwelt ein.

9 Kilometer sind es von Sandur bis nach Skálavík. Nach 3 km führt ein Stich nach Skarvanes an die Westküste, wo noch acht Menschen leben. Zurück auf der Straße 30, verteilen sich beidseits der Straße riesige FINDLINGE, Zeugen der letzten Eiszeit.

Verstreut liegen die bunten Häuser **SKÁLAVÍK**s über das weite Land an der Ostküste von Sandoy. Aus diesem Dorf stammt der Schriftsteller Hans Jacob Jacobsen (1907–1987), der unter seinem Pseudonym Heðin Brú bekannt wurde. Er arbeitete in der Heimat als Fischer und Bauer, bevor er in Kopenhagen studierte. Mit dem Roman »Lognbra« (Luftspiegelung)

Mehr über den Schriftsteller H.J. Jacobsen alias H. Brú auf Seite 42.

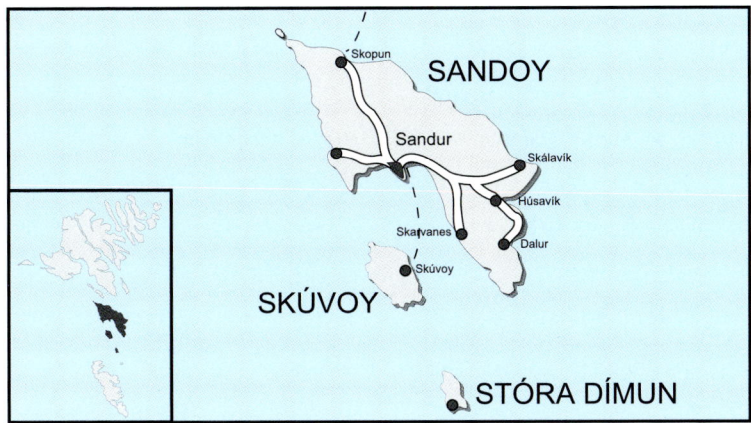

begann 1930 seine LITERARISCHE KARRIERE. Sein bekanntester Roman »Feðgar á ferð« (Vater und Sohn unterwegs) wurde auch ins Deutsche übersetzt.

Wie üblich befand sich die ORTSKIRCHE früher nahe des Ufers. Nachdem sie immer wieder durch Stürme stark beschädigt worden war, entschied man sich Ende des 19. Jahrhunderts, ein neues Gotteshaus in respektvollem Abstand zum Meer zu errichten.

Von Skálavík aus führt ein kleiner Weg in den Nordosten Sandoys, über das Núpsátal bis ins Tal der Breiðá. Wer die EINSAMKEIT liebt, kann ein 100 Jahre altes Haus in Norðasti Hagi mieten.

Wer nicht über den Heiðafjall nach Húsavík wandern will, muss wieder zurück zur Kreuzung am See Lítlavatn. Der gesamte Süden von Sandoy gehört zur Gemeinde **HÚSAVÍK**.

Mitten im Ort Húsavík erstreckt sich ein Sandstrand inklusive einer Zeltfläche, die allerdings windanfällig ist. In dem verschlafenen Ort mit der Kirche von 1863 lebte im 15. Jahrhundert die damals reichste Frau der Färöer, um die sich viele Geschichten ranken.

Die Ruinen ihres Gehöfts Heimi á Garði sind noch zu sehen. Am Hafenkai befinden sich Kunstobjekte, die kein Geringerer als der Künstler Tróndur Patursson (siehe Seite 40 f.) geschaffen hat.

Der südlichste Ort ist **DALUR**. Dieser kleine Flecken hinkte der Einwicklung immer ein wenig hinterher: 1957 wurde die Kirche gebaut, 1960 die Straße nach Húsavík.

Wen die Wanderlust packt, kann über einen Feldweg zur südlichsten Erhebung laufen, dem 251 m hohen NAKKUR; oder über den ALTEN BINNENWEG nach Skarvanes sowie von dort nach Sandur bzw. nach Húsavík.

## Information

◎ **SANDOYAR KUNNINGARSTOVA**, FO–210 Sandur, Telefon 361 836 sowie 222 078, info@visitsandoy.fo, www.visitsandoy.fo. 15.4.–15.9. Mo–Fr 9–12 und 13–16 Uhr, sonst Mo–Fr 13–16 Uhr.

## Sehenswert / Adressen

◎ **HEIMATMUSEUM** SANDS BYGDASAVN, FO–210 Sandur, Tel. 361 836 und 222 078. 1.6.–31.8. täglich 14–16 Uhr, sonst nach Absprache mit dem Touristenbüro.
◎ **KUNSTGALERIE** LISTASAVNIÐ Á SANDI, Tel. 211 924 und 298 361. Besuch nur nach Anmeldung.
◎ **BOOTSFAHRTEN** zu den Vogelfelsen von Skúvoy/Sandoy, bei Gutwetter nach Stóra Dímun und Angeltrips mit Bootsbauer Jóan Petur Clementsen, Sandur, Tel. 361 019.

## Unterkunft

Ferienwohnungen und Privatzimmer vermittelt das lokale Touristenbüro.
◎ **SKÁLAVÍK**: Hotel Depilin í Skálavík, Eiler Jacobsens gøta 1, FO–220 Skálavík, Tel. 530 530, depil@depil.fo www.depil.fo. 1.6.–31.8. EZ 700, DZ 900 DKK. Modern, 90 Betten.
◎ **DALUR**: Dalur Campsite, FO–235 Dalur, Tel. 361 164, 218 901 und 217 901, helga67@olivant.fo und bodvar @olivant.fo. Ganzjährig geöffnet.

In Húsavík gibt es einen weiteren Campingplatz und am Hafen von Sandur einen Zelt-/Wohnmobilstellplatz. Aktuelle Information: Touristenbüro.

## Essen und Trinken

◎ **SKÁLAVIK**: Restaurant Gallan im Hotel Depilin, Depilin í Skálavík, Eiler Jacobsens gøta 1, FO–220 Skálavík, Tel. 530 530, depil@depil.fo, www.depil.fo. Geöffnet von Juni bis August.

## Versorgung

Die Aufzählungen erfolgen jeweils in alphabetischer Reihenfolge.
◎ **ARZT**: Sandur.
◎ **LEBENSMITTEL**: Sandur, Skálavík, Skopun.
◎ **BANKEN/GELDAUTOMAT**: Sandur, Skopun.
◎ **POSTAMT**: Skopun.
◎ **TANKSTELLE**: Sandur.

## Transport / Weiterreise

VON /NACH SKOPUN
◎ **FÄHRE** Linie 60: Gamlarætt auf Streymoy – Skopun mit »M/F Teistin«. 2– 4 x täglich, Fahrtdauer 15 Minuten. Ticket retour 45/25 DKK. Tel. 293 103, www.ssl.fo. Nach Skúvoy s. S. 152.
◎ **BUS** 600 Skopun – Skálavík.
◎ **BUS** 601 von Skopun nach Dalur.
◎ **TAXI**: Bilstøðin Auto, Sandur, Tel. 361 046.

# Skúvoy

Skúvoy steht im Schatten der Nachbarinsel. Skúvoy scheint sich geradezu hinter Sandoy zu verstecken (Karte siehe Seite 149). Auf jeden Fall hat die Insel seit dem Jahr 2000 mehr als zwei Drittel ihrer Einwohner verloren.

Ebenso finden nur wenige Touristen auf das 10 km² große Eiland, was zum Einen an der vergleichsweise umständlichen Verkehrsverbindung liegt: per Fähre erst mal über Sandoy oder, theoretisch, per Helikopter. Zum Anderen gibt's vor Ort derzeit keine Übernachtungsmöglichkeit für Touristen, was zumindest den Helikopter-Transport nach den aktuellen Beförderungsbestimmungen unmöglich macht.

## IM ÜBERBLICK

- **GRÖSSE**: 10 km²
- **MAX. LÄNGE**: 5,2 km
- **MAX. BREITE**: 3 km
- **HÖCHSTE ERHEBUNG**: Knútur, 392 m
- **EINWOHNERZAHL**: 35
- **KARTEN**: Topografische Kartenblätter 1 : 20.000: 406, 505

Es sind vor allem Ornithologen sowie Historiker, die es trotz der dürftigen Infrastruktur auf Skúvoy treibt. So findet man an der Westküste bedeutende Lummen-Kolonien. Die schwarz-weißen **TROTTELLUMMEN** sind ausgesprochene Seevögel, die nur zum Brüten ans Land kommen. Die Jungvögel hält es auch nicht lange im Nest: Nach 20 bis 25 Tagen springen die Neugeborenen von der Steilküste ins Meer. Drei Wochen wird es dann noch dauern, bis sie fliegen können.

Geschichtlich spielte die Insel zur Zeit der **CHRISTIANISIERUNG** eine Rolle: Die Wikinger-Brüder *Brestir* und *Beinir,* die ehemals hier lebten, waren nicht nur Bauern, sondern auch Krieger des norwegischen Königs *Håkon Jarl.* Von den engen Beziehungen zum Mutterland der ersten siedelnden Färöer-Wikinger profitierte Brestirs Sohn Sigmundur, den der norwegische Regent Olav Tryggvason beauftragte, die Färinger zum Christentum zu bekehren. Vermutlich war es weniger die christliche Nächstenliebe, die Sigmundur antrieb, sondern die im Erfolgsfall versprochene Lehensherrschaft über die Färöer. Sein Grabstein mit eingeritztem Kreuz, SIGMUNDARSTEINUR, ist auf dem alten Friedhof Ólansgar zu finden. Von der ersten Kirche, die jemals auf den Färöern stand, ist nichts übrig. Sie zerfiel in den Pestjahren um 1350, als vermutlich der gesamte Ort ausstarb.

Vor gut 100 Jahren baute man für einen reibungslosen **LEHRBETRIEB** eine Grundschule. Ein Lehrerkollegium gab es allerdings zu keiner Zeit;

damals wie noch vor 10 Jahren unterrichtete nur ein Pädagoge die Schüler. Doch auch dies hat sich mittlerweile erübrigt. Im Schuljahr 2008/2009 besuchte bisher der letzte Schüler die kleine Dorfschule, die aber nach wie vor im Lehranstalten-Verzeichnis der Inseln aufgeführt wird.

## An- / Weiterreise

◉ **FÄHRE** Linie 66: Sandur – Skúvoy mit »M/B Sildberin«: 1–2 x täglich, auf Anfrage (mindestens 24 h im Voraus) bis zu 5 x täglich. Ticket retour 45/25 DKK. Tel. 293 107, www.ssl.fo.
◉ **HELIKOPTER** von / nach Skúvoy nach/von Vágar oder Tórshavn Mi, Fr und So je 2 x, 1.6.–31.8. auch Mo. Tickets 335 DKK ab Vágar, 130 DKK ab Tórshavn. Wenn der Helikopter Skúvoy zweimal am Tag anfliegt, liegt nur gut 1 Stunde zwischen beiden Flügen: zu kurz für den Tagesbesuch, zumal dies nach den aktuellen Beförderungsbestimmungen ohnehin nicht möglich ist. Da der Heli die Insel auch erst um die Mittagszeit anfliegt, ist die Komination Fähre/Heli ebenfalls nicht gerade günstig für einen Tagesbesuch, so dass man allein auf die Fähre angewiesen ist.

# Stóra Dímun

Auch wenn »stóra« die Große bedeutet, gehört die Insel zu den kleinsten im Land. Wie es die FÄRINGERSAGA berichtet, war die nicht mal 3 km² messende Insel vor 1.000 Jahren wiederholt Schauplatz von Streitigkeiten verfeindeter Wikinger – und so erschlugen Sigmundur Brestisson und Tórur, beide von Skúvoy, angeblich auf Dímun Øssur Leivsson, womit sie den Tod ihrer Väter rächten.

Heute leben zwei Familien mit drei Kindern auf Stóra Dímun, weswegen auch Lehrer zu festen Zeiten vor Ort sind (immer nur einer). Die Insulaner haben einen klaren Plan, so dass die KLEINSTE BEWOHNTE INSEL der Färöer auf absehbare Zeit keine Abwanderung vermelden dürfte.

## IM ÜBERBLICK
◉ **GRÖSSE**: 2,65 km²
◉ **MAX. LÄNGE**: 3 km
◉ **MAX. BREITE**: 1,3 km
◉ **HÖCHSTE ERHEBUNG**: Høgoyggi, 396 m
◉ **EINWOHNERZAHL**: 7
◉ **KARTE**: Topografisches Kartenblatt 1 : 20.000: 505

Da die ganze Insel in Privatbesitz ist, sollte man sich für einen Besuch zu-

*Stóra Dímun von der Fähre »Smyril« aus. »Direkt von der Insel« haben wir noch Bilder vom Helikopter-Transport (siehe Seite 233).* ▶

vor bei Familie Dímun anmelden. Nur keine Hemmungen: Hier leben keine Eigenbrödler, sondern weltoffene Menschen, die u.a. übers Internet mit der Außenwelt in Kontakt stehen und eine professionelle Website betreiben.

Seit 1984 ist die Insel ans Helikopternetz angeschlossen. Seither wird dieser Dienst nicht nur von Personen, sondern auch für den Warentransport oder schon mal zur Beförderung einer Milchkuh genutzt. Zwar können Boote bei friedlichem Wetter das Manöver wagen, um unten an der Küste anzulegen; von einem richtigen Hafen zu sprechen wäre aber vermessen. Von der Landungsstelle bis zum Inselplateau, wo sich der Hof befindet, ist zudem eine über 100 m hohe Steilwand zu überwinden. Der fruchtbare Boden Stóra Dímuns bringt solch gutes Futter für die ca. 500 Schafe hervor, dass der fehlende (geschützte) Hafen als zweitrangig gilt und nicht an die Aufgabe des entlegenen Hofes gedacht wird; zumal Jógvan Jón und Eva, die Eltern der bereits länger auf Stóra Dímun lebenden Familie, übers Internet inzwischen auch Schaffelle und sogar präparierte Widderköpfe verkaufen.

TV-PRÄSENZ

In beiden deutschsprachigen Dokumentationen, die 2014 über die Färöer erschienen, waren die Reporter auf Stóra Dímun zu Gast. Wobei die SWR-Doku zum »Land der Unbeugsamen« eingehender ausgefallen ist als »Einsam im Atlantik«.

## Information/Unterkunft

◉ **KONTAKT**: Dímunargarður, Dímunarvegur 2–4, FO–286 Stóra Dímun, Tel. 371 260, dimun@olivant.fo, www.storadimun.fo in Teilen auch auf Englisch. Egal ob mit Übernachtung im Gästehaus oder als Bootspassagier auf Tagesbesuch: Das Anmelden bei den Bewohnern sollte sein, denn 1. ist das teilweise steile Terrain nicht ohne Tücken und 2. sollte kein Besucher über die Weidewiesen trampeln.

◉ **GÄSTEHAUS**: im Sommer Unterkunft für bis zu 8 Personen, sonst das Schulhaus, wo auch die jeweils anwesende Lehrkraft untergebracht ist. Bilder und Preise sind online verfügbar.

## An- / Weiterreise

◉ **HELIKOPTER** nach / ab Stóra Dímun von/nach Vágar oder Tórshavn Mi und Fr je 2 x, So nur 1 x, 1.6.–31.8. auch Mo 2 x. Tickets 335 DKK ab Vágar, 130 DKK ab Tórshavn. Nur möglich bei Übernachtung vor Ort, zumal nur eine Stunde zwischen den beiden Flügen am selben Tag liegt.

◉ Bei RUHIGEM WETTER besteht die Möglichkeit, mit einem **BOOT** einen Tagesbesuch auf Stóra Dímun zu unternehmen. Kontakt über das Touristenbüro Tórshavn (Segler »Norðlysið«, www.nordlysid.com, siehe auch Seite 144) oder Touristenbüro Sandur auf Sandoy (Kutter »Hvíthamri«) oder Touristenbüro Tvøroyri auf Suðuroy (Boot »Tórshavn«).

*Die Fähre »Smyril«, im Hintergrund Lítla Dímun* ▶

# Lítla Dímun

Die kleinste der 18 Inseln misst gerade mal 820 m². Es ist das einzige Eiland im Archipel, auf dem sich seit jeher nur zahlreiche Vögel sowie einige vierbeinige Woll-Lieferanten tummeln. Bis 1866 gabe es eine ganz besondere Rasse an Schafen, die auf Lítla Dímun gezüchtet wurden. Leider wurden alle geschlachtet, so dass lediglich eine ausgestopfte Schafsfamilie im Nationalmuseum Tórshavn erhalten ist. Diese kleine, dunkle Spezies galt als besonders klettertüchtig.

Klettertüchtig – und schwindelfrei – müssen auch die Männer sein, die die Schafe im Spätsommer auf der Insel zusammentreiben, um die schlachtreifen Tiere auszusondern, über die Klippen abzuseilen und in wartende kleine Boote zu verfrachten, die sich an die raue Küste heranwagen können. Viele Tage mit geeignetem Wetter für den abenteuerlichen Schafabtrieb gibt es nicht – dem ist bequem beizuwohnen, wenn die Doku »Färöer – Die wilden Inseln« (2009) wiederholt wird.

## IM ÜBERBLICK
◎ **GRÖSSE**: 0,82 km²
◎ **MAX. LÄNGE**: 1,3 km
◎ **MAX. BREITE**: 0,9 km
◎ **HÖCHSTE ERHEBUNG**: 414 m
◎ **KARTE**: Topografisches Kartenblatt 1 : 20.000: 408

# Suðuroy

Nicht nur geografisch, auch touristisch liegt die südlichste aller Färöer-Inseln ein wenig im Abseits. Zum Einen liegt dies an der zweistündigen Anreise mit der Fähre, zum Anderen scheint diese Insel auf den ersten Blick weniger spektakulär als etwa die Nordinseln zu sein.

Aber auf den zweiten, differenzierten Blick sieht die Sache anders aus. Während die Ostküste durch die drei »Haupt-Fjorde« HVALBIARFJORD, TRONGISVÁGSFJORD und VÁGSFJORD eingeschnitten ist, werfen sich an der Westküste grandiose STEILE KLIPPEN auf. Um den zweithöchsten Berg BORGARKNAPPUR (574 m) verteilen sich viele Seen, die durch die Gletscheraktivität während der letzten Eiszeit entstanden.

Abgesehen von FÁMJIN und SUMBA liegen alle Siedlungen an der Ostküste. Ob man Vögel oder Seehunde beobachten, auf historischen Spuren wandeln oder die Braunkohleflöze besuchen möchte – auf Suðuroy gibt es viel zu sehen.

Die Entfernung zu den anderen Inseln hat einen eigenen Charakterzug wie auch den Dialekt der Bewohner Suðuroys geprägt. Auch das Klima ist etwas milder als weiter nördlich.

Eine regelmäßige Fährverbindung mit Tórshavn ist erst seit Anfang des 20. Jahrhunderts eingerichtet. Bis dahin hatten Ruder- und kleine Segelboote als Transportmittel fungiert.

Zwar bekam TVØROYRI 1836 eine Handelsniederlassung des Monopols zugesprochen, aber erst dessen Abschaffung 1856 brachte einen ökonomischen Aufschwung nach Suðuroy. Dieser verlief dann so enorm, dass die Südinsel in ernste Konkurrenz mit Tórshavn treten konnte. Dank der expandierenden Fischereiindustrie seit dem Zweiten Weltkrieg schossen die Fischverarbeitungshallen und -fabriken fast wie Pilze aus dem Boden.

Die große Wirtschaftskrise Anfang der 1990er Jahre traf Suðuroy in besonderem Maß. Heute jedoch scheint die Krise vergessen: Viele Häuser haben einen neuen Anstrich, Fisch verarbeitende Betriebe wieder geöffnet. Man spürt förmlich den Optimismus der Menschen hier. Auch die Diskussion über einen Unterseetunnel über Sandoy nach Streymoy scheint eine positive Grundstimmung über die färöischen »Südländer« zu bringen.

## IM ÜBERBLICK
◎ **GRÖSSE**: 165 km²
◎ **MAX. LÄNGE**: 33 km
◎ **MAX. BREITE**: 9 km
◎ **HÖCHSTE ERHEBUNG**: Gluggarnir, 610 m
◎ **EINWOHNERZAHL**: 4.690
◎ **KARTEN**: Topografische Kartenblätter 1 : 20.000: 402, 403, 404, 501, 502, 503

Der Info-Block mit den Öffnungszeiten sowie anderen Daten zu Sehenswertem, Unterkünften etc. befindet sich am Kapitelende auf Seite 170 ff.

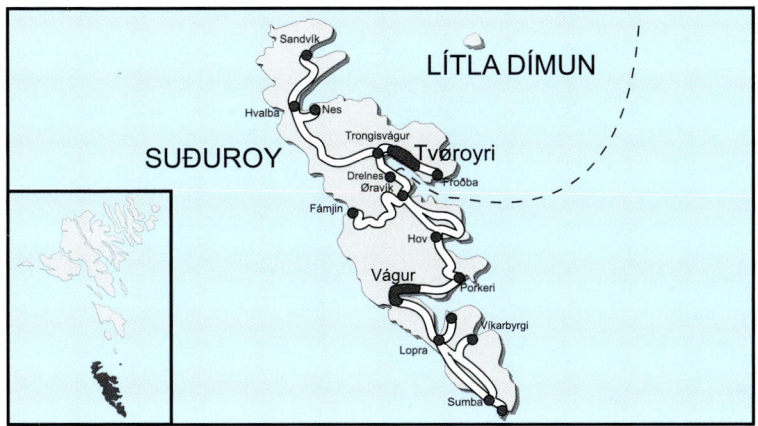

## ANREISE

Schnittig sieht sie aus, die Fähre nach Suðuroy. Der Fahrplan erlaubt selbst Kurzreise-Urlaubern, dem Süden einen Besuch abzustatten. Das Wetter ist heute hervorragend. Ende August ist nicht mehr viel los auf der Fähre und ich genieße die Fahrt. Ganz anders wie bei einem meiner ersten Besuche: Damals war mir schon mulmig, als der Wind mit über 100 km/h das Meer aufrieb. »Schwerer Sturm« meldete der Wetterdienst, doch aus dem Bordradio schallte eine Idee zu laut eine Gottesdienstübertragung durch die Lautsprecheranlage. Angestrengt suchte ich nach einem Prospekt über die Südinseln und fand außer kleinen Kartons gegen Seekrankheit nur Handzettel mit Bibelsprüchen. Als wir das schützende Hafenbecken verlassen hatten, ließ der brodelnde Atlantik keinen Zweifel daran, wer hier das Sagen hat. Kein Wunder, warum man hier andere Prioritäten im Kundenservice setzte. Wir hatten Westwind, und noch hielt sich die alte »Smyril« wacker in den Wellen. Als das Schiff aber hinter dem schützenden Sandoy dem Nordatlantik die blanke Stirn bot, fühlte ich mich wie im Vorraum der Hölle – sämtliches Geschirr flog quer durch den Speiseraum, und die Wellen klatschten an die Scheibe. Schnell legten sich fast alle Passagiere flach auf die Sitzbänke. Im Liegen, so stellten wir selbst schnell fest, war die Sache leichter zu ertragen. Ich war überglücklich, als wir in Trongisvágsfjørður einliefen. Sichtlich vergnügt lächelten mich zwei 50-jährige Färinger an, die die ganze Fahrt über im angeregten Gespräch am Nebentisch vertieft und nur kurz aufgestanden waren, um besagtes Geschirr einzusammeln.

Diesmal frühstücken wir genüsslich im Bordcafé und lassen die Inseln an uns vorüberziehen. Und bevor wir uns recht versehen, sind wir bereits angekommen. Welche eine beschauliche Fahrt diesmal! Zwar steht im Fahrplan »Tvøroyri«, doch macht die Fähre seit Jahren am Kai in KRAMBATANGI auf der gegenüberliegenden Fjordseite Halt. Neben dem Anleger ist auf dem schwarzen, großen Gebäude das Wort »Salt« zu erkennen. Früher lagerte darin das gesamte Salz der Färöer, nachdem es aus Ibiza importiert worden war. Heute ist die halbrunde Halle leer. Gleich am Kai befindet sich ein kleines Touristenbüro, das immer dann öffnet, sobald die Fähre einläuft; auch WC und Warteraum gibt es hier.

# Route 11: von Tvøroyri nach Sumba

## IM ÜBERBLICK

- **STRECKENVERLAUF**: Tvøroyri – Øravík (7 km) – Hov (3,5 km) – Porkeri (5 km) – Vágur (4 km) – Lopra (6 km) – Sumba (5 km)
- **STRECKENLÄNGE**: 30,5 km
- **TRANSPORT**: Bus 700 bedient von Tvøroyri aus 4–6 x täglich den Süden bis Sumba. Fámjin erreicht man 2–5 x täglich ab Tvøroyri mit Linie 701.
- **ANSCHLUSSMÖGLICHKEITEN**: Route 12, Tronigsvágur – Sandvík.
- **ABSTECHER**: n. Fámjin (9 km) – eine sehr schöne Strecke.
- **PROFIL**: Die Route führt entlang der Ostküste bis zur südlichsten Stelle, Akraberg. Bei dem Abstecher nach Fámjin kann man die erste färöische Flagge in Augenschein nehmen. Die Orte Vágur und Lopra spekulieren auf ergiebige Ölvorkommen vor der Küste. Sumba mit seinen Vereinen ist für die authentische Darbietung des Kettentanzes über die Grenzen der Gemeinde hinaus bekannt.
- **RADFAHRER-TIPP**: Der südliche Teil Suðuroys eignet sich im Gegensatz zum nördlichen ziemlich gut zum Radfahren – meine Lieblingsstrecke ist die Tour nach Fámjin.

Zunächst geht es vom Fähranleger in die jüngste und doch größte Siedlung auf Suðuroy, **TVØROYRI**. Als der königliche Monopolhandel hier eine Filiale eröffnete, wuchs das Dorf rasch heran. Die Aufwertung war ausschlaggebend für die weitere Entwicklung und spiegelt sich heute in den wichtigen zentralörtlichen Funktionen wider. Auf einen weiteren Ausbau wird spekuliert, wenn die Ölförderung tatsächlich aufgenommen wird.

Schon vor 50 Jahren besaßen gerade drei färöische Orte so etwas wie städtische Züge bzw. Infrastruktur: Tórshavn, Klaksvík und – Tvøroyri. Es gibt hier Supermärkte, Banken, Postamt, Apotheke und vieles mehr.

Seit dem letzten Besuch hat sich einiges verändert. Bei unserem Spaziergang durch das Städtchen kommen wir an einer Konditorei vorüber; die Spezialität ist ein kleines Gebäck in Schiffsform: köstlich!

Das älteste Haus Tvøroyris, das direkt im Zentrum steht, stammt aus der

*Oben Ankunft Fähre in Tvøroyri, über der Kirche am Hang die typischen Basaltformationen, unten bei Sumba, Warten auf das nächste Auslaufen* ▶

Mitte des 19. Jahrhunderts. Viel hat das sogenannte Doktorhaus bereits hinter sich: Es fungierte als Krankenhaus, Schule, Polizeistation, Gefängnis, und jetzt verschandelt eine Tankstelle daneben die Umgebung. – Die Gegenwart repräsentieren die Hallen der Fischverarbeitung, weitere Gebäude für Handwerk und Industrie sowie am Hang das vor einigen Jahren kostenintensiv sanierte Krankenhaus.

Ein Besuch im TOURISTENBÜRO lohnt sich schon deswegen, da es in ein ehemaliges Bankgebäude einzog: beeindruckend die dicken Stahltüren des Tresors. Neben Information, Vermittlung von Unterkünften und Tourenangeboten erhält man hier auch den Schlüssel für die 1907 erbaute, NORWEGISCH INSPIRIERTE HOLZKIRCHE, die über Tvøroyri thront, einst das Geschenk einer ortsansässigen Firma. Oberhalb am Hang heben sich typische BASALTSÄULEN vom Grün der Umgebung ab. Besonders schön ist dies von der Fähre aus zu sehen.

Wer Basaltformationen aus nächster Nähe anschauen möchte, sollte sich weiter RICHTUNG **FROÐBA** begeben. Hier wird die Straße förmlich von einer Reihe der hexagonalen Basaltsäulen gesäumt (siehe Seite 13).

Und auch hinter dem letzten Gehöft Froðbas warten noch spannende Gesteinsformationen; leider liegen diese Formationen bei KULAGJÓGV direkt an der Wasserkante, so dass die Basaltsäulen am besten vom Boot aus zu begutachten sind. Wer sich trotzdem zu Fuß auf diese geologische Erkundungstour begibt, erblickt hinter dem letzten Gehöft á Bø in Richtung Ufer zwei Ruinen, die man entlang der gezogenen kleinen Drainage durch die Indmark erreicht. Von diesen Gemäuern steigt man noch etwas tiefer bis zum Ufer und sieht anschließend die geschwungenen Basaltsäulen.

Auf der oberen Straße geht es zurück nach Tvøroyri. – An einem SEEFAHRERDENKMAL machen wir Halt. Die vielen Namen und Gedenktafeln weisen darauf hin, wie hilflos der Mensch den Naturgewalten ausgesetzt sein kann. Dazu passt auch der Gedenkstein mit der Inschrift »Smyril 1928«, der an ein tragisches Ereignis am 19. Januar 1928 erinnert, als die Fähre »Smyril«, ein Vorgänger des heutigen Schiffs, in einen Sturm geriet, währenddessen eine verheerende Welle das Schiff erfasste und eine Deckskabine mitsamt fünf Passagieren ins Meer riss. Niemand überlebte.

Unser Weg führt Richtung Süden, wo wir **ØRAVÍK** erreichen. Hier steht ein Denkmal für *Johann Mortensen*. Dieser berühmteste Sohn des Dorfes (1816–1879) war Schiffsreeder und Geschäftsmann auf anderen Feldern. Er wurde 1838 erster Leiter der Handelsniederlassung in Klaksvík.

Für den Abstecher nach Fámjin sollte immer Zeit sein. Nachdem die Straße oberhalb Øravíks die zweite Kurve gemacht hat, steht linker Hand ein Schild »Tingstovan« (N 61°31'23", W

Ob es immer gerecht zuging am alten **THINGPLATZ** oberhalb **VON ØRAVÍK**, kann man heute nicht mehr sagen. Dass manche Strafen blutig waren, hingegen schon: Namen wie SKARPHEYGGJAR, der ehemalige Köpfungsstein, oder GÁLGAGJÓGV, wo Verurteilte aufgeknöpft wurden, zeugen davon. Zwei Mal im Jahr kam der Richter aus Tórshavn zum hiesigen Thing, entschied über Streitigkeiten und fällte sein Urteil. Die letzte Köpfung liegt über 300 Jahre zurück.

Noch älter ist die Sage eines Mannes, der *Snæbjørn* hieß. Zu Zeiten des Monopolhandels war es strikt verboten, über andere Orte Handel zu treiben. Snæbjørn jedoch ruderte nachts zu einem holländischen Segler, der vor der Küste lag. Für Frau und Kind kaufte er vier Schals. Er wurde dabei beobachtet und vor den Richter geführt, der ihn verurteilte. Aus Zorn über sein Schicksal hieb er auf den Richter ein, traf aber einen anderen, der daraufhin starb. Nun war es mit einer einfachen Strafe nicht mehr getan. Snæbjørn sollte geköpft werden, doch es gelang ihm, in die Berge zu flüchten. Es hieß, er wäre mit einem Schiff auf die Shetlands geflohen...

06°49'30''). Wer Lust auf einen halbstündigen Spaziergang hat, folgt dem Wegweiser zum alten Thingplatz, dort wo 1570 das Urteil über Snæbjørn gefällt wurde. Der Weg ist nicht markiert, aber bereits nach wenigen Metern als Trampelpfad an der rechten Hangseite zu erkennen. Wie eine Perlenkette ziehen sich, von Øravík kommend, die Steinmänner links unten den Hang hinauf.

Wer den alten **FUSSWEG, DER** am Thing vorbeiführt und **ØRAVÍK MIT FÁMJIN VERBINDET**, begehen will, findet den Einstieg nahe der Straßenkreuzung: Man läuft ca. 120 m auf der Str. 25 nach Fámjin, bis man eine Abzweigung linker Hand erreicht; wo es auch hinein geht. Vor dem letzten Gebäude führt der Weg entlang der Indmark direkt nach oben. Von dieser Straße hier oben sind es gemütliche 10 Minuten bis zur THINGSTÄTTE. Hätten wir nicht schon viele Bilder von diesem Ort gesehen und keine topografische Karte bei uns, wäre uns der mit Steinen übersäte Platz kaum aufgefallen: Geschützt in einer Senke liegen eine kleine Wasserstelle und der Richterplatz (N 61°31'12'', W 06°49'24''). In der Ferne erkennt man Tvøroyri wieder. Der im Kastentext erwähnte Köpfungsplatz liegt etwa 500 m entfernt auf 135 m ü.d.M.

Wir sind zurück auf der Fahrstraße und wählen als »Fortbewegungsmittel« heute den Daumen: ein interessante Weise, die Färöer und Färinger kennenzulernen. Denn fast jedes Auto nimmt eine/n mit – vorausgesetzt, es kommt mal eins vorbei.

Auf dem Weg nach Fámjin müssen wir als Fahrpreis »Ich hab mein Herz

## DIE FÄRÖISCHE FLAGGE

Heimatverbundenheit spürt man bekanntlich am intensivsten, wenn man in der Fremde weilt. Das 20. Jahrhundert war noch jung, als die färöischen Studenten *Jens Olivur Lisberg* und *Emil Joensen* in Kopenhagen ihre eigene Flagge nähten, in Anlehnung an die anderen »nordischen Flaggen« mit einem Kreuz in der Mitte. Ob der Untergrund deswegen weiß ist, weil womöglich ein Bettlaken zweckentfremdet wurde, ist nicht belegt. Laut der offiziellen Erklärung stellt das Weiß den klaren, reinen Himmel über den Inseln dar.
In färöischem Wind wehte die Flagge erstmals am 22. Juni 1919. Zwar gab es auch andere Fahnen (etwa mit einem Schafsmotiv), die auf den Inseln in Gebrauch waren, doch wurde der studentische Import aus Kopenhagen zunehmend populärer.
Im April 1940 besetzte England im Gegenzug zur deutschen Okkupation Dänemarks die Färöer. Da die nationale Kennzeichnung der Schiffsflotte von Bedeutung war, erkannten die Briten bereits am 25. April 1940 das rot-blaue Kreuz auf weißem Untergrund als Landes- und Handelsflagge der Färöer an. Nach dem Krieg wurde die Anerkennung bestätigt und der 25. April zu FLAGGDAGUR, zum Tag der färöischen Flagge erklärt. Der Feiertag wird in Tórshavn mit einem Umzug u.a. gebührend begangen (siehe Seite 67).

in Heidelberg verloren« schmettern, auf der Rückfahrt werden wir von zwei Suðuroyern mit ihren Lieblingssongs beschallt.

**FÁMJIN** ist etwas Besonderes: Der Ort wagt sich nicht nur an die STÜRMISCHE WESTKÜSTE, in der Dorfkirche wird vor allem die UR-NATIONALFLAGGE der Färöer *(merkið)* aufbewahrt. So war das Dorf der passende Ort, wo 2005 das Abkommen zwischen Dänemark und den Färöern ratifiziert wurde, das den Inseln eine Mitsprache bei der Außen- und Sicherheitspolitik zugesteht.

Den Schlüssel für die Kirche bekommen wir die Dorfstraße hinauf, im vorletzten Haus auf der linken Seite. Gleich neben dem Eingang fällt der RUNENSTEIN auf, der 1875 während der Bauarbeiten zur neuen Kirche entdeckt wurde. 96 Einwohner zählt Fámjin. Im Sommer lädt ein kleines Café ein. Durch den Ort gelangt man zur Prestgjógv, die früher als natürlicher Hafen genutzt wurde. Dort hinten geht's zum KIRKJUVATN. Dieser See soll reich an Forellen sein.

Wieder zurück auf der Straße 20, geht es nun in Richtung Süden. Auf dem TJALDAVÍKSHÓLMUR draußen IM FJORD lässt sich ein Schwarm Möwen nieder. Bevor man den Blick über das Wasser aber würdigen kann, hat eine/n der neue Tunnel verschlungen.

Da die Bergstraße auch in Zukunft geöffnet bleiben soll, sollte man bei gutem Wetter unbedingt diese luftige Variante wählen, da sie eine bemer-

kenswerte, 3 m hohe, geschwungene BASALTFORMATION passiert; ganz abgesehen von den formidablen Aussichten unterwegs.

HOV selbst war zu Wikingerzeiten Häuptlingssitz. Bevor die Nordmänner die Oberhand gewannen, lebten in unmittelbarer Nähe zum heutigen Ort irische Mönche. Die Gemeindekirche, die ursprünglich in Vágur stand, wich dort einer neuen Kirche und wurde in Hov wieder aufgebaut.

Das SEEMANNSDENKMAL nördlich von Porkeri nennt alle Namen ertrunkener Seeleute seit 1808. Angeführt wird die traurige Liste von *Joen Joensen,* der zusammen mit dem Nationalhelden Nólsoyar Páll (siehe Seite 139) auf dem Meer verschollen ist.

PORKERI zählt mit zu den ältesten Siedlungen des Landes, die KLASSISCH FÄRÖISCHE KIRCHE (1847) hält den Altersrekord auf Suðuroy. Mit dem Grasdach und den schwarz geteerten Wänden entspricht sie dem herkömmlichen Erscheinungsbild. Der einzige Kaufmannsladen im Ort zählt schon mehr als 100 Jahre. Auffallend ist auch das große, rote Schulgebäude mit Grasdach.

Das Versorgungszentrum **VÁGUR** (1.340 Einwohner) ist erreicht.

In der großen Halle am Kai war bis zur großen Wirtschaftskrise Anfang der 1990er Jahre die modernste Fischfiletfabrik in Betrieb. Nach den mageren Jahren dient sie heute wieder ihrem ursprünglichen Zweck, nur etwas bescheidener. Mit einer Wassertiefe von 12 m eignet sich das Ha-

## SIRRI & Co. – MODE 100 % AUS FÄRÖISCHER WOLLE

Den Familienbetrieb »Sirri« gründeten Árni und Karin Brattaberg in Vágur. Der Verkaufsladen befindet sich heute jedoch in Tórshavn (wobei mitunter Supermärkte in Vágur Produkte von »Sirri« führen).

Erst im Jahr 2000 nahm das Werk Vágur den Betrieb auf. Seitdem sieht man die groben Wollprodukte mit Knöpfen aus Schafshorn sogar in Kopenhagener Geschäften. Aber längst auch Schickes in zeitgemäßen Look. Im Internet und in Boutiquen im Ausland werden die edlen Teile heute feilgeboten. So stimmt er wieder, der alte Spruch: *»Ull er føroyar gull«* – »Wolle ist das Gold der Färöer«. Sirri ist auch deswegen populär, da die Erzeugnisse (zwar nicht billig, aber) 100 % aus färöischer Wolle sind!

Der Name Sirri stammt vom färöischen Lockruf „sirri-sirri-sirri". Wird er gerufen, kommen die Schafe angelaufen.

Die 2006 gestartete Konkurrenz »Guðrun & Guðrun«, ebenfalls in Tórshavn ansässig, versteht sich geradezu als MODELABEL zu vermarkten, das sogar Ausgefallenes individuell auf Bestellung zu liefern weiß. VON HAND gestrickt wird auch auf den Färöern. Der größte Teil des Sortiments wird allerdings schon maschinell gefertigt.

◎ **SORTIMENT**: gut einzusehen via www.sirri.fo und www.gudrungudrun.com.
◎ **LÄDEN**: siehe Seite 72.

fenbecken auch für größer dimensionierte Industrieschiffe.

In Vágur gibt es ein paar Sehenswürdigkeiten, wie etwa den liebevoll restaurierten Speicher und die Ruth-Smith-Kunstgalerie. *Ruth Smith,* die hier viele Jahre wohnte, gehört zu den anerkannten skandinavischen Malern des 20. Jahrhunderts.

1939 wurde die neue Kirche in Vágur geweiht. Das erste Mal seit der Reformation von 1538 wohnte dem feierlichen Akt ein Bischof bei. Am Fjordende, wo sich kleine Bootsschuppen um die Bucht gruppieren und die Straße eine Biegung macht, stellt eine MODERNE PLASTIK einen Fackelträger dar. Das Kunstwerk steht im Bezug zum Neujahrsfest, das die Bürger Vágurs seit Mitte der 1960er Jahre im Rahmen eines Stadtfestes begehen.

Südlich Vágurs führt eine Straße in Richtung des 355 m hohen RÚTAFELLI. Die alte Beobachtungsstation am Straßenende bietet einen traumhaften AUSBLICK auf die Westküste. Radfahrer und Wanderer, die sich die steile Auffahrt ersparen wollen, finden einen nicht weniger faszinierenden AUSSICHTSPLATZ beim alten Anleger Vagseiði. Entlang des Sees – Einfahrt bei der modernen Plastik im Zentrum – führt die Fahrstraße westlich von Vágur vorbei am Sportgelände an die Westküste.

6 km weiter auf der Straße 21 liegt LOPRA. Nichts erinnert mehr daran, dass man vor 100 Jahren die Zukunft hier im Walfang sah. Von der Fangstation blieb nichts übrig. Vor einigen Jahren wurden vor Lopra die ersten Probebohrungen auf der Suche nach Öl unternommen.

Unscheinbar zweigt die alte Bergstraße von der Hauptstraße ab, bis 1997 noch einzige Verbindung nach Sumba. Automatisch fährt man heute in den zweispurigen TUNNEL Sumbiartunnilin. 200 Mio. DKK investierte man in das Projekt, das 250 Einwohner ortsverbunden machen sollte und als Beitrag gegen die Landflucht galt. Immerhin, Sumba ist tatsächlich viel weniger von Abwanderung betroffen als andere peripher gelegene Siedlungen. 243 sollen es noch sein, und damit kaum weniger als zur Bauzeit des Tunnels.

10 Minuten später stehen wir mitten in der Siedlung. Die Einwohner der südlichsten färöischen Gemeinde **SUMBA** sind für ihre TRADITIONEN bekannt. Wer dem KETTENTANZ beiwohnt und den zugehörigen alten Balladen Sumbas lauscht, stellt schnell fest, dass in dieser Beziehung die ZEIT hier STEHEN GEBLIEBEN ist. Dunkler, aggressiver, auch geheimnisvoller klingt der monotone Sprechgesang der Südfäringer.

Das Straßendorf besitzt trotz Westküste einen kleinen Hafen. Bei starkem Wind und hohen Wellen wird die Mole rasch überspült; ein Grund, warum die Bootsschuppen in respektvollem Abstand zum Wasser platziert wurden. Um die Häuser sind Gärten angelegt, in denen Kartoffel und Rhabarber gedeihen.

---

Der Info-Block mit den Öffnungszeiten sowie anderen Daten zu Sehenswertem, Unterkünften etc. befindet sich am Kapitelende auf Seite 170 ff.

Ein bisschen südlicher geht es allerdings noch: Eine knapp 2 km lange Straße, die sich prima für einen schönen SPAZIERGANG eignet, führt zum LEUCHTTURM und zur Funkstation AKRABERG. Das letzte Wegstück ist mit einem Tor versperrt. Rechts am Wendehammer ist eine wilde Müllabladestelle, wie sie früher weit verbreitet war – Unrat über eine Klippe ins Meer gekippt. Noch heute werden so landwirtschaftliche Grünabfälle entsorgt. Es ist möglich, bis an die STEILKÜSTE vorzulaufen, wo sich eine beachtliche AUSSICHT auf die Westküste auftut. Aber Achtung: Es geht steil und tief hinunter.

Auf dem Rückweg sollte man statt des Tunnels die **BERGSTRASSE** nehmen. Ganz oben halten wir und steigen aus! Nach Süden reicht der Blick über die südlichsten Kliffe weit auf das Meer hinaus, im Norden erblickt man Vágur und die spektakuläre Westküste. Ist das Wetter etwas klarer – wie bei unserem Besuch – kann man bis Mykines sehen. Gleich in der nächsten Rechtskurve steht ein Warnschild, auf dem ein Männchen in die Tiefe fällt. Die Warnung muss ernst genommen werden: An der Kante des 469 m hohen Kliffs BEINISVØRÐ gibt es Grasüberhänge, die sich leicht in den Abgrund aufmachen können. Folgt man der Straße weiter abwärts, taucht irgendwann auch Lítla Dímun auf.

Auf halbem Weg geht es übrigens nach VIKRABYRGI. Im Pestjahr 1349 starb der kleine Weiler aus und wurde erst 1830 wieder besiedelt. Doch der Straßenanschluss 1977 kam wohl zu spät. Seit 2011 ist diese Ortschaft verlassen.

# Route 12: von Trongisvágur nach Sandvík

## IM ÜBERBLICK

◉ **STRECKENVERLAUF**: Trongisvágur – Hvalba (10 km) – Sandvík (5 km)
◉ **STRECKENLÄNGE**: 15 km
◉ **TRANSPORT**: Von Trongisvágur verkehrt Bus 702 täglich 3–7 x nach Sandvík.
◉ **ANSCHLUSSMÖGLICHKEITEN**: Route 11 von Tvøroyri nach Sumba.
◉ **PROFIL**: Die 15 km lange Strecke führt an den Kohlelagerstätten vorbei und erreicht Hvalba, von wo der Blick nach Lítla Dímun fantastisch ist. Ein enger Tunnel ermöglicht die Weiterfahrt nach Sandvík, Suðuroys nördlichster Siedlung.
◉ **RADFAHRER-TIPP**: Die beiden Tunnel in den Norden sind nur per Bus zu passieren. Wer vor solch einer Röhre steht, muss auf den nächsten Pickup warten, der den Drahtesel wahrscheinlich mit durch den Tunnel nehmen wird. Allerdings ist die Strecke zwischen Hvalba und Sandvík eher schwach frequentiert.

Trongisvágur ist mit Tvøroyri zusammengewachsen; die beiden Ortschaften bilden eine Siedlungseinheit. Kurz nachdem man aus Trongisvágur herauskommt, beginnt rechter Hand hinter einem Bungalow mit großem Garten der Wanderweg nach Hvalba: Ein Schild am Wegesrand informiert über diese Tour.

Ein nur kurzes Wegstück weiter erstreckt sich auf der linken Fahrbahnseite ein beachtlicher kleiner WALD. Es geht bergan. Kurz bevor man in den engen HVALBIARTUNNEL fährt, machen wir Halt. Direkt vor der Röhre zweigt ein FELDWEG nach links ab. Hier beginnt der kurze, dafür famose **SPAZIERGANG ZUR WESTKÜSTE**. Zunächst folgt man dem geschotterten Weg bis zum Ende. Ab hier kennzeichnen den restlichen Verlauf ROT-GELBE Markierungspfosten, die früher der Straßenbegrenzung dienten. Eigentlich ein Sonntagsspaziergang, doch als wir die wenigen Meter zur Westküste vorlaufen, stürmt es mit Orkanstärke. Immer wieder müssen wir stehen bleiben und uns gegenseitig festhalten. Immerhin kommt der Wind von Westen, so dass keine Gefahr besteht, von der Klippe geweht zu werden. Trotzdem sind wir vorsichtig, als wir das aufgestellte FERNGLAS erreichen. Das Präzisionsgerät holt die WELLEN HAUTNAH heran. Ein wahrer Hexenkessel, was sich im Meer abspielt – ich denke an die Fischer, die bei solch einem Wetter auf See sind. Links ist FÁMJINS INDMARK zu erkennen, faszinierender wirkt freilich die 500 m hohe STEILKÜSTE. Die Benutzung des Fernglases ist übrigens gratis: Die Mehrkosten eines gebührenpflichtigen Geräts mit integrierter Kasse waren so hoch, dass man von dieser Variante absah.

Hinter dem 1.450 m langen Tunnel führt rechts ein Feldweg zur letzten

◀ Hohe Wellen nahe der südlichsten Siedlung der Färöer: Sumba aktiven und einzigen **KOHLEMINE** der Färöer. Nach wenigen hundert Metern erreicht man den Mineneingang. Die Bergleute drücken uns eine Petroleum laterne in die Hand und wir dürfen mit in den Stollen hinein. Man fühlt sich wie in einer Zeitmaschine, die einen ins 19. Jahrhundert befördert hat. Während des Tertiärs (etwa vor 65 bis 1,8 Mio. Jahren) bildeten sich die kohleführenden Schichten auf der untersten Basaltserie, die übrigens außer auf Suðuroy auch auf Vágar zu Tage tritt, dort aber nicht abgebaut wird. Wer nun lieber mit Helm und Schutzkleidung unter Tage geht, kann beides inklusive Führung über das Touristenbüro Tvøroyri buchen.

Seit 1780 wird hier jedenfalls der begehrte Rohstoff abgebaut, zuletzt etwa 1.000 Tonnen jährlich. Die meisten Abnehmer der Kohle sind die Privathaushalte auf Suðuroy.

Im Tal der Dalsá gab es noch weitere Stollen, die an den schwarzen Abraumhalden zu erkennen sind, aber nicht mehr bewirtschaftet werden.

Der Ort NES liegt malerisch am Südufer des HVALBIARFJORDS. Kommt man von Trongisvágur, hat man von der Str. 29 einen tollen Blick über den kleinen Ort bis nach Lítla Dímun.

Nes gehört wie auch Sandvík zur Gemeinde **HVALBA**, in der 712 Menschen leben. Archäologische Untersuchungen ergaben, dass Hvalba bereits im Jahr 1000 bestand. Das Ergebnis der Volkszählung 1801 belegt, dass Hvalba damals mit 202 Einwohnern nach Tórshavn die bevölkerungsreichste Siedlung der Färöer war.

1629 erlitt der Ort den schlimmsten SCHICKSALSSCHLAG seiner abwechslungsreichen Historie: 500 türkische SEERÄUBER plünderten das Dorf aus, töteten sechs Männer und entführten 30 Frauen und Kinder. Da die verbliebenen Einwohner das geforderte Lösegeld nicht aufbringen konnten, verkauften die Piraten alle Gefangenen als Sklaven nach Nordafrika. – Angeblich gingen im selben Jahr zwei Piratenschiffe vor Hvalba unter, worauf 300 tote Seeräuber am Sandstrand begraben wurden; 1991 wehte ein Sturm am Strand Teile von einem dieser Schiffe frei.

Damit man nicht den weiten Weg um die Nordspitze Suðuroys herum nehmen musste, um in die fischreichen Gewässer vor der **WESTKÜSTE** zu kommen, bauten die Einwohner Hvalbas einen Anleger bei HVALBIAREIÐI. Von der Hauptstraße kommend, biegt man links hinter der Kirche ab. An der nächsten Kreuzung weist bereits ein Schild zum Ziel am Ende der Straße. Unterwegs passiert man den lieblichen See Heygsvatn sowie eine alte Steinverladestelle. Feiner Nieselregen dringt in unsere Jacken, doch gerade diese stimmungsvolle Kombination aus Sonne, Wolken, Wind und Regen lässt die Szenerie in einem fantastischen Licht erscheinen.

Über die nassen Stufen laufen wir hinunter zum Anleger. Die TOSENDEN Brecher überdecken jeden Ton

*Wackere Bergleute bauen in der letzten aktiven Kohlemine in Handarbeit das schwarze Gestein ab und versorgen das Umland mit Heizmaterial. – Unten das Fernglas nahe der Westtüste Richtung Hvalba (siehe Seite 167).* ▶

und tragen die GISCHT auf die Kaimauer. Für etwa zehn SEEHUNDE ist die Wetterlage traumhaft – sichtlich genießen sie das Spiel auf den Wellen. Wir sind von diesem Ort so in den Bann gezogen, dass wir am nächsten Tag noch einmal kommen werden. Heute jedoch ist die Mole der Ausgangspunkt, um zu den BRUTPLÄTZEN DER PAPAGEITAUCHER zu gelangen. An Vogelfang ist natürlich nur bei gutem Wetter, ruhiger See und gesicherter Population zu denken.

Vom Ortszentrum führt weiter nördlich ein zweiter Weg an die Westküste. Vorbei am Schulzentrum und dem See Noðhergsvatn kommt man zu einer ähnlich imposanten Stelle.

Mit 1.500 m Länge ist der 1969 eröffnete SANDVÍKARTUNNEL 50 m kürzer als der Hvalbiartunnel (1963).

Am heute schönen Sandstrand von **SANDVÍK** trug sich einst ein blutiges Schicksal aus der FÄRINGERSAGA zu. Der Wikinger Sigmundur Brestisson, der den Färingern das Christentum aufzwingen wollte, wurde nach spektakulärer Flucht hier erschlagen: Sein Widerpart Tróndur í Gøta überfiel Sigmundur auf dessen Hof auf Skúvoy. Zusammen mit *Tóri Beinarsson* und einem Gefolgsmann konnte sich Sigmundur zunächst durch einen Sprung ins Meer retten. Das Ziel Stóra Dímun erreichte er jedoch nicht: Die Strömung war zu stark, beide Freunde ertranken. Als Sigmundur glaubte, das rettende Ufer Suðuroys erreicht zu haben, wurde er dort vom feindlich gesinnten Tórgrímur Illi erschlagen. 2006 wurde Sigmundur Brestisson zu Ehren hier ein Denkmal (Hans Pauli Olsen) errichtet, das u.a. den schwimmenden Sigmundur darstellt.

Auch in Sandvík gibt es ein kleines DORFMUSEUM mit historischem Inventar und Gebrauchsgegenständen. Wer es besichtigen möchte, fragt einfach einen Dorfbewohner. Der Eintritt ist kostenlos.

# Information

TVØROYRI
◉ **SUÐUROYAR KUNNINGARSTOVAN**, FO–800 Tvøroyri, Tel. 611 080, Fax 371 814, info@tvoroyri.fo, www.visitsuduroy.fo. Mo–Do 9–16 Uhr, Fr 9–15 Uhr. Geöffnet am Anleger bei Ankunft der Fähre »Smyril«.

VÁGUR
◉ **SUÐUROYAR KUNNINGARSTOVAN**, Vágsvegur 30, FO–900 Vágur, Tel. 733 090, Fax 733 001, info@vagur.fo, www.visitsuduroy.fo. Mo–Do 9–16 Uhr, Fr 9–15 Uhr.

# Sehenswertes

TVØROYRI
◉ **GALLERÍ OYGGIN**, FO–800 Tvøroyri, Tel. 371 669 und 227 938, lyset @olivant.fo, www.oyggin.fo. Di–So 14–18 Uhr. Kleines Café anbei.

◉ **HEIMATMUSEUM** TVØROYRAR BYGDA- OG SJÓSAVN, FO–800 Tvøroyri, Tel. 372 480 und 254 941. Mai bis August So 15–18 Uhr, sonst auf Anfrage beim Touristenbüro.

HOV
◉ **KULTURHISTORIE** UND **GALERIE**: Fiskastovan og Savnið á Mýri, Stapavegur 1, FO–960 Hov, Tel. 370 200 und 224 751 und 373 862, junif@kallnet.fo, www.myri-museum.com.

PORKERI
◉ **HEIMATMUSEUM** PORKERIS BYGDASAVN, FO–950 Porkeri, Tel. 611 080, www.porkeris-bygdarsavn.com. Juni bis August So 14–17 Uhr, sonst auf Anfrage.

VÁGUR
◉ **KUNSTMUSEUM** RUTH SMITH SAVNIÐ, Vágsvegur 101, FO–900 Vágur, Tel. 373 044 und 573 044 und 597 368, ruthsmithsavn@ruthsmithsavn.com, www.ruthsmithsavn.com. Anmeldung erforderlich.
◉ **MEERESKUNDEMUSEUM** Sjósavnið í Stóra Pakkhús, Oyravegur 7, FO–900 Vágur, Tel. 210 438. Besuch nach Absprache.
◉ **SEGELSCHIFF** »JOHANNA«, Johanna TG 326, FO–900 Vágur, Tel. 217 310 und 374 486, vagsship@olivant.fo, www.johanna.fo.

HVALBA
◉ FÜHRUNG durchs **KOHLEBERGWERK** inklusive Schutzhelm, Overall, Gummistiefel und Stirnlampe. Zu buchen über das Touristenbüro Tvøroyri.

SANDVÍK
◉ **HEIMATMUSEUM** HUSIÐ UTTAN ÁNNA, FO–860 Sandvík, Tel. 611 080, Kontakt: Touristenbüro Tvøroyri.

# Wanderung

◉ **WANDERUNG 14**: Seite 228 ff.

# Unterkunft

Ferienwohnungen und Privatzimmer vermittelt das Touristenbüro.
◉ **TVØROYRI**: Hotel Tvøroyri, Miðbrekkan 5, FO– 800 Tvøroyri, Tel. 371 171 und 222 700, Fax 372 171, info@hoteltvoroyri.com, www.hoteltvoroyri.com. EZ 775 DKK, DZ 975 DKK. Die Zimmer größtenteils mit Bad.
◉ **TVØROYRI**: Pension Gistingarhúsið undir Heygnum 32, FO–800 Tvøroyri, Tel. 372 046, Fax 372 446, guesthouse@kallnet.fo, www.guesthouse.dk. EZ 300 DKK, DZ 500 DKK.
◉ **TVØROYRI**: Pension Gistingarhúsið i Miðbrekkuni, Miðbrekkan 12, FO-800 Tvøroyri, Tel. 259 777, gista@gista.fo, www.gista.fo. EZ 300 DKK, DZ 500 DKK. Gemeinschaftsräume.
◉ **VÁGUR**: Hotel Bakkin, Vágsvegur 69, FO–900 Vágur, Tel. 373 961, Fax 373 962, hotelbakkin@email.fo, www.hotelbakkin.com. Ganzjährig geöffnet. EZ ohne/mit Bad 500 / 600 DKK, DZ ohne/ mit Bad 600/700 DKK.

⊚ **CAMPING**: Eine Grasfläche gibt's lediglich in Fámjin (Tel. 223 925 und guesthouse@kailnet.fo) und in Vágur (Tel. 574 864 und mvil@email.fo), Abstellplätze für Wohnmobile und Wohnwagen zudem in Tvøroyri/Trongisvágur (Kontakt via Touristenbüro), Sumba (Tel. 370 344, 223 944, sumba@sumba.fo) und Hvalba (runith@gmail.com).

## Essen und Trinken

TVØROYRI
⊚ **HOTEL TVØROYRI**: Restaurant und Pizzeria, Tel. 371 171 (s. oben).
⊚ **KRAMBÚÐIN**, »Kgl. Pub og Café«, Havnarlagið 36, Tel. 281 856 und 371 856. Authentische Kneipe, das Tagesgericht ist zu empfehlen.
⊚ **GRILLBAR JAMIES**, Sjógøta 28, Tel. 372 172 und 215 210. Fr–So 17–23 Uhr. Fast Food.
⊚ **KAFFISTOVAN EFFO**, Tvoråvegur 8, Tel. 372 232. An der Tanke.

FÁMJIN
⊚ **KAFFISTOVAN Í FAMJIN**, Eirikur Olsen, Tel. 372044 und 225 201.

HVALBA
⊚ **GRILLBARRIN**, Bíarvegur 121, Tel. 375 555.

VÁGUR
⊚ **HOTEL BAKKIN**: Restaurant und Pizzeria, Tel. 373 961 (siehe oben).
⊚ **GRILLBAR SKYLIÐ**, Vágsvegur 40, Tel. 373 736. Fastfood.

⊚ Einkaufszentrum **TORGIÐ**, Vágsvegur 62, Tel. 612 096. Sandwiches.

## Versorgung

Die Aufzählungen erfolgen jeweils in alphabetischer Reihenfolge.
⊚ **ARZT**: Tvøroyri/Trongisvágur, Vágur.
⊚ **LEBENSMITTEL**: Hvalba, Porkeri, Sumba, Tvøroyri / Trongisvágur, Vágur.
⊚ **BANKEN/GELDAUTOMAT**: Tvøroyri / Trongisvágur, Vágur.
⊚ **POSTÄMTER**: Tvøroyri / Trongisvágur, Vágur.
⊚ **TANKSTELLEN**: Hvalba, Porkeri, Tvøroyri / Trongisvágur, Vágur.

## Transport / Weiterreise

VON / NACH TÓRSHAVN
⊚ **FÄHRE** (Linie 7) Tórshavn – Tvøroyri/Krambatangi mit »M/F Smyril«: 2–3 x täglich, Dauer 1:55 h. Ticket retour 90/45 DKK, Pkw 225 DKK. Tel. 343 030, www.ssl.fo.

AB TVØROYRI
⊚ **BUS** 700 nach Sumba.
⊚ **BUS** 701 nach Sandvík bzw. nach Fámjin.
⊚ **TAXI**: Tvøroyri, Tel. 282 931 sowie 250 350. – Trongisvágur, Tel. 227 228 u. 226 228; Mini-Bus 226 566. – Vágur, Tel. 213 380 u. 373 380 oder 222 918. – Hvalba, Tel. 506 888 (auch für Mini-Bus).

# *Wanderungen*

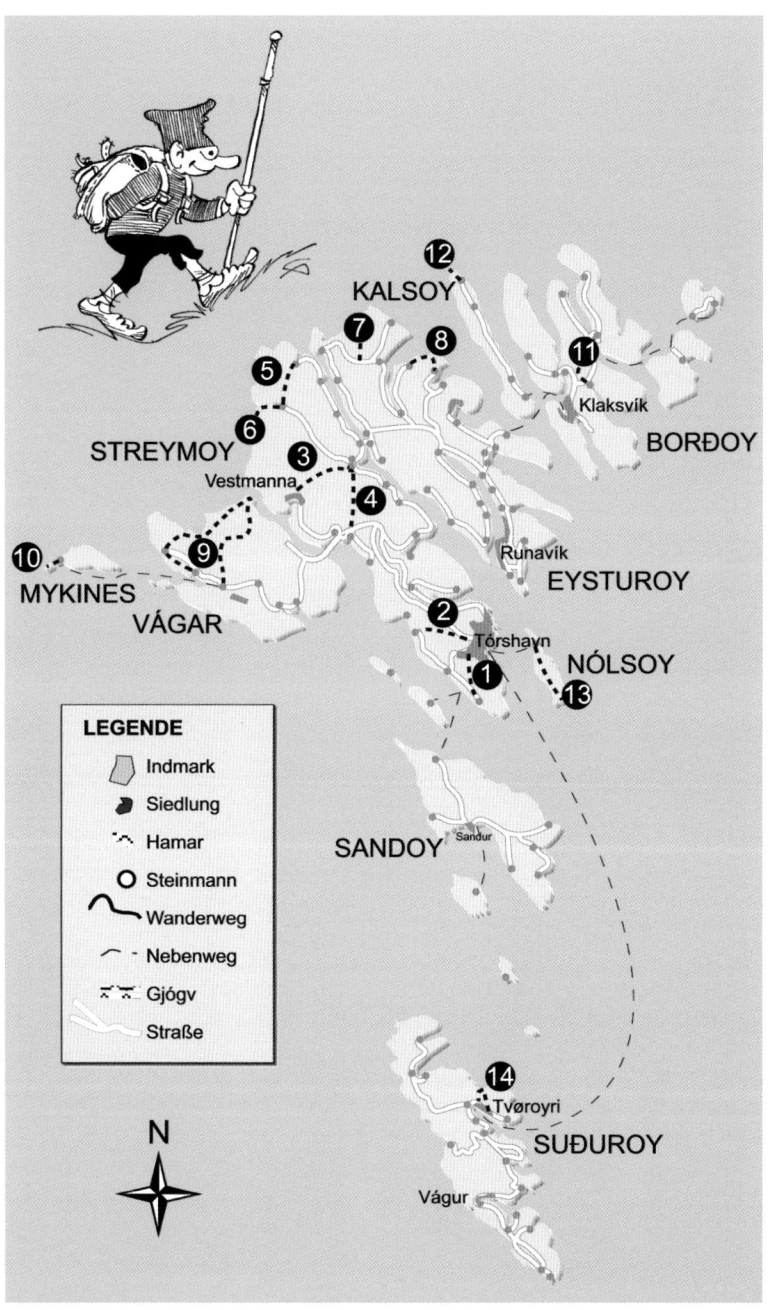

# Wanderungen

Die Färöer sind ein Paradies für Wanderer. Auf den alten Verbindungswegen kommt die faszinierende Landschaft mit ihren tausenden Seevögeln streckenweise so richtig zur Geltung.

## ABC der Wanderer

Heutzutage drehen sich Gespräche in vielen Wanderhütten häufig mehr um die Ausrüstung als um die Natur draußen vor der Tür.

Auf den Färöern werden klassische Ausrüstungs-Fetischisten, die jede Situation mit spezieller Kleidung oder einem Gerät meistern wollen, schon deswegen keine befriedigende Reise erleben, da sie das komplette Equipment über zahlreiche Pässe schleifen müssen. Man ist vielmehr um jedes Gramm dankbar, das weniger auf den Rücken drückt. Natürlich soll niemand in puristische Askese verfallen und wie Neandertaler persönlich über die Berge klettern, doch WENIGER IST auch in diesem Fall MEHR.

### ABFALLTÜTE
Für anfallenden Abfall passt dieses Utensil in jede Tasche. Abgesehen von der Funktion als Müllbeutel, kann sie bei einsetzendem Regen als Kameraschutz oder Kartentasche eingesetzt werden; oder vielleicht, damit dieser Reiseführer sich nicht in Wellpappe verwandelt.

### BEKLEIDUNG
Ein wind- und wasserdichter Hightech-Anorak ist schön und gut, muss aber nicht sein: Ein Oberteil aus fest gewebter Baumwolle, das man nach der Wäsche imprägnieren kann, erfüllt seinen Zweck ebenso gut. Aber ohne Funktionsunterwäsche läuft nach unseren Erfahrungen außer Schweiß nichts. Diese leichte Kunstfaserbekleidung hält den Körper einigermaßen trocken und warm (ist aber geruchsanfällig). Und eignet sich unter färöischen Schafwollpullovern!

Wir konnten trotz hohem Preis nicht widerstehen und haben einen original färöischen SCHAFWOLLPULLOVER erstanden. Er ist äußerst warm, auch für Wanderungen geeignet, hält leichten Regenschauern problemlos stand. Eine Softshell-Jacke oder ein Fleece sind natürlich pflegeleichter und trocknen rascher. Immer zur Hand sollte ein zweites Paar Socken sein.

### CIRRUS
Sogenannte FEDERWOLKEN. Sie ziehen sich schlierenartig über den Himmel, als hätte ein überdimensionaler Kamm sie zerfranst. Diese feinen Eiswolken, die bis in Höhen von

◀ Der Wandersmann stammt aus der Feder von Óli Petersen, dem bekanntesten färöischen Karikaturisten und Cartoonisten

13.000 m hinaufreichen können, sind OFT VORBOTEN VON SCHLECHTWETTER. Einen Sturm auf den Inseln zu erleben gehört zu den besonderen Erfahrungen im Nordatlantik.

Bei einem Wetterumschwung mit starken Winden sollte man es den Schafen nachmachen und einen der SCHAFPFERCHE aufsuchen, die sich überall auf den Inseln verteilen.

Eine (mit Steinen befestigte) Rettungsdecke oder das Überzelt ersetzen das meist fehlende Dach dieser Behausung. In der Regel verkürzt tierischer Besuch die Zeit des Wartens. Und trockene Kekse sind in dieser Situation nicht nur bei erschöpften Wanderern willkommen.

## DIGITALFOTOGRAFIE

Die meisten Reisenden haben heute eine Digitalkamera im Gepäck. Bei kaltem Wetter halten die Akkus oft nicht sehr lange. Wer keinen »Saft« mehr hat und irgendwo unterwegs noch unbedingt ein Bild schießen möchte, sollte den Akku 10 Minuten in die Hosentasche stecken; meist reicht die Wärme dann noch für das ein oder andere Bild; bei kühlem Wetter Ersatzakku ohnehin immer ganz nahe am Körper tragen.

Durch die extremen Lichtverhältnisse empfiehlt sich eine Kamera, die neben dem Display auch noch einen Sucher hat.

## EINLADUNG

Nicht selten kann es passieren, dass man in eine färöische Wohnstube eingeladen wird. Die Färinger sind nämlich ein ausgesprochen GASTFREUNDLICHES Volk. – Betritt man eine Wohnung, zieht man im Eingangsbereich die SCHUHE AUS. Worauf stets das Gleiche geschieht: In Küche oder Wohnzimmer wird man zu viel Kaffee, Gebäck, Käse und Brötchen eingeladen. Eine stets wiederkehrende Geste, bei der man denken könnte, sie sei genormt. Die Freude und das Interesse, das Gästen oft entgegengebracht wird, ist recht groß.

## FERNGLAS

Oft bleibt es zu Hause, doch hier sollte nicht am Gewicht gespart werden. Denn wer die unzähligen VÖGEL aus sicherer Position näher heranholen möchte, wird dieses zusätzliche Gepäckstück nicht bereuen. Bei Wanderungen in unübersichtlichem Gelände habe ich es auch öfter eingesetzt, um STEINMÄNNER aufzuspüren, was so manchen Umweg ersparte.

## GUMMISTIEFEL

Das LIEBLINGSSCHUHWERK vieler Färinger, die auf Wanderschaft gehen. Selbst in Wanderbroschüren wird dieses wasserdichte Schuhwerk mitunter empfohlen; bei den zahlreichen Feuchtgebieten zwar verständlich, trotzdem (nach unserem Geschmack) nicht das Geeignete, um sicher unterwegs zu sein. Auf nassen Steinen und steilen Berghängen sorgen feste WANDERSCHUHE für mehr Trittsicherheit. Zugegeben, es ist auch eine Sache der Gewohnheit...

 Wer weiterhin auf Diafilme schwört, decke sich unbedingt zu Hause mit Filmen ein, zumal diese auf den Färöern bestenfalls noch in Tórshavn zu bekommen sind.

Aus eigener Erfahrung bevorzuge ich immer noch gute alte Lederschuhe, die aus einem Stück Leder verarbeitet sind und lediglich am Schaft eine Naht aufweisen. Beim Schuhkauf ist darauf zu achten, dass die Zunge bis oben hin zum Schaft vernäht ist. Wichtig ist natürlich die Sohle, wobei ich seit Jahren auf die fast legendären VIBRAMSOHLEN schwöre.

Trotz unbestreitbarer Innovationen bleiben die Diskussionen über Schuhe mit wasserdichter Membran kontrovers.

## HUNDE

Es gibt sie in jedem Dorf, die meist schwarz-weißen Vierbeiner. Sie sind neugierig, verspielt und manchmal so aufdringlich, dass sie einer/m nicht mehr von der Seite weichen.

Als wir einmal Skálavík per Autostopp verlassen wollten, folgte uns ein vierbeiniger Geselle auf Schritt und Tritt. Selbst als wir in einen haltenden Wagen einstiegen, machte »Lassie« einen riesigen Satz, um sich vergnügt auf der Rückbank niederzulassen und ohne Anstalten zu machen, je wieder von unserer Seite zu weichen.

Obwohl solche Verspieltheit kaum darauf schließen lässt, sind die meisten Hunde WICHTIGE HELFER beim Zusammentreiben der Schafe und gut erzogen. Einen bissigen Hund haben wir auf den Färöern bisher noch nicht kennen gelernt.

## INDMARK

Gehört zur Utmark; siehe dort.

## JACKE WIE HOSE

Dieser Reiseführer verzichtet auf Modetipps. Dennoch – wer noch keine wasserfeste Regenjacke besitzt, tut gut daran, etwas Farbiges zu kaufen – eine rote, gelbe oder orangefarbene Jacke ist zwischen dem grauen Gestein im Notfall gut zu erkennen; und davon abgesehen, macht sich ein kräftiger Farbtupfer immer gut auf den Urlaubsbildern.

## KANSKA

Auf Deutsch: VIELLEICHT. Ein Engländer schrieb vor über 50 Jahren das Buch »The land of maybe« über die Färöer (siehe Seite 17). Kanska ist eine beliebte Antwort auf Fragen nach Fähre, Bus, Öffnungszeiten etc. Man sollte nicht glauben, dass ein schnell ausgesprochenes »kanska« Desinteresse signalisiert; vielmehr drückt es eine TYPISCH FÄRÖISCHE LEBENSART aus: die Neigung zur Gemütlichkeit. Mit Hektik kommt hier niemand weit, und schon gar nicht bei schlechtem Wetter. Man hat Zeit hier oben im Nordatlantik und die lässt man sich nicht nehmen, weder durch Gesetze noch durch ungeduldige Reisende.

## LANGABREKKA

Heißt die Wanderung über die Insel Nólsoy. Sie zählt zu den einfachsten Touren überhaupt und eignet sich hervorragend für Kurzbesucher. Die Route führt auf vorwiegend flachem Gelände zum ältesten LEUCHTTURM im der Färöer. Per Abstecher an die Ostküste des Eilands kann man von Mitte April bis Ende August auch Papageitaucher beobachten.

## MISSWEISUNG

Der geografische und magnetische Nordpol liegen nicht am selben Ort. Je weiter man sich nach Norden begibt, um so größer wird diese sogenannte Missweisung, die ein KOMPASS anzeigt. Auf den Färöern beträgt sie 15°. Das Maß ist auf allen topografischen Karten (1 : 20.000) angegeben und muss bei der Orientierung per Kompass berücksichtigt werden. Wer ein GPS-Gerät besitzt, hat diesen Fehler durch die Satellitennavigation von vorneherein ausgeschaltet. Nur sind sogar die teuren Geräte keinesfalls unfehlbar; dies darf vor allem BEI SCHLECHTER SICHT nicht vergessen werden.

## NEBEL

Bei Nebel gibt es nur eines! ZU HAUSE BLEIBEN! Überrascht eine/n der Nebel auf einer Wanderung, ist es am besten, man wartet ab. Befindet man sich in gefährlichem Terrain, nahe der Steilküsten oder im Gebiet einer Kluft (GJÓGV), darf man unter keinen Umständen weitergehen!

Der Schwierigkeitsgrad der Touren sagt nichts über die Schwierigkeit bei Nebel aus! So ist die Wanderung Elduvík – Oyndarfjørður nur mit Schwierigkeitsgrad 2–3 bezeichnet, doch bei Nebel lebensgefährlich.

## ÖFFENTLICHE VERKEHRSMITTEL

FÄHREN oder BUSSE verbinden die meisten Ortschaften der Inseln miteinander. Zu allen Wanderungen finden Sie Angaben über die Erreichbarkeit mit öffentlichen Transportmitteln: Sollte kein Anschluss bestehen, gibt es die Möglichkeit, ein TAXI zu ordern (Nummer ins Mobiltelefon speichern).

## PAPAGEITAUCHER

Das beliebteste Fotomotiv weilt von März bis Ende August auf den Inseln. Während die Besucher den schwarzweißen Gesellen vor dem Objektiv begehren, haben ihn die Färinger gern im Kochtopf – der Papageitaucher ist in jeder Form ein Genuss.

## QUELLWASSER

Wer kennt sie nicht, die Geschichte vom toten Schaf, das weiter oben im Bach liegt?! Auf den Färöern ist dies hin und wieder Realität. Nicht alle Tiere überstehen den Winter und so findet sich nach der Schneeschmelze so mancher Kadaver im Bachbett wieder Deshalb sollte man TRINKWASSER stets an steileren Wasserläufen abfüllen und nicht aus Bächen, die durch eher ebenes Terrain fließen.

## RIEGEL

Ob Schoko-, Müsli- oder Nussriegel, kleine Leckereien wirken unterwegs bei aufkommender Lustlosigkeit oder bei Schlappheit Wunder. Naschkatzen finden Auswahl im Supermarkt.

## SCHWINDELFREI

Auch wenn man sich nicht in einem Hochgebirge befindet, führen mehre-

 Mit dem Bus morgens an einen abgelegenen Ort zu gelangen und abends wieder zurückzukommen, dafür besteht bei den Einheimischen so gut wie kein Bedarf; insofern ist diese Art von Busverbindung nicht zu erwarten.

re Pfade an steilen Abhängen sowie Küstenabschnitten entlang, die nicht zu unterschätzen sind. Ab Schwierigkeitsgrad 3 ist mit solchen Passagen zu rechnen. Wanderungen der Kategorie 4 sollten definitiv nur Personen begehen, die mit der Höhe überhaupt kein Problem haben.

## TOPOGRAFISCHE KARTE UND THERMOSKANNE

Topografische Karten sind für eine optimale, möglichst sichere Wanderung unerlässlich. Seit einigen Jahren liegt Kartenmaterial der gesamten Färöer im Maßstab 1 : 20.000 vor – eingeteilt in das gängige UTM-GITTERNETZ, in dem auch die GPS-Daten dieses Buches angegeben sind. Die Legende ist auf Färöisch und Dänisch verfasst, die Symbole entsprechen den gängigen internationalen Zeichen. 2012 wurden die Inseln NEU VERMESSEN, was einige Korrekturen (etwa bei Höhenangaben) zur Folge hatte.

In Bezug auf die eingezeichneten WANDERWEGE (fär: *varðagøta)* sei vermerkt, dass diese oft nur vereinzelt im Gelände vorzufinden sind. Das gilt ebenso für die STEINMÄNNER *(fär: varði)*. Die mit offenen Kreisen gekennzeichneten SCHAFSCHUTZWÄLLE *(ból)* taugen nicht zur Orientierung, da viele nicht kartiert sind.

Wie viele Nordländer haben wir eine Thermoskanne mit heißem Kaffee (oder Tee) dabei. Das zusätzliche Gewicht ist schnell vergessen, wenn der kühle Wind die durchgeschwitzte Unterwäsche erreicht hat und der wärmende Kaffee besser als in jedem Lokal schmeckt.

## UT- UND INDMARK

Diese dänischen Bezeichnungen für extensives Weideland und intensiv genutztes Ackerland haben sich in der Literatur etabliert. Die Indmark (fär: *bøur)* gliedert sich normalerweise an einen Hof und ist von einer Trockensteinmauer umgeben, die Windschutz gewährt und Schafverbiss vermeidet. Ihr saftiges Grün hebt sich klar von der grünbraunen Utmark (fär: *hagi)* ab.

Die Utmark – der gesamte Bereich außerhalb von Siedlungen und Indmark – wird als Weideland genutzt. Auch dieses Gebiet ist in Privatbesitz.

Wanderer dürfen Indmarksflächen lediglich auf den vorhandenen Wegen durchqueren. Ist kein Pfad vor Ort, läuft man an Bach, Drainage oder am Rand des bestellten Feldes entlang. Die Einheimischen geben gerne Auskunft, wo und wie man am besten in die Utmark gelangt.

## VARÐI

Heißen die STEINMÄNNER, die die alten Handels- und Verbindungswege kennzeichnen – wichtige Wegmarkierungen, die dies auch bleiben sollen: Wer Steinmänner zerstört, handelt grob fahrlässig und kann andere in gefährliche Situationen bringen. Ebenso sollte man keine Steinmänner abseits der Wege errichten, da dies irreführend sein kann. Auf einen alten Varði einen neuen Stein zu legen und somit für dessen Erhalt zu sorgen, das kommt hingegen den nachfolgenden Wanderern zu Nutze.

Da die NÄHERE UMGEBUNG VON TÓRSHAVN relativ stark frequentiert wird, finden sich dort zahlreiche Steinhaufen, die aber nicht unbedingt den richtigen Weg weisen.

WEIDEZAUN UND WOLLRESTE

Oft sind Weidezäune zu überqueren. Nicht selten liegen an einigen Stellen auf beiden Seiten größere Steine, die das ÜBERKLETTERN – vor allem für Kurzbeinige – vereinfacht. Manchmal ist auch eine kleine Holzlatte als TRITTSTUFE vorhanden. Selten findet man eine Leiter oder gar ein Türchen, das einem den Weg weist. Gerade im Gebirge, weitab von Siedlungen, gibt es keines dieser Hilfsmittel, um den Zaun zu überwinden. Es versteht sich von selbst, bei einer Kletterpartie auf den Zaun zu achten. Verbiegt er sich oder muss er von einem Posten gelöst werden, bringt man ihn hinterher wieder in Ordnung, damit die Schafe nicht auf Nachbars Weide naschen gehen.

Es juckt und keine Hand ist da, die kratzt – so geht es den Schafen oft genug. Abhilfe schaffen sie sich, indem sie sich an Weidezäunen oder Felsbrocken reiben. Oft bleibt ein Fetzen Schafwolle hängen. Während solche Reste früher von der armen Landbevölkerung gesammelt wurden, bleiben sie heute nutzlos liegen. Vor ein paar Jahren wurde eine landesweite Aktion gestartet, um verlorene WOLLRESTE zu sammeln. Aber nicht, um die Wollindustrie zu unterstützen – der Grund sind die Vögel, die sich mit ihren Füßen in dem filzartigen Geflecht verfangen können; solche Fußfesseln bedeuten den sicheren Tod. So gut die Aktion gemeint ist, der Wanderer mit seinem schweren Rucksack wird sich kaum bei jedem Wollfetzen bücken wollen und können...

X-MAS

An Weihnachten treibt es selbst hartgesottenste Färinger nicht hinaus in die Natur. Der einzige Weg, den fast alle Einwohner nehmen, ist der Weg in die CHRISTMETTE.

YACHT

Mit der HISTORISCHEN SEGELYACHT »Norðlýsið« oder Dragin kann man sich an entlegene Orte (wie zur Südspitze Nólsoys oder zu dem verlassenen Ort Slættanes) fahren lassen, um von dort auf Wanderschaft gehen (Tour 13).

ZU ZWEIT

Nicht nur der Sicherheit wegen ist es anzuraten, die färöische Bergwelt zu zweit zu erkunden. Vier Augen erkennen mehr als zwei, und sei es, einen verfehlten Steinmann aufzuspüren.

# Auf dem rechten Weg

Die Inseln sind komplett in landwirtschaftliche Nutzflächen eingeteilt. Da

 Auch wenn im Rahmen der Recherche einige der leichteren Touren allein begangen werden mussten, ist der Ratschlag, immer zu zweit zu wandern, wirklich ernst zu nehmen.

sich diese Flächen nicht nur auf intensiv genutzte Ackerflächen beziehen, sondern auch auf den gesamten Utmarksbereich, gibt es schon seit dem 13. Jahrhundert ein Gesetz, das das VERLASSEN der bestehenden Wanderwege UNTERSAGT. Sämtliche in diesem Buch beschriebenen Touren unterliegen dieser Regel.

Während der SCHAFSCHUR (Mitte Juli und Mitte Oktober), wenn die Vierbeiner über die Hänge ins Tal getrieben werden, wird es nicht so gern gesehen, wenn Wanderer unterwegs sind – und das mühsame Einfangen der Tiere womöglich behindern. Doch keine Sorge: Wer die körperliche Ertüchtigung »Bergwandern« nicht missen will, kann die Bauern beim Schafabtrieb unterstützen. Helfende Hände sind hier stets willkommen.

ANGABEN ZU DEN WANDERUNGEN

◉ **LÄNGE**: bezeichnet die ungefähre Entfernung zwischen Start- und Zielpunkt. Bei Wanderungen, die denselben Rückweg haben, ist immer die KOMPLETTE LÄNGE angegeben, also Hin- und Rückweg.

◉ **DAUER**: Hier können schlicht nur Richtwerte genannt werden, da individuelle Pausen sowie Wetterverhältnisse nicht im Voraus zu berechnen sind. Bei identischem Hin- und Rückweg ist die Gesamtdauer angegeben.

◉ **SCHWIERIGKEITSGRAD**: 1 = Spaziergang. – 2: einfache Wanderung, streckenweise querfeldein. – 3: anspruchsvolle Wanderung mit steilen Passagen, streckenweise problematisch bei Höhenangst. – 4: (streckenweise) sehr steil, nichts für Personen mit Höhenangst.

◉ **MARKIERUNG**: hier eingeteilt in drei Kategorien. SPÄRLICH bedeutet, dass Steinmänner bzw. ein sichtbarer Fußpfad nicht generell vorhanden sind. MITTEL kennzeichnet Routen, wo während der ganzen Tour unterwegs Steinmänner oder Fußwege deutlich zu erkennen sind. GUT bezeichnet Wanderungen, wenn Steinmänner und Fußweg auf der ganzen Länge vorhanden sind.

◉ Die **NAVIGATIONSDATEN** sind entsprechend der topografischen Karten (1:20.000) in UTM-Einheiten angegeben, also Grad, Minuten, Sekunden.

Die Verwendung eines GPS-Geräts ist für keine der Wanderungen Voraussetzung. Wer jedoch in plötzlichen Nebel gerät, kann sich mit Hilfe der im Text wiedergegebenen Standortdaten orientieren. Gleiches gilt für einen Höhenmesser, der auf Barometerbasis auch Wettertendenzen anzeigt.

◉ **MARKIERUNGSPFOSTEN**: Die rot-gelben, ca. 40 cm hohen Straßenbegrenzungen werden – stellenweise – auch zur Ausweisung von Wanderwegen verwendet. Im einheimischen Sprachgebrauch werden sie als Priester (fär. *prestar*) bezeichnet, weil sie den »rechten Weg« weisen. Die längere Variante sind die Bischöfe (fär. *bispar*).

◉ **HÖHENANGABEN**: beziehen sich auf Meter über Normal Null (Meeresspiegel).

# Wanderung 1 – Streymoy

## AUF PATRIOTISCHEN WEGEN INS MITTELALTER

◎ **STRECKE**: von Tórshavn nach Kirkjubøur
◎ **LÄNGE**: 7 km
◎ **DAUER**: ca. 2 Std
◎ **SCHWIERIGKEITSGRAD**: 1–2
◎ **KARTENBLÄTTER**: 408, 508
◎ **MARKIERUNG**: gut
◎ **TRANSPORT**: Der rot-weiße Stadtbus Nr. 5 verkehrt kostenlos werktags 7x nach Kirkjubøur. Wer am Wochenende unterwegs ist, kann mit der Linie 101 (blaue Busse) nach Gamlarætt fahren und sich am Abzweig nach Kirkjubøur absetzen lassen.
◎ **KURZBESCHREIBUNG**: Die Wanderung beginnt im Südwesten der Haupstadt und ist gut zu laufen. OPTIMAL ALS EINSTIMMUNG für einen Wanderurlaub. Der Weg zieht sich über die »Südwestabdachung« des 350 m hohen Kirkjubøreyn. Ca. 50 m vor dem ersten Haus erreicht der Fußweg wieder die Fahrstraße nach Kirkjubøur.

◎ **EXTRAS**: Man passiert unterwegs eine Stelle mit dem Namen Reynsmúli, wo Ende des 19. Jahrhunderts patriotische Treffen stattfanden. Bis die Straße via Velbastaður nach Kirkjubøur gebaut wurde, war die Route die wichtigste Verbindung zur Hauptstadt. Es gibt zwar noch einen (weiter östlich verlaufenden) Weg zwischen Kirkjubøur und Tórshavn bzw. Argir, der aber weniger zu empfehlen ist, da unmarkiert (und oberhalb Kirkjubøurs über eine Steilwand verlaufend).

Der Einstiegspunkt ist leicht zu finden. Es gibt zwei größere Straßen, die aus Tórshavn Richtung Kirkjubøur führen: Langavegur und Velbastaðvegur. An der Kreuzung, wo sich beide Straßen treffen, geht es links in die við Sánd hinein, die nach unten führt. Als Anhaltspunkt dienen die Firma »Nomatek« und ein schon verblichenes Wan-

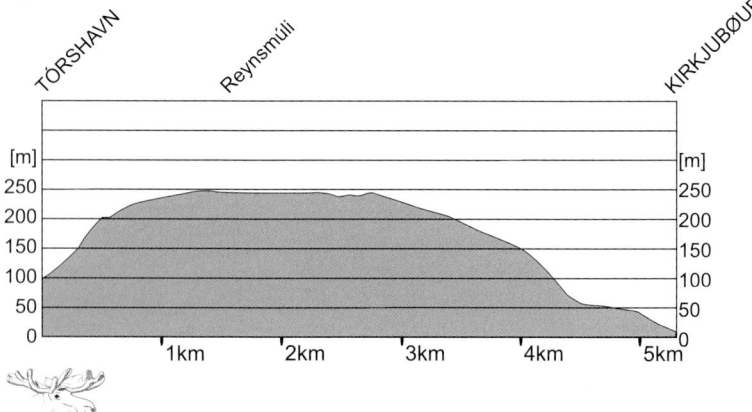

Streymoy wird ferner im Rahmen der Inselrouten ab Seite 74 vorgestellt.

derschild, das zum Ausgangspunkt des Weges führt. Ein halbwegs befestigter Weg führt am roten Bauernhof vorbei, den Ackerflächen umgeben. Folgt man diesem Weg, gelangt man direkt auf die richtige Route jenseits der Steinmauer (N 61°59'41'' sowie W 06°48'49'').

Der Pfad zählt zu den am häufigsten begangenen Touren der Färöer und ist dementsprechend gut auszumachen. Schon im Mittelalter war dies die bevorzugte Route zwischen Kirkjubøur und Tórshavn.

Leicht geht es bergan: Das Gelände ist mit Steinen übersät. Über dem Wanderer türmen sich rechts wie links Felsstufen auf, die man durchsteigen muss. Ein Steinmann (N 61°59'34'', W 06°49'06'') wird sichtbar, den man anpeilt. Kurz zuvor biegt ein Weg gen Velbastaður ab, den wir aber heute nicht einschlagen.

Nachdem wir über den HAMAR hinweg sind, säumen Steinmänner den Weg bis zum Ende. Mehrere Seen und Tümpel werden rechts des Pfads sichtbar und man erreicht eine Stelle namens REYNSMÚLI. Deutlich ist zu erkennen, dass hier Menschenhände am Werk waren. Gegen Ende des 19. Jhs. war Reynsmúli ein Treffpunkt, wo man Reden lauschte und miteinander sprach. Zu Zeiten aufkeimenden Nationalbewusstseins sang man hier oben Lieder und lauschte patriotischen Reden. Vermutlich wählte man den abgelegenen Ort, da man unter den Augen dänischer Beamter in Tórshavn nur unnötiges Aufsehen erregt hätte.

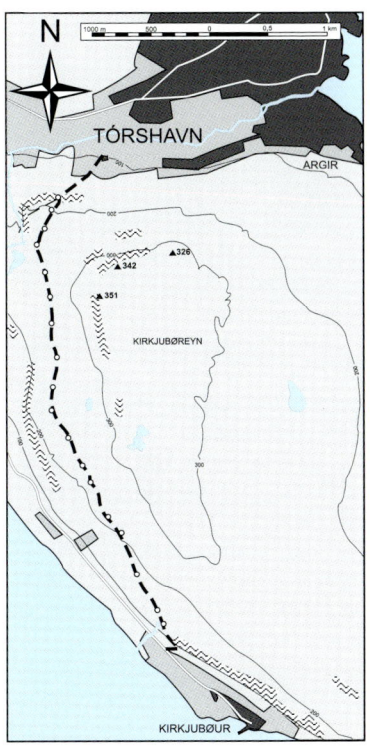

Langsam, aber stetig geht es nun wieder abwärts. Das Wetter ist hervorragend und damit auch der Blick hinüber nach Koltur, Hestur, Sandur und Vágar. Vögel zwitschern, und ein laues Lüftchen weht um die Nase.

Man erzählt sich, dass hier oben auf dem 350 m hohen **KIRKJUBØREYN** Hulden leben. Die Geister, die oft Böses oder Schabernack im Sinn haben, leben hier zwischen ebenso wie unter den vielen Steinen. Ich treffe diesmal jedoch kein Exemplar der nordischen »Geisterspezies«.

Damit man sich nicht verläuft, hat man hier einige rote Pflöcke in den Boden gerammt. Schließlich tauchen die Häuser von Kirkjubøur auf; mein Schritt wird schneller, da ich mich schon auf den kleinen romantischen Ort freue.

Auch die Landschaft wird wieder grüner, je weiter ich komme. Einige hundert Meter, bevor man den Ort erreicht, macht der Weg nochmals eine scharfe Kehre und führt nach unten zur Fahrstraße. Direkt an einer Kuhweide steht, wie bereits am Anfang der Tour, ein Schild, auf dem der Weg beschrieben wird. Um mich herum steht nun alles voller Kühe, die mich neugierig betrachten. Etwa 50 m bevor man das erste Haus von Kirkjubøur erreicht, kommt man auf den Fahrweg (N 61°57'30" W 06°48"06"). Es ist von Vorteil, dass ein Gitter in der Straße eingelassen ist. Die aufdringlicher werdenden Vierbeiner kann ich so problemlos hinter mir lassen und die letzten Meter alleine nach Kirkjubøur laufen.

# Wanderung 2 – Streymoy

FÄRÖISCHE KONTRASTE:
VON DER HAUPTSTADT
ZUM EINSIEDLERHOF

- **STRECKE**: ab Jugendherberge / »Hotel Føroyar« nach Syðradalur
- **LÄNGE**: 7 km
- **DAUER**: ca. 2:30 Std
- **SCHWIERIGKEITSGRAD**: 3–4
- **KARTENBLÄTTER**: 509, 409
- **MARKIERUNG**: gut bis mittel
- **TRANSPORT**: Von/nach Syðradalur gibt es keine öffentliche Busverbindung, so dass man ein Taxi bestellen sollte. Hat man ein Fahrzeug dabei und reist nicht allein, besteht die Möglichkeit, sich zu trennen, auf halbem Weg miteinander zu picknicken und schließlich mit dem abgestellten Wagen von Syðradalur in die Hauptstadt zurück zu fahren.

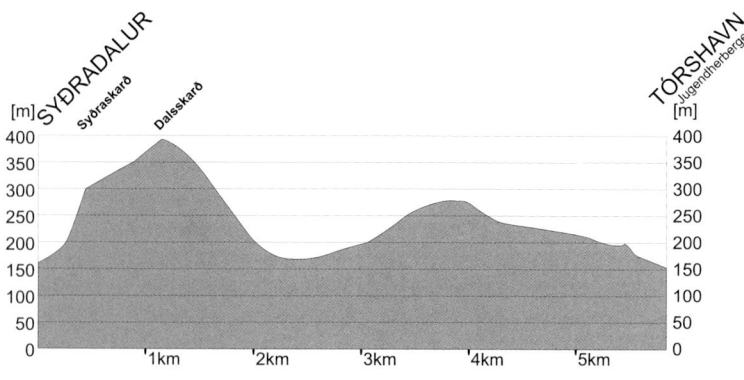

◎ **BESONDERHEITEN**: Der Ab- bzw. Aufstieg über den Syðraskarð ist ziemlich steil.
◎ **KURZBESCHREIBUNG**: Das Terrain ist überwiegend einfach zu begehen und gut markiert. Nur der Abstieg über den Syðraskarð ist schwierig, da steil. Wer sich dies ersparen will, sollte den faszinierenden Ausblick von oben genießen und wieder zurücklaufen.
◎ **KURZWANDERUNG**: von der Jugendherberge bis zum Syðraskarð und wieder zurück.

Es ist einer der Tage, die man am liebsten im Café verbringen möchte: ein guter Cappuccino, etwas zu lesen... – Wir haben klassisches Schmuddelwetter, leichten Nieselregen, und das Thermometer tut sich schwer, auf 10 Grad zu klettern. Scheinbar vergebens versucht sich die Sonne einen Weg durch die tief hängende und dichte Wolkendecke zu bahnen.

Gegen Mittag überkommt es uns dann doch, und wir packen die Rucksäcke. Direkt von der Jugendherberge Kerjalon Tórshavn geht es los, doch nicht gemeinsam. Da es nach Syðradalur keinen Bus gibt, trennen wir uns: Einer fährt mit dem Wagen nach Syðradalur, der Andere läuft am Hostel los. Zunächst muss man auf Asphalt spazieren.

Kurz nachdem eine Stromleitung die alte Bergstraße überquert, befindet sich links ein kleiner, flacher Platz (210 m, N 62°00'51'', W 06°48'48''). Man geht einige Meter ins Gelände und sieht schon den ersten Steinmann (N 62°00'49'', W 06°48'52''). Der Weg ist hier deutlich erkennbar, zumal er auch als Reitstrecke genutzt wird. Nachteilig erweist sich jedoch der durch Pferdehufe aufgewühlte, matschige Boden. In 100–150-m-Abständen folgen nun die Markierungen. Den mächtigen Steinmann, den man einige hundert Meter links auf dem Absatz erkennt, lässt man im wahrsten Sinne des Wor-

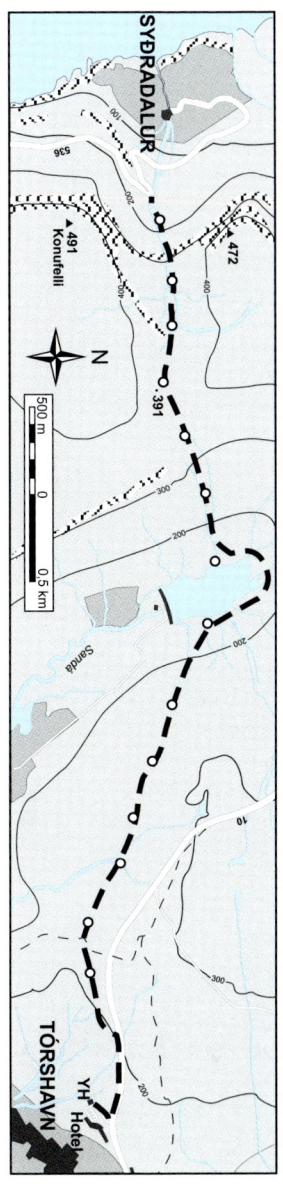

tes links liegen. An einem großen Stein mit kleinen Haufen obenauf (N 62°00' 47'', W 06°49'10'') zweigt links ein Weg ab; man geht aber geradeaus weiter. Rechts in Richtung Húsareyn steht die große Sendeantenne mit Parabolspiegel, FJARSKIFTAMASTUR. Der Boden ist von den grünen, vulkanischen Steinen förmlich übersät.

Schließlich macht der Pferdeweg eine Rechtskurve den Hang hinauf Richtung Fahrstraße. Auch wenn kein deutlicher Weg mehr zu erkennen ist, folgt man geradeaus den Steinmännern (N 62°00'56'', W 06°49'54'') und passiert senkrecht eine Oberleitung (N 62°00'58'', W 06°50'02'').

Die grasfreien Stellen gaukeln immer wieder einen Fußpfad vor, doch hält man sich besser an die Varðis. Dass die freie Fläche hier oben mit kalten Temperaturen zu kämpfen hat, zeigen die deutlichen Steinstreifen (N 62°00'59''; W 06°50'12''), die der winterliche Frost gebildet hat.

Während ich meinen Blick hinüber nach Hestur und Sandoy schweifen lasse, kommt ein kleiner, neugieriger Piepmatz angeflogen, der sich aus Ermangelung an Bäumen stets auf die Steinhaufen setzt.

Bei 260 m Höhe führt der weitere Verlauf nach links unten (N 62°01' 03'', W 06°50'27'') in Richtung STAUSEE. Nachdem die Neugierde des Vogels gedeckt ist, interessiere ich nun einen Schneehasen, der mit seinem graubraunen Sommerfell gut getarnt ist. Außer Jägern muss er hier jedoch keine Feinde fürchten.

Ich halte grob auf die Seemitte zu und erreiche bei 210 m Höhe einen Weidezaun (N 62°01'05'', W 06°50' 75``), der zu übersteigen ist. Auf halbem Weg zum See erkennt man weitere kleine Steinmänner mitten auf der Grasfläche.

Der ursprüngliche Verbindungsweg zwischen Tórshavn und Syðradalur führte direkt durch die Talsenke, die heute durch die aufgestaute SANDÁ bedeckt ist. Um die Höhe auszunutzen, laufe ich darum nicht an den Markierungen weiter, sondern durch die Weidefläche. Man sollte in jedem Fall den See an seinem Ende umrunden, um den richtigen Aufstieg wieder zu finden.

Nachdem man den Weidezaun ein zweites Mal überwunden hat (N 62° 01'17'', W 06°51'18''), sind zahlreiche Bachläufe zu überqueren, die in den See münden.

Plötzlich fliegt ein Schwarm Möwen auf und durchbricht mit seinem Geschrei nicht nur die Stille, sondern, wie es scheint, auch die Wolkendecke. Die Sonne kommt heraus. Ihr einmaliges Lichtspiel entschädigt für den Nieselregen. Hat man das Sumpfgelände hinter sich gelassen und die andere Seeseite erreicht, geht es bald wieder bergauf.

Sollten die Wegwarten hier etwas verfallen sein, kann es stellenweise knifflig werden, die nächsten auszumachen. Schaut man hinunter auf den See, erkennt man zwei spitze Buchten: Dazwischen verlief einst der Weg und führt geradewegs nach oben.

*Streymoy wird ferner im Rahmen der Inselrouten ab Seite 74 vorgestellt.*

Nach einer Weile sehe ich die Häuser von Norðastahorn und den KIRKJUBØREYN mit seinen drei Zipfeln. Hier oben sind die Steinmänner (N 62°01'12", W 06°25'14" und N 62°01'12", W 06°52'21") auch wieder gut zu erkennen.

Am Bergkamm erscheint plötzlich eine Gestalt: Nach kurzer Zeit erkenne ich meinen Wandergefährten. Als wir uns treffen, ist die Freude groß, bei der obligatorischen Kaffeepause erzählen beide von den Besonderheiten ihrer Wegstrecke. Während ich nur den Zaun und die Bächlein zu überwinden hatte, scheint der Wasserfall am Syðraskarð nicht ohne zu sein.

Es ist kurz vor 15 Uhr und wir sehen unten in Tórshavn die »Norröna« in den Hafen gleiten. Wir verabschieden uns wieder. Bald habe ich die Ostkante des Sattels erreicht, das Gelände wird nun flacher. Kurz vor dem HÖCHSTEN PUNKT bei 391 m ü.d.M. steht ein stolzer Varði (N 62°01'08", W 06°52'43"). Über die alte Bergstraße sieht man im Osten Runavík, während im Westen das Meer zu bewundern ist. Nach wenigen Metern geht es wieder bergab, doch das Gelände bleibt flach.

Die klassische U-FORM DES TALES zeigt, dass hier einst die Kräfte der Gletscher wirkten. Über Grasland, entlang des Baches, den ich schließlich überquere, führt auch wieder ein sichtbarer Trampelpfad. Jetzt taucht Koltur auf – Gelegenheit um zu fotografieren. Gerade der Blick vorbei an der Steilwand des 491 m hohen KONUFELLI hinüber zu der kleinen Insel lohnt diese Wanderung.

Eine Weile bleibe ich stehen und beobachte die Eissturmvögel, wie sie sich von der Thermik nach oben tragen lassen. Hier an der Kante auf 300 m ü.d.M. markiert ein Steinmann (N 62°01'08", W 06°53'45') den Einstieg zum Abstieg. Rechts geht es hinunter. Dem WASSERFALL kann ich nur wenig Aufmerksamkeit widmen, denn mitten in der Kletterei überrascht mich ein Wolkenbruch. Da das Gelände sehr steil und durch die Feuchtigkeit rutschig ist, fühle ich mich das erste Mal etwas unwohl. Zeit nehmen, keine unüberlegten Schritte machen, gute Wanderschuhe machen sich jetzt bezahlt. Endlich habe ich wieder die Wiesenfläche (N 62°01'11", W 06°53'52") erreicht, die Stimmung schwenkt um. Pfeifend laufe ich nun in Richtung der Straße, wo unser Auto geparkt ist. Der Bach Syðradalsá, ausgewiesenes Trinkwasserareal, ist am einfachsten direkt an der scharfen Kurve der Straße zu überqueren.

Nun geht es zurück in die Hauptstadt und Richtung Jugendherberge, wo mir mein Gefährte bereits auf der Straße entgegenkommt.

Wer die Wanderung in Syðradalur beginnt, findet bis auf den Grat hinauf keine Wegmakierung. Hält man sich links vom Wasserfall, erkennt man einen schmalen Trampelpfad, der durch die Felsstufe führt.

# Wanderung 3 – Streymoy

VON VESTMANNA ZUR ALTEN WALBUCHT

◉ **STRECKE**: von Vestmanna nach Hvalvík
◉ **LÄNGE**: 10,5 km
◉ **DAUER**: ca. 4:30 Std
◉ **SCHWIERIGKEITSGRAD**: 3
◉ **KARTENBLÄTTER**: 310, 311, 411
◉ **MARKIERUNG**: mittel
◉ **TRANSPORT**: Bus 100 von Tórshavn nach Vestmanna (bzw. Bus 400 nach Hvalvík)
◉ **BESONDERHEITEN**: Der Pfad an der Bjerndalsgjógv ist bei Nebel lebensgefährlich und ausschließlich bei ausreichender Sicht zu begehen.
◉ **ANSCHLUSSWANDERUNG**: ab Hvalvík zum Leynarvatn (Wanderung Nr. 4).
◉ **KURZWANDERUNG**: von Vestmanna aus bis zum ersten Stausee Frammi á Vatni, von dem ein Feldweg wieder nach Vestmanna hinunter führt.

Gleich mehrere Fahrstraßen führen zum Ausgangspunkt. Am einfachsten hält man sich zwischen den zwei Bächen Hórðará und Gjógvará, die Vestmanna durchfließen. Die Miðalsbrekka führt die Serpentinen zu den höchstgelegenen Häusern hinauf. An der linken Straßenseite befindet sich ein kleiner Schotterplatz, wo wir unser Auto abstellen. Wenige Meter entfernt beginnt die Wanderung (N 62° 09´29´´, W 07°10´42´´).

Am Ende der geteerten Straße geht es vorbei an zwei großen grünen Silos, entlang eines Zaunes, bis man ein kleines Tor erreicht. Links von dem Bach GJÓGVARÁ geht es 200 m entlang, bis man auf der anderen Seite einen Steinmann erblickt (N 62°09´40, W 07°10´43´´). Man überquert den Bach und muss auf der anderen Seite zunächst einen Weidezaun überwinden. An der besagten Steinmarkierung sowie einer alten, verfallenen Windschutzmauer für Schafe geht es nun geradewegs nach oben. In 50–100 m Entfernung warten gut sichtbar die nächsten Steinmänner. Nach 200 m erreicht man erneut einen Schafspferch. In einiger Entfernung steht zur

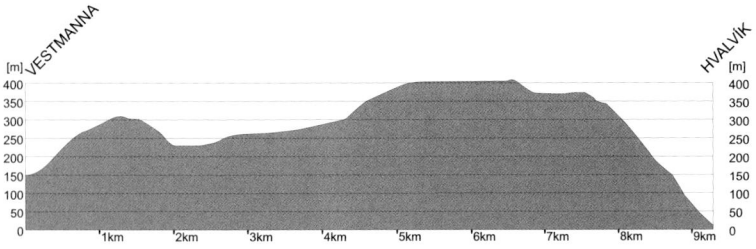

Linken ein Betongebäude mit rostigem Dach.

Bei einer Höhe von 285 m teilt sich der Weg an einem Steinmann (N 62° 10´03´´, W 07°09´ 60´´).

Bei klarer Sicht ist im Hintergrund die Insel MYKINES zu sehen, des Weiteren in Laufrichtung der 710 m hohe STÍGARNIR und der 639 m hohe LOYSINGAFJALL, zwischen denen unsere Route entlang führt.

Entweder geht man nun 400 m auf dem SAKSUNARVEGURIN Richtung Norden, um auf den Feldweg zu gelangen, der unterhalb des Staubeckens Frammi á Vatni eine Schleife macht. – Oder man läuft den alten Lómundoyravegur weiter. Entscheidet man sich für die zweite Variante, geht es über die Staumauer des kleineren Beckens sowie ab

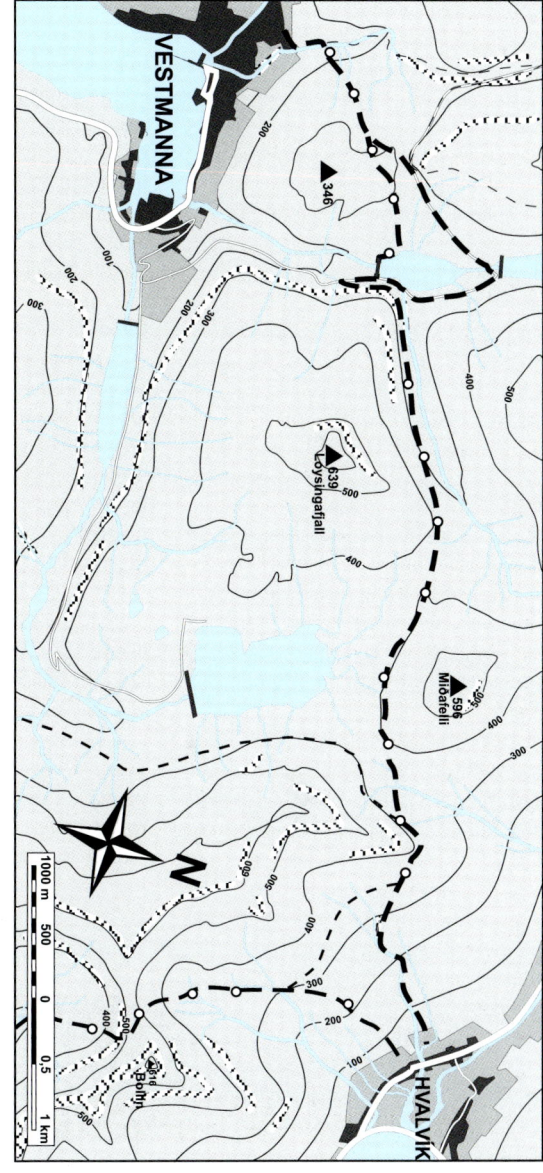

dort hinauf zum Feldweg. Einen Blick in die BJERNDALSGJÓGV, wie er sich entlang des oberen Weges eröffnet, sollte man sich dennoch nicht entgehen lassen. – 200 m den Feldweg nach Norden erreicht man die Brücke, die den tollen Blick freigibt.

Um den Einstieg zu finden, der uns nun an der Bjarnadalsá entlang führt, begibt man sich auf dem Feldweg talabwärts, bis eine Stromleitung den Weg quert. Von hier sieht man hinunter auf den kleinen Ort Válur. Jetzt geht es wieder in die andere Richtung und bergauf. Nach wenigen Metern wird ein Trampelpfad sichtbar, dem man jetzt folgt. Während die Stromleitung sich über den ersten Felsabsatz fortsetzt, folgt man dem Pfad unterhalb diesem.

Kommt man um die nächste Ecke, sieht man die Stromleitung wieder, die die nächsten 4,5 Kilometer neben den Steinmännern als Groborientierung dient.

Trotz Stromleitung kommt es uns vor, als seien wir weitab jeglicher Zivilisation. Ein Schwarm schnatternder Enten überzeugt uns allerdings wieder recht schnell und laut davon, dass selbst das entlegenste Fleckchen Land auf den Färöern womöglich als Weideland genutzt werden kann.

Sanft zieht sich nun der Weg am Hang hinauf.

Am FRAMMAN FYRI KLETT (N 62° 10´43´´, W 07°06´42) machen wir Mittagspause. Auf der Ebene gibt es so manche schöne Stelle, um ein Zelt aufzubauen (wofür eine Erlaubnis im Touristenbüro von Tórshavn einzuholen ist). Salami, Käse und Weißbrot bringen uns wieder zu Kräften. Nach einer Tasse heißen Kaffees und leckeren Karamellriegeln gehen wir gestärkt weiter.

Je weiter man auf die offene Fläche gelangt, umso mehr Wunden weist die dünne Bodendecke auf. Hat der Wind erst einmal damit begonnen, den Untergrund abzuerodieren, verstärken Schafe diesen Vorgang, indem sie sich bei Sturm schützend in die Bodenkuhlen drücken.

Nicht immer ist der Trampelpfad erkennbar, doch während sich der »Ausschnitt-suchende« Fotograf über die Stromleitung ärgert, erfreut sich der wegsuchende Wanderer an dieser exakten, zuverlässigen »Kennzeichnung«.

Über dem dritten großen Stausee erhebt sich der mächtige SNEIS mit seinen 747 m. Ab hier besteht die Möglichkeit, links oder rechts am Stausee entlang zu laufen und den Wirtschaftsweg, der parallel zu dem Abfluss des Beckens verläuft, einzuschlagen. Dieser Weg erreicht nach 4,5 Kilometern wieder den Ortsrand von Vestmanna. Der Weg, der in Verlängerung der Staumauer weiterführt, endet an einer Steilkante.

Entlang einer Landschaftsterrasse passiert man mehrere Unterspülungen, die große Löcher in den Untergrund gerissen haben. Kurz nachdem man einen kleinen Wasserlauf überquert (N 62°10´40´´, W 07°05´19´´),

**Streymoy wird ferner im Rahmen der Inselrouten ab Seite 74 vorgestellt.**

geht es wieder aufwärts, was ebenfalls ein Steinmann weiter oben markiert. Schließlich erreichen wir den SATTEL auf nun knapp 400 m Höhe. Zwischen Miðafelli und Sneis haben wir einen herrlichen Blick auf die Gebirgskette von Eysturoy.

Ein prächtiger Steinmann (N 62° 10´48´´, W 07°04´47´´) markiert den Kreuzungspunkt jenes Pfades, der einerseits nach Kvívík, andererseits nach Hvalvík führt. Die kalte Brise hier oben lässt uns nicht lange verweilen und so schlagen wir den Weg in nordöstlicher Richtung ein, passieren nach 100 m den KELLINGARSTEINUR, eine versteinerte »Trollfrau«, um nach weiteren 100 m direkt nach Westen weiterzulaufen. Hier verläuft die Stromleitung nicht mehr entlang des Weges. Jeder weitere Schritt wird nun mit einem noch tolleren Blick hinunter ins SAKSUNARTAL belohnt, wo sich die Storá, das längste Gewässer der Färöer, entlang schlängelt. Erreicht man den Steinmann auf 320 m ü.d.M. (N 62°10´59´´, W 07°03´43´´, hier ein Querweg zur Anschlusswanderung) und die Kante, an der es nun wieder hinunter geht, erblickt man auf der gegenüberliegenden Insel Eysturoy die Ortschaft Oyri.

Links an der Hvalvíksgjógv vorbei, geht es steil nach unten. Neben den Steinmännern dient der Bach MYLLÁ als Orientierung. Man hält sich ans linke Ufer und erreicht schließlich Hvalvík.

Möchte man die Tour von hier aus beginnen, befindet sich der Einstieg in der Nähe des Gemeindehauses. Fährt man durch Hvalvík in Richtung Saksun, kommt rechter Hand ein früherer Lebensmittelladen. Gegenüber befindet sich ein rotes Haus mit Schotterparkplatz. Rechts von dem Parkplatz führt ein Weg durch die Indmark. Durch ein kleines Tor gelangt man zu einem weißen Schuppen mit grünem Dach und schwarzer Tür, der sich genau zwischen den Mauern befindet, die rechts und links entlang führen. Weiter oben am Hang ist ein Wasserbehälter zu erkennen, den man jetzt anpeilt.

Wer für heute noch nicht genug hat, kann die 3,5 Std. lange Wanderung nach Leynar anschließen. Vom beschriebenen Steinmann bei 320 Höhenmetern (N 62°10´59´´, W 07°03´43´´) steigt man nicht nach Hvalvík ab, sondern wandert parallel zum Hang dem alten Verbindungspfad zwischen Hvalvík und Leynar entgegen.

Während wir beim Hinüberlaufen die schöne Aussicht genießen, hoppelt ein Hase über die Wiese.

Der unmarkierte Weg über die Terrasse führt über mehrere Bächlein sowie an hübschen Wasserfällen vorüber.

Hat man den Steinmann des weiteren Weges auf gleicher Höhe (N 62° 10´28´´, W 07°02´26´´) erreicht, geht es wieder bergauf.

# Wanderung 4 – Streymoy

## ÜBER DEN HÚSADALSSKARÐ ZUM LACHSSEE

- **STRECKE**: Hvalvík – Vestmanna
- **LÄNGE**: 8 km
- **DAUER**: ca. 4 Std.
- **SCHWIERIGKEITSGRAD**: 4
- **KARTENBLÄTTER**: 411, 410
- **MARKIERUNG**: mittel bis spärlich
- **TRANSPORT**: Bus 400 von Tórshavn nach Hvalvík (bzw. Bus 100 nach Leynar)
- **BESONDERHEITEN**: Der Húsadalsskarð ist der steilste Pass, der im Rahmen dieser Wanderungen vorgestellt wird. Es besteht Steinschlaggefahr! Ungeeignet bei Höhenangst!
- **KURZBESCHREIBUNG**: Die Route ab Hvalvík führt die ersten beiden Stunden nur bergauf. Besonders der zu überwindende Pass ist sehr steil und auch noch schlecht markiert. Das Flusstal zum Leynarvatn ist dagegen einfaches Terrain. Es sind aber mehrere Wasserläufe zu überqueren.

Kommt man von der Str. 10 und begibt man sich auf die Nr. 592, die mitten durch den Ort führt, kommt kurz nach der alten Kirche eine S-Kurve. Zwischen einem schwarzen Haus mit grünem Wellblechdach und einem grünen Haus mit schwarzem Dach, in dessen Garten eine größere Eiche steht, läuft man hindurch. Nun geht es immer rechter Hand am Wasserlauf empor bis zu der ersten großen Terrasse, auf der sich ein Steinmann befindet.

Bei 320 m über dem Meeresspiegel machen wir an einer weiteren Wegmarke (N 62°10´28´´, W 07°02´26´´) eine Verschnaufpause und genießen den Blick zurück.

Nun läuft man direkt in den Talkessel, wo es eigentlich so aussieht, als ob der Weg dort endete. Im Abstand von etwa 250 m weisen die Steinmarkierungen den Weg. Die letzte Terrasse markiert ein deutlicher Hügel, auf

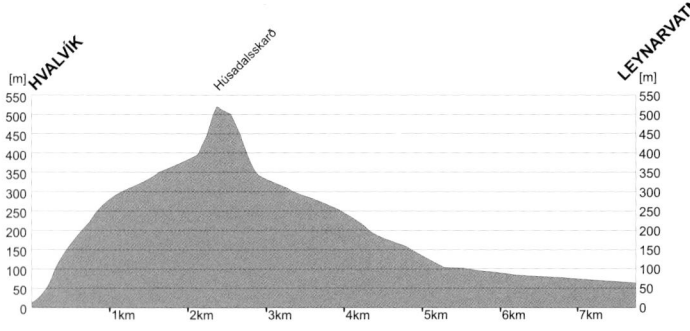

dem ein Steinmann steht (N 62° 10´16´´, W 07°02´13´´). Dieser Punkt muss unbedingt erreicht werden, um nämlich den richtigen Einstieg zum Grat zu finden.

Der weitere Pfad den steilen Hang hinauf ist zunächst kaum zu erkennen. Der extreme Anstieg lässt uns rasch im Schweiß stehen. Geübte Augen erkennen niedrige Steinmarkierungen. Bereits nach wenigen Metern wird klar, weshalb hohe Steinhaufen nicht von Dauer sind hier oben: Der Wind macht uns das aufrechte Stehen fast unmöglich. Trotzdem ist es wichtig, die kleinen Männchen (N 62°10´ 11´´, W 07´02´09´´) im Blick zu haben, um den richtigen Einstieg zum Sattel auszumachen.

In gerader Linie geht es den steilen Hang hinauf. Achtung – wegen der Gefahr herabfallender Gesteinsbrocken sollte man nicht hintereinander, sondern nebeneinander hinaufklettern. Wer mit Höhenangst zu kämpfen hat, sollte auf diese Tour verzichten.

Ziemlich weit oben führt der Pfad wie ein angelegter Weg zwischen niederen Felswänden hinauf. Oben am Kamm ist so etwas wie ein Durchlass zu erkennen. Nach anstrengenden 25 Minuten haben wir den 500 m hohen Sattel HÚSADALSSKARÐ erreicht und sind sehr stolz auf uns. Doch das Wetter macht uns

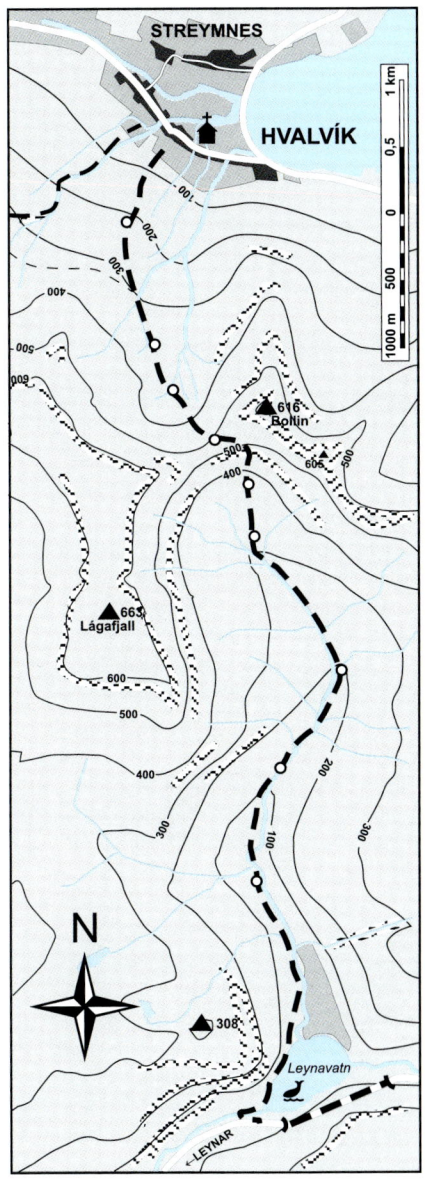

einen Strich durch die Rechnung: Die Wolken hängen so tief, dass wir nur wenige Meter weit sehen können. Ein stattlicher Steinmann ( N 62°10´04´´, W 07°02´03´´) bestätigt uns, dass wir auf dem richtigen Weg sind. Trotzdem studieren wir wiederholt die topografische Karte und bewegen uns vorsichtig weiter. Etwa 150 m versetzt nach Westen finden wir kleinere, verfallene Steinmarkierungen vor. Mit großer Vorsicht machen wir uns an den Abstieg. Die ungemütliche Wetterlage vergrämt uns diesmal die Pause mit grandiosem Ausblick.

Der Weg, der nicht mehr erkennbar ist, führt ebenso steil hinab, wie es zuvor hinauf ging.

Endlich treten wieder aus dem Nebel und erblicken sogleich die nächste Wegmarkierung (N 62°09´59´´, W 07°01´44´´), dann weitere (N 62°09´54´´, W 07°01´43´´ und N 62°09´51´´, W 07°01´43´´). Gut 50 Minuten haben wir benötigt, den Húsadalsskarð zu überqueren.

Nun wird das Gelände flacher; den Gelenken tut es gut. Auch hier sind viele Erosionsmarken erkennbar. Es geht immer weiter das Tal hinunter.

Wir laufen entlang des linken Ufers der DALÁ, die mit einer Bachbettbreite von etwa 5 m zu den größeren Gewässern der Insel gehört. Traumhaft schön ist es hier (N 62°09´39´´, W 07° 01´34´´) und rasch sind die Strapazen vergessen, die hinter uns liegen.

Unterwegs kann man typische sogenannte Kriechbodenerscheinungen beobachten: Wenn der feuchte Boden in der kalten Jahreszeit gefriert, hebt er sich leicht an, um sich beim Tauen etwas den Hang abwärts zu bewegen.

An einem schönen kleinen Wasserfall (N 62°09´23´´, W 07°01´09´´) findet sich wieder ein idealer Platz für die Rast. Plötzlich hebt sich mit dem saftigen Grün der Weiden ein ehemals landwirtschaftlich genutztes Areal von der Umgebung ab. (N 62° 09´15´´, W 07° 01´03´´). Neben einem Schafunterstand sind deutlich die Spuren eines früheren Kartoffelfeldes zu erkennen. Dieses verlassene landwirtschaftliche Areal liegt direkt an einem größeren Seitenbach, der aus dem Mýrabotnur zu Tal fließt. Im Bachbett fallen Löcher auf, die durch jahrtausendlange Erosion entstanden sind.

Läuft man durch das Tal der Dalá nach der Schneeschmelze oder nach größeren Regenfällen, kann sich die Wanderung zu einer feuchten Unternehmung entwickeln.

Wir können uns aber nicht mehr beklagen: Die Wolken haben sich verzogen und die Sonne strahlt. Wir hängen unsere Füße in den kühlenden Bach und lauschen dem Zwitschern der Vögel.

Nach 100 m laufen wir unter Hochspannungsleitungen hindurch; diese überspannen das 2 km breite Tal und sind bei Nebel oder tief liegenden Wolken wegen ihrer Höhe nicht zu sehen.

Eine saftige grüne Wiese (N 62° 08´58´´, W 07°01´25´´), auf der viele weiße Gesteinsbrocken liegen, erinnert uns eher an einen angelegten Park

**Streymoy wird ferner im Rahmen der Inselrouten ab Seite 74 vorgestellt.**

als an wilde färöische Natur. Auch dieser Ort eignet sich bestens für eine Pause. Da wir diese bereits hinter uns haben, gibt es nur einen kurzen Fotostopp. Schließlich ist eine schwarze, kleine, Hütte mit Wellblechdach erreicht. Hier ist die Gelegenheit günstig, den Fluss zu überqueren (N 62° 08'58", W 07°01'25"). Trockenen Fußes erreichen wir die andere Uferseite und laufen nun zwischen dem hier beginnenden Weidezaun sowie dem Bachbett entlang. Mitten in dem eingezäunten Bereich befindet sich ein dunkelgrünes Haus, wo Schafe bei schlechtem Wetter Zuflucht finden.

Unser Blick geht hinauf zu der rechten Hangseite, wo man deutlich die Pfade der Schafe erkennen kann. Einige Meter weiter erhebt sich auf der anderen Flussseite ein mit saftigem Gras bewachsener Schafschutzwall, der wie die Ruine einer Burg aussieht. Entlang am Schafzaun passieren wir ein Gebäude und erreichen kurz darauf einen wunderschönen Wasserfall mit faszinierenden geschieferten Gesteinsformationen.

Deutlich erkennen wir an den saftig grünen Feldern, dass wir die INDMARKSFLÄCHE erreicht haben. Das vermehrte Auftreten von Schafställen lässt darauf schließen, dass viele Vierbeiner unterwegs sind. Wir laufen an einer speziellen Einzäunung vorüber, die im Spätherbst für die Schafscheide verwendet wird. Der Wasserstand der Dalá ist zur Zeit so niedrig, dass wir die letzten Kilometer sogar im teilweise trockenen Flussbett laufen. Die jungen Forellen schießen wie Pfeile durch das seichte Wasser. Von rechts oben fällt der RAETTARÁ herab, der sich am Hamar in zwei Wasserfälle aufteilt und über die Kaskaden zu Tale stürzt. Auf der anderen Talseite befindet sich das Gehöft VIÐ GJÓNNA, ein ansehnliches schwarzes Gebäude mit weißen Fenstern und Grasdach.

Ein wenig erschöpft erreichen wir den LEYNARVATN. Wegen des feuchten Untergrunds bewegen wir uns nun mehr am Hang entlang. Wie so oft tummeln sich Angler um den fischreichen See. Das populäre Fliegenfischen hat auch hier Einzug gehalten. Der stark begangene Trampelpfad um den See herum führt an einer etwa 50 cm hohen, alten Steinmauer entlang. Am unteren Ende des Sees, wo dieser in den Leynará mündet, liegen Steine im Flussbett, so dass wir mühelos die letzten Meter meistern.

Auf der anderen Seite läuft man nicht durch das kleine Holztor, sondern einige Meter nach links und erreicht schließlich die Straße Nr. 40 nach Vestmanna (N 62°07'36", W 07° 01'53"). Einen knappen Kilometer an der Straße entlang, gelangt man nach Leynar, wo der Linienbus hält. Wir versuchen unser Glück mit dem Trampen und sind tatsächlich 20 Minuten später wieder in Vestmanna zurück. Bei Fischfrikadellen und einem guten »Føroya Bjór« im Restaurant lassen wir den Tag ausklingen.

# Wanderung 5 – Streymoy

FÄRÖER VON DER SCHÖNSTEN SEITE

- ◎ **STRECKE**: Saksun – Tjørnuvík
- ◎ **LÄNGE**: 6 km
- ◎ **DAUER**: ca. 4 Std.
- ◎ **SCHWIERIGKEITSGRAD**: 2
- ◎ **KARTENBLATT**: 312
- ◎ **MARKIERUNG**: mittel bis gut
- ◎ **TRANSPORT**: Bus 400 von Tórshavn nach Oyrabakki, 204 nach Saksun (bzw. Bus 202 Tjørnuvík)
- ◎ **BESONDERHEITEN**: traumhafter Auslick auf Risin und Kellingin, wenn man den Sattel erreicht hat.
- ◎ **KURZBESCHREIBUNG**: Das erste Wegstück ist dünner markiert. Hält man sich aber an den von unten sichtbaren Steinmann am Sattel, ist der Weg nicht zu verfehlen. Ansonsten ist er bestens markiert, die Aussicht famos, sind die Steigungen nicht zu anstrengend.
- ◎ **ANSCHLUSSWANDERUNG**: ab Tjørnuvík zum Tjørnuvíksstakkur, einer Felsnadel draußen vor der Küste.
- ◎ **KURZWANDERUNG**: Von Tjørnuvík etwa 20 Minuten in Richtung Saksun, erreicht man oberhalb des Ortes eine herrliche Aussichtsstelle.

Es ist kurz nach 7 Uhr morgens, als wir mit unserem Auto in die kleine einspurige Straße von Hvalvík nach Saksun einbiegen. Durch das landschaftlich eindrucksvolle SAKSUNARTAL erreichen wir den idyllisch gelegenen Ort. Wir lassen das Auto auf dem kleinen Parkplatz stehen, von dem aus ein Weg zur kleinen Kirche führt.

Trotz leichten Nieselregens können wir es heute kaum erwarten, wieder in die Berge zu kommen. Um halb 9 Uhr geht's endlich los. Wir folgen der Fahrstraße bis zum letzten Hof des Ortes. Man läuft um das Haus herum. Direkt hinter dem Hof geht es durch ein kleines Tor auf einen Pfad bergauf. Nach etwa 50 m erreicht man ein

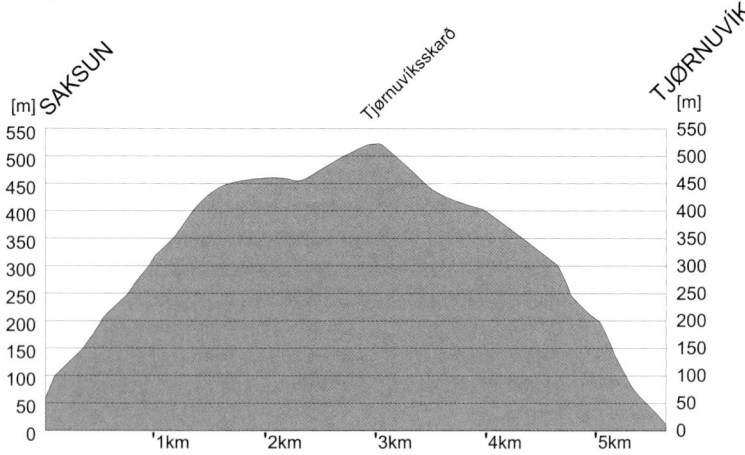

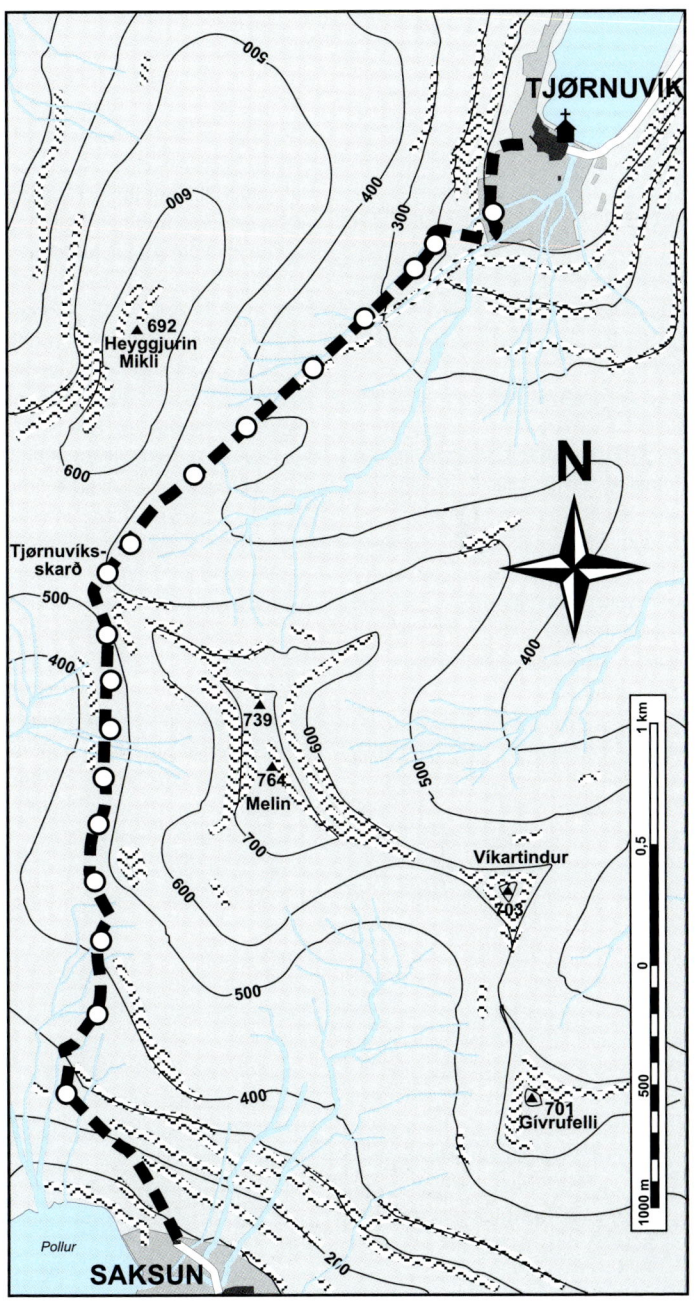

weiteres Törchen, das in die Utmark führt.

Schon von hier (N 62°15´01´´, W 07°10´55´´) ist weit oben ein Steinmann (N 62°15´18´´, W 07°11´20´´) auszumachen. Die feine Aussicht geht über den Pollur zum offenen Meer. Vorbei geht es an den gut erhaltenen Resten eines Steingebäudes. Man folgt aber nicht dem Weg, der auf gleicher Höhe weiterführt, sondern steigt den Hang schräg und steil nach oben. Schließlich erreicht man einen ausgetretenen Fußpfad, der in seiner Verlängerung genau auf den Steinmann an der Bergkante weist. Wir sind nun auf 175 m und mehrere niedrige Steinhaufen (N 62°15'10'', W 07°11'05'') bestätigen die Marschrichtung. Der Höhenmesser zeigt an, dass wir mit 10 m je Minute die Schräge hinaufsteigen. Um 9 Uhr haben wir auf HÖHE 270 M jenen Varði / Steinmann (N 62°15´ 18´´, W 07°11´20´´) erreicht, der von unten zu erkennen war. – Eine Leserin äußerte Bedenken, ob diese niedrigen Steinhaufen überhaupt zur Route gehören, sondern eher zu einem anderen Pfad zwischen Tjørnuvík und Haldarsvík, oberhalb von Saksun; starte man die Tour in Tjørnuvík, sei darum Vorsicht geboten.

Eine kleine Trockenmauer verläuft hier quer zum Weg. Unsere morgendliche Anstrengung wird belohnt: Der Himmel reißt auf und gibt den Blick nach Vágar frei. Das Gelände wird nun flacher. Wir steuern die nächste Markierung in etwa 150 m Entfernung rechts am Hang an. Kurz zuvor ist noch ein Weidezaun (N 62°15'21'', W 07°11'19'') zu überqueren. Von jetzt an ist der Weg bis nach Tjørnuvík prima markiert.

Anderen Wanderern begegnet man auf den Färöern recht selten, Schafe und Gänse hingegen sind fast überall häufige Begleiter. Oder sollte man lieber »misstrauische Beobachter« sagen!? Als wir den hiesigen Gänsen zu nahe kommen, beginnen sie lautstark zu schnattern und zeigen uns, wer das letzte Wort hat.

In einer Linksbiegung geht es über die saftigen Wiesen hoch zur nächsten Stufe, wo Bäche die Grasnarbe teilweise unterspült haben. Etwas weiter finden sich auf einem kleinen steinernen Plateau (N 62°15'45'', W 07°11'10'') Frostmuster-Erscheinungen, wie sie für polare Breiten typisch sind – ein Hinweis, dass es hier oben recht kalt werden kann. Uns reicht schon der kühle Wind und so genießen wir einen heißen Schluck aus der Thermoskanne, während wir die Steinringe am Boden begutachten.

In frostigen Regionen werden Steinchen durch die Volumenänderung des gefrierenden Wassers an der Oberfläche transportiert und sortiert. Strukturböden, wie man sie hier sehr gut erkennen kann, sind die Folge dieser Erscheinungen. Aber nicht nur der Blick auf den Boden lohnt hier oben, zwischen Høvdin und Kopsenni ragt die Insel Vágar in den Atlantik hinaus. Und am Talboden schlängelt sich die GELLINGARÁ in faszinierenden Mäandern entlang.

Aussicht auf Tjørnuvík plus Risin und Kellingin ▶

Nur mit leichter Steigung folgt der Weg, parallel zum Hang, den Steinmännern, die hier alle 100 m errichtet sind. Plötzlich zischt es wie ein Pfeil über unseren Köpfen: Eine Skua (fär. *skúgvur),* die größte vorkommende Raubmöwenart, lässt keinen Zweifel daran, dass dies ihr Revier ist. Doch nach der ersten Drohung lässt sie uns weiterziehen. Am Talende (N 62°16' 12", W 07°11' 05") geht man nicht bis zu dem Wasserfall, der vom Sattel stürzt, sondern steigt die Böschung bis nach oben zum Scheitel.

Da der Abhang von Steinen übersät ist, fällt es nicht leicht, den nächsten Steinmann (N 62°16'15", W 07° 11'05") auszumachen. Eine weitere Steinmarkierung (N 62°16'19", W 07° 11'05"), die wir passieren, erinnert im Aussehen ziemlich an ein Hünengrab.

Als wir um halb 11 Uhr auf 522 m den TJØRNUVÍKSKARÐ (N 62°16' 22", W 07°11'07") erreicht haben, ist der Ausblick überwältigend. Während hinter uns der Bach Gellingará weiter seine Schleifen zieht, blicken wir hinunter auf Risin und Kellingin , die bekanntesten Felsnadeln der Färöer. Das Panorama macht die Tour zu einer der tollsten auf den Inseln.

Wir können uns kaum satt sehen, doch schließlich scheucht uns die frische Brise, die über den Sattel weht, voran. Auf der linken Seite geht es weiter. Da der Untergrund sehr feucht ist, laufen wir näher am Hang, was sich jedoch auch nicht als viel besser erweist. Gerade die Passagen, die mit leuchtend hellgrünem Moos bewach-

sen sind, erweisen sich als Wasserspeicher. Gut für alle, die ordentliches Schuhwerk an den Füßen tragen!

Der Talkessel öffnet sich nun immer weiter nach Nordosten. Mit dem Blick auf Risin und Kellingin gerichtet, geht es an einem rostroten Bächlein entlang (das die Farbe Eisenablagerungen im Gestein verdankt), bis wir einen perfekt aufgerichteten Steinmann (N 62°16'49'', W 07°10'14'') von gut 2 m Höhe erreichen. Wir verzehren unseren restlichen Proviant.

Der Abstieg steht bevor, die nächste Wegmarke auf 375 m (N 62° 16' 52'', W 07°10'10'') zeigt an, wo es abwärts geht. Durch eine kleine Schlucht folgt man dem Bachlauf. Schließlich lösen leuchtend weiß gestrichene Steine die grauen Steinmänner ab.

Rechter Hand wird nun der WASSERFALL sichtbar, und man kann die Kluft *(gjógv)* erahnen, die parallel zum Weg verläuft. Hier hat man sich Mühe gegeben; man stolpert geradezu von Markierung zu Markierung, und so mancher Varði (N 62°17'11'', W 07° 09'21'') ähnelt verblüffend einem asiatischen Steintempel.

Ein kleiner Platz (N 62°17'11'', W 07°09'17'') mit grüner, kurz gefressener Wiese verleitet erneut zu einer Rast, doch uns zieht es an Tjørnuvíks SCHWARZEN SANDSTRAND. Die Indmark betreten wir durch ein weißes Tor (N 62°17'12'', W 07°09'13''), in das »Tjørnuvík til Saksun« gesägt ist.

An der Mauer entlang geht es zwischen Kartoffelfeldern und Wintergrasweiden hindurch. Auch die zahlreichen kleinen, in jahrhundertelanger Arbeit angelegten TERRASSEN lassen wieder Assoziationen zu Asien aufkommen. Um das wichtige Winterfutter rasch einzubringen, zerlegen die Tjørnuvíker ihre schweren Motorsensen in Einzelteile, packen diese in Rucksäcke und setzen sie oben auf den Flurstücken wieder zusammen.

Nach knapp vier Stunden sind wir in Tjørnuvík, einem meiner Lieblingsorte auf den Inseln. Am Ortseingang befinden sich die Bushaltestelle und ein Toilettenhäuschen. Mit dem Bus fahren wir über Oyrarbakki nach Hvalvík. Da kein Bus nach Saksun fährt, haben wir unsere Fahrräder hier abgestellt und radeln die elf Kilometer zu unserem Auto nach Saksun.

Wer für Tjørnuvík nur eine Kurzwanderung plant, der/m empfehle ich einen kurzen Trip zu einem tollen Picknickplatz (N 62°17'11'', W 07° 09'17'') mit grandioser Aussicht. Man beginnt diese Wanderung somit aus umgekehrter Richtung. In der Südwestecke des Dorfes treffen sich zwei Bächlein. Zwischen dem linken Bach und dem schwarzen Haus mit weißem Sockel und der Aufschrift »Bygt Hevur Hans Hjamaluni Um 1870« geht es hinauf (N 62°17'24'', W 07°08'58'').

Nach etwa 25 Minuten erreicht man den besagten Platz; hier liegt ein großer Stein, auf den wiederum an zwei Seiten ein weißes Viereck gemalt ist.

**Streymoy wird ferner im Rahmen der Inselrouten ab Seite 74 vorgestellt.**

# Wanderung 6 – Streymoy

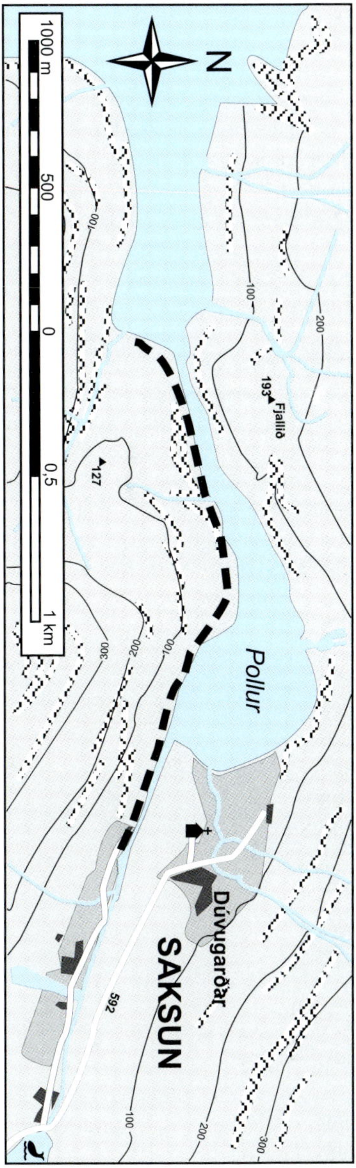

## IM SPIEL DER GEZEITEN

◉ **STRECKE**: von Saksun entlang am Pollur
◉ **LÄNGE**: 5 km
◉ **DAUER**: 1,5 Std.
◉ **SCHWIERIGKEITSGRAD**: 1–2
◉ **KARTENBLÄTTER**: 312 (Tjørnuvík), 311 (Saksunardalur)
◉ **MARKIERUNG**: spärlich
◉ **TRANSPORT**: im Touristenbüro Tórshavn nachfragen.
◉ **BESONDERHEITEN**: Das Passieren der Route ist einerseits von den Gezeiten, andererseits von saisonal vorhandenen Sandbänken abhängig.
◉ **KURZBESCHREIBUNG**: Die Wanderung birgt keine Probleme, teilweise ist der Weg jedoch sehr feucht. Sollte während der Tour die Flut einsetzen, kann es nasse Füße geben, muss man notfalls einige Zeit warten: am besten Ebbe und Flut studieren, läuft man hinaus. Es geht entlang des Pollur, einer Art Binnensee, den das Meer speist. Hinweg gleich Rückweg.

Wer mit dem eigenen Fahrzeug nach Saksun kommt, sollte es vor der Brücke über die Gjógvará abstellen: Hier führt die Nebenstraße links der Gjógv nach unten; man fährt bis zum letzten Wohnhaus (N 62°,14'59", W 7°10'17").

Die Route am Pollur führt nur über Privatgebiet und nicht über öffentliche Wege – eine Erlaubnis des Landbe-

**Wie beschrieben, ist es von Vorteil, sich im Voraus über Ebbe und Flut zu informieren, zum Beispiel in einem der Touristenbüros.**

sitzers muss in diesem Fall aber nicht eingeholt werden.

Wir passieren die Begrenzung der saftig grünen INDMARK: Deutlich ist der Unterschied zur grünbraunen Utmark zu sehen (siehe Seite 18 ff.). Gut sieht man über den Bach hinweg das spezielle Vegetationsbild einer Gjógv. Die »hängenden Gärten« – geschützt vor hungrigen Schafen und gedüngt durch reichlich Guano – bedingen einen wahren Reichtum an Blumen.

Unten angelangt, läuft man über den Sandstrand am Lagunen-ähnlichen POLLUR entlang. Je nach winterlicher Aktivität des Meeres kann die Sandfläche recht weitläufig oder fast gar nicht vorhanden sein. Auf der Fläche Wiese zeugen Lagerfeuerstellen (offiziell verboten) von Picknickabenden. Das viele Treibgut zieht die Aufmerksamkeit der Kinder an, die mit ihren Eltern kurz vor uns gestartet sind.

Dann wird der große Kessel wieder enger, mit dem offenen Meer im Blickfeld geht es über den einstigen Schäferweg vor zur nächsten Sandbank, die noch mehr den Launen des Meeres ausgeliefert ist. Wir glauben Mykines zu erkennen, sind uns aber nicht sicher, da ein grauer Schleier über der See liegt und uns womöglich etwas vortäuscht. Der schwarze Sandstrand hingegen ist traumhaft und lädt fast zum Baden ein. Ein paar Möwen streiten sich lauthals; als wir neugierig näher kommen, sehen wir einen Walkadaver, den das Meer angespült hat. Der unangenehme Geruch lässt uns rasch umkehren.

# Wanderung 7 – Eysturoy

DAS HÖCHSTE DER GEFÜHLE
- **STRECKE**: vom Eiðisskarð auf den Slættaratindur
- **LÄNGE**: 4 km
- **DAUER**: ca. 2 Std.
- **SCHWIERIGKEITSGRAD**: 2
- **KARTENBLATT**: 412 (Tjørnuvík)
- **MARKIERUNG**: mittel
- **TRANSPORT**: Bus 400 von Tórshavn bis Oyrabakki, dort umsteigen in Bus 200 nach Eiði; zum Eiðisskarð jedoch muss man laufen / trampen, da es keine Busverbindung gibt.
- **BESONDERHEITEN**: Es geht auf den höchsten Färöer-Berg. Der Weg ist in älteren Topo-Karten noch nicht vermerkt und darf ohne eine spezielle Erlaubnis begangen werden.
- **KURZBESCHREIBUNG**: eine einfache, aber steile Wanderung. Der Aufstieg mag ein wenig monoton sein, doch die Aussicht von der höchsten färöischen Erhebung ist im wahrsten Sinne des Wortes erhebend und alle Mühen des Anstiegs wert.

Obwohl es schon gegen Abend ist, machen wir uns an die Ersteigung des Slættaratindur, mit 880 m HÖCHSTER FÄRÖISCHER BERG. Bei klarer Sicht wollen wir möglichst viel vom Sonnenuntergang von ganz oben genießen.

Über die Str. 662 kommen wir von Eiði zum Sattel EIÐISSKARÐ, wo ein geschotterter Parkplatz mit steinerner Sitzgruppe eingerichtet ist. Oft zeigt die Ansammlung von Autos bereits an, dass man hier am richtigen Ausgangspunkt ist, während der Slættaratindur selbst bereits von der Straße ab Eiði zu sehen war.

Eine Leiter hilft bei der Überquerung des ersten Zauns direkt am Parkplatz. Danach sind die Wanderer erst mal auf sich selbst angewiesen, denn die früheren Holzpflöcke gibt es nicht mehr. Andererseits ist das Ziel vorgegeben. Jede/r scheint irgendwie kletternd hinauf zu gelangen, bis sich spät ein deutlich ausgetretener Pfad am Hang abzeichnet.

Auf unserer Route passieren wir einen Steinmann (N 62°17' 11'', W 07° 00'25''), der den historischen Verbindungspfad von Eiði nach Funningur markiert. Auf 555 m tritt der blanke Fels aus der Graslandschaft. Wir klettern über eine mehrere Gesteinsstufen (N 62°17'26'', W 07°00' 14'' sowie

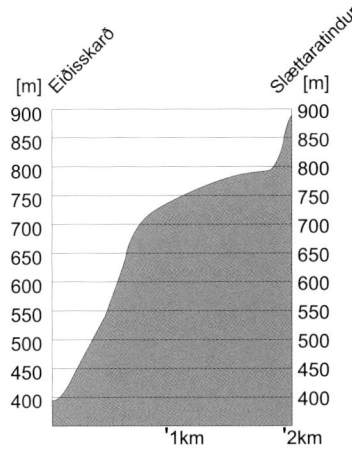

N 62°17'31", W 07°00'13"). Etwa auf 670 m hat das Kraxeln ein Ende. Der Pfad verläuft nun nach links, schräg den Hang hinauf. Es ist richtig erholsam, nicht mehr so steil zu steigen.

Wie gesagt, viele Wanderer finden wohl erst hier oben den rechten Weg, wo der Pfad gut sichtbar und viel begangen ist. Auch ist man inzwischen dem Himmel so nahe, dass alle 100 m »Priester« den Weg nach oben weisen. Oberhalb von Stórhamar und Hálsabrúgvin erreichen wir die nächste Stufe (N 62°17'48", W 07°00'53"). Wie man am ausgetretenen Weg sehen kann, sind hier schon einige geradeaus weiter gelaufen. Es heißt jedoch »wieder nach oben«, wo auch der Weg weiterführt. Die Sonne steht bereits in tiefem Rot, als wir den SATTEL (N 62°17'50", W 07°00'46") unterhalb des Gipfels erreichen. Schon hier verspricht der Blick auf die Felstrolle Risin und Kellingin, dass uns auf dem Gipfel noch mehr erwarten wird.

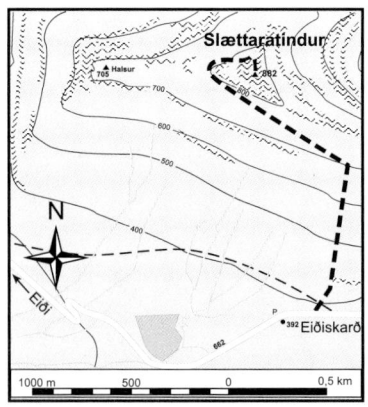

Auch hier folgt man nicht dem Trampelpfad, der hinter den Gipfel führt und sich nach hundert Metern im Gelände verliert, sondern läuft nun über den Kamm direkt Richtung Gipfel.

Etwas Handeinsatz ist nötig, um die letzten Meter bis zur 880-m-Marke zu schaffen. Sprachlos stehen wir auf dem Gipfelplateau (N 62°17'50", W 07°00'47") und schauen in die Weite. Die Faszination, die uns ergreift, könnte größer nicht sein.

Der Austieg zum Slættaratindur ist zumindest bei gutem Wetter alle Mühen wert ▲

# Wanderung 8 – Eysturoy

Im Westen versinkt die Sonne glutrot im Meer. Im Osten legen sich sanfte Nebelschleier über die Zinnen des Sandfelli. Der sichelförmige Mond dahinter taucht die ganze Landschaft in ein unechtes Gemälde, gleich der Kulisse einer Wagner-Oper.

Auf dem Plateau haben sich jede Menge Gipfelbezwinger verewigt, sei es mit Steinmännern oder Namen aus zusammengelegten Steinen.

Zu lange bleiben wir nicht in dieser grandiosen Umgebung: Zum Einen sind wir durch den schnellen Aufstieg völlig durchgeschwitzt und zum Anderen müssen wir vor Einbruch der Dunkelheit wieder unten sein. Wir machen uns an den Abstieg. Als TIPP sei darauf hingewiesen, dass man sich die Stelle merken sollte, die aufs Plateau führt, da an derselben Stelle der sicherste Abstieg beginnt. Weiter unten ist es wie beim Anstieg, irgendwann ist kein eindeutiger Pfad mehr zu erkennen, gelangen nur die Wenigsten genau so hinab wie hinauf.

Punkt 21 Uhr ist es dunkel, wir haben gerade noch den Wagen erreicht. Zufrieden und mit vielen Eindrücken sinken wir heute in die Federn.

ZUR TAUFE NACH OYNDARFJØRÐUR

◎ **STRECKE**: von Elduvík nach Oyndarfjørður
◎ **LÄNGE**: ca. 3,6 km
◎ **DAUER**: ca. 1:30 Std.
◎ **SCHWIERIGKEITSGRAD**: 2–3
◎ **KARTENBLATT**: 412 (Tjørnuvík)
◎ **MARKIERUNG**: mittel
◎ **TRANSPORT**: ab Tórshavn mit Bus 400 bis Oyrarbakki, nach Elduvík geht es nur mit dem Daumen, Bus 481 von Oyndarfjørður bis Skálabotnur, wo man den Bus 400 wieder besteigt.
◎ **BESONDERHEITEN**: Der Weg ist hervorragend zu laufen, hat jedoch einige kürzere Passagen, die es in sich haben. Schwindelfrei sollte man allemal sein.
◎ **KURZBESCHREIBUNG**: Der Weg führt nördlich aus Elduvík heraus, umrundet dann den Berg Skoratindur und erreicht zwischen Skoratindur und dem Oyndfjarðafjall einen lieblich anmutenden Pass. Nach einem kurzen

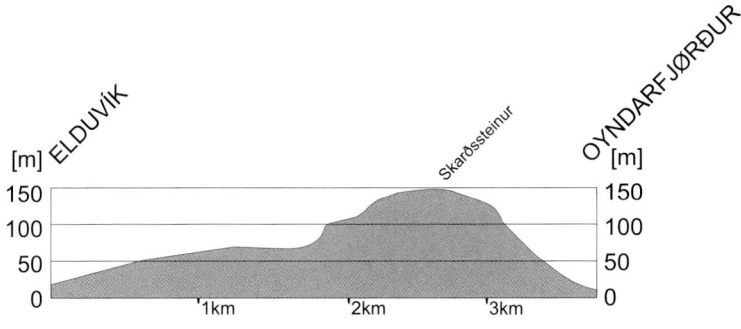

Abstieg sind die Felder von Oyndarfjørður erreicht.

⦿ **ANSCHLUSSWANDERUNG**: Man kann die Wanderung auch von Funningsfjørður aus beginnen. Der Pfad, der östlich des 719 m hohen Dalkinsfjall entlang führt, ist allerdings wenig reizvoll.

Von Funningsfjørður kommend, erreiche ich Elduvík. Die Route zwischen dem 719 m hohen Dalkinsfjall und dem 754 m hohen Sandfelli ist unspektakulär und seit Jahren kaum begangen, so dass kein ausgetretener Pfad mehr vorzufinden ist. Viel mehr verspricht die Route von Elduvík nach Oyndarfjørður entlang der Küste.

Durch den schönen Ort Elduvík mit seinen netten Häuschen gelange ich an den Ortsausgang. Die Straße, die am Friedhof vorbeiführt, wird schließlich zum Feldweg, der direkt in die Indmark führt. Nach einem Schwatz mit einem Färinger, der gerade das Heu einholt und sich über das gute Wetter freut, komme ich durch ein Tor in die Utmark. Auf der gegenüberliegenden Seite des Fjords schmiegt sich Funningur an die Küste.

Der Weg ist bei Einheimischen und Gästen gleichwohl beliebt, so dass er deutlich ausgetreten ist. Ein Landkarte ist darum nicht unbedingt notwendig. Höhenangst sollte man aber nicht haben, falls man die Tour unternimmt. Welch ein Panorama! Rechts von mir grast friedlich ein Schaf, links pickt ein Austernfischer suchend den Boden ab und vor mir erhebt sich in voller Pracht KALSOYS STEILKÜSTE. Nahezu senkrecht fällt der 788 m hohe Nestindar ins Meer hinab. Auch der Blick zurück lohnt sich. Bei der ganzen Kulisse ist es schwer, aber sinnvoll, die Augen auch am Boden zu halten: Immerhin geht es wenige Meter neben dem Pfad 50 m in die Tiefe.

Bis in die 1950er Jahre besaß Elduvík weder eine Kirche noch eine Verbindungsstraße. Neugeborene wickelte man in ein Tuch und band sie den stärksten Männern vor die Brust. Dann ging es auf den Fußpfad nach Oyndarfjørður, wo das Kind in der Dorfkirche getauft wurde. Damit das Kleine nicht aus dem Tuch fiel, musste der Träger es mit beiden Händen festhalten. Der Pfad erfordert nämlich einen guten Gleichgewichtssinn. (Einmal verlor einer der Träger die Balance und rutschte mitsamt dem Kind den steilen Abhang hinunter. Kurz bevor beide über die Kante stürzten, blieben sie an einem vorstehenden Felsblock hängen; beide konnten gerettet werden. Vor wenigen Jahren verstarb mit über 90 Jahren jene Frau, die ihre Taufe fast nicht erlebt hätte...)

Einige Male bin ich ganz froh, meinen Stand mit den Händen zu sichern. Für die Vögel, die sich krächzend über meinem Kopf aus der Steilwand stürzen, scheint es kein besseres Brutgebiet zu geben. Ich erreiche die Beweidungsgrenze. Neben dem Türchen (N 62°17'18'', W 06°53'22''), das durch den Zaun führt, befindet sich ein Holzkasten. Zeitweise wird den Schafen mit elektrischem Nachdruck ihre Re-

*Eysturoy wird ferner im Rahmen der Inselrouten ab Seite 92 vorgestellt.*

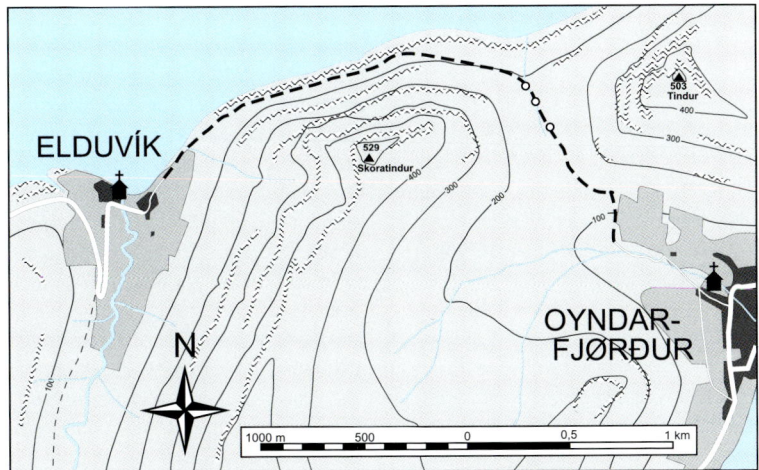

viergrenze bewusst gemacht; in der Box mit Solarzellen befindet sich wettergeschützt ein Akku.

Oberhalb der Kolbanargjógv biegt der Weg (N 62°17'16'', W 06°52'23'') ins Landesinnere. Ein kleiner Durchlass führt durch die Einfriedung, die wie aus dem Nichts auftaucht. Im Abstand von 150 bis 200 Metern säumen Steinmänner den Weg. Über den Transfluenzpass, den die Gletscher der Eiszeit bildeten, geht es parallel zu einem Mäuerchen weiter.

Über dem Oyndarfjord taucht auf der anderen Seite HELLUR auf – und im Folgenden der gleichnamige Ort. Ein schöner Picknickplatz, mit doppeltem Meerblick.

Hier oben TREFFEN SICH in jedem Jahr am ersten Augustwochenende DIE BEWOHNER der zwei Nachbardörfer ZUM TANZ. Dieser traditionelle Brauch erlebt seit einigen Jahren sogar eine regelrechte Renaissance.

Für den Abstieg peile ich das Haus mit schwarzem Dach (N 62°16'46'', W 06°51'52'') an, den ein neuerer Schotterweg oberhalb des Dorfes ansteuert. Kurz bevor ich es erreiche, muss ich schmerzvoll feststellen, dass das letzte Hindernis ein geladener Elektroweidezaun war. Die Asphaltstraße beginnt bei einem Schafscheidegatter.

Wer die Tour lieber hier in Oyndarfjørður beginnen möchte, erreicht die Schafscheide zunächst über die obere Dorfstraße, um dann an dem früheren Schulgebäude, dem gelben Haus mit grünem Dach, nach oben abzubiegen. Nach etwa 300 m hat man das Gatter erreicht.

# Wanderung 9 – Vágar

## AUF ALTEN PFADEN ZU VERLASSENEN SIEDLUNGEN

◎ **STRECKE**: Rundtour, küstennah über Gásadalur nach Slættanes und landeinwärts zurück nach Sørvágur
◎ **LÄNGE**: ca. 29 km
◎ **DAUER**: ca. 2 Std. bis Gásadalur, 2,5 Std. von Gásadalur nach Víkar, 7,5 Std. von Víkar nach Slættanes, 5 Std. von Slættanes nach Sørvágur.
◎ **SCHWIERIGKEITSGRAD**: 3 (sowie 4 für den Abstecher nach Víkar)
◎ **KARTENBLÄTTER**: 210, 310, 209
◎ **MARKIERUNG**: mittel
◎ **TRANSPORT**: Bus-/Fährlinien ab Tórshavn: Bus 100, Fähre 30, Bus 300.
◎ **BESONDERHEITEN**: 3-Tageswanderung. Man sollte in jedem Fall ein Seil im Gepäck haben. Die Erlaubnis zum Zelten erhält man im Touristenbüro am Flughafen.
◎ **KURZBESCHREIBUNG**: Über den 465 m hohen Pass geht es auf dem alten Postweg nach Gásadalur. Ein weiterer Pass ist zu überwinden, will man den verlassenen Hof Víkar besuchen. Der Abstieg ist extrem steil, nichts für schwache Nerven oder gar bei Höhenangst. Wer gut zu Fuß ist, kann Víkar links liegen lassen und an einem Tag bis nach Slættanes durchwandern; diese Route verläuft durch abwechslungsreiches Terrain: feuchte Mulden, steinige Berggrate, steile Pässe. In Slættanes kann mit Erlaubnis gezeltet werden. Der Rückweg nach Sørvágur ist weniger spektakulär als die Route an der Nordküste entlang.
◎ **KURZWANDERUNG**: nach Gásadalur und zurück zu Fuß, mit eigenem Fahrzeug oder Bus.

Auf der Umgehungsstraße passieren wir Bøur und erreichen 200 m vor dem Tunnel links einen Feldweg. Noch ca. 200 m über Schotter und wir sind am Ausgangspunkt (N 62°05'42", W 07°24'20") der Wanderung.

Der Weg nach Gásadalur ist einer der BEKANNTESTEN Wanderpfade auf den Färöern, was daran liegt, dass ein bestimmter POSTBOTE AUF DIE-

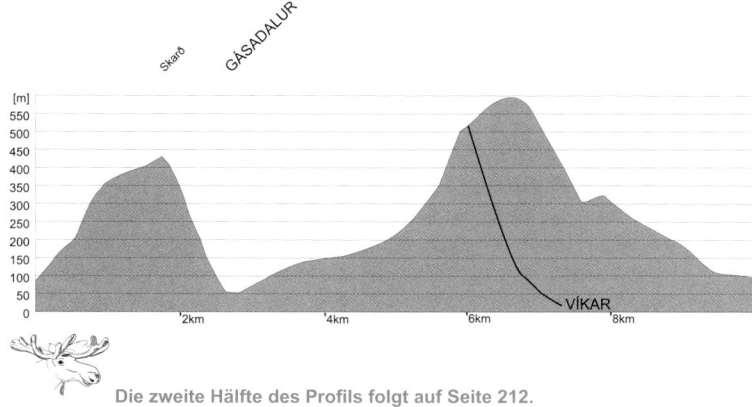

Die zweite Hälfte des Profils folgt auf Seite 212.

# VÁGAR 209

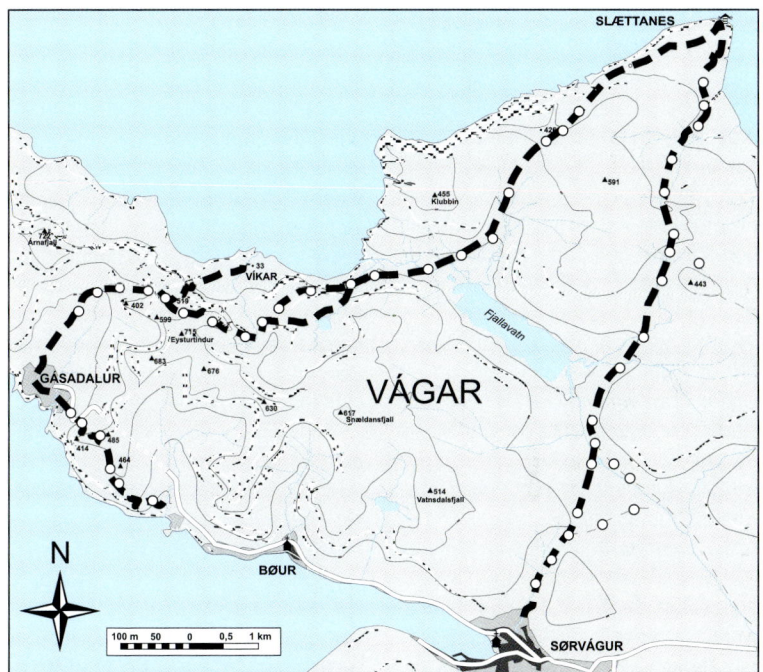

SER ROUTE 50 JAHRE LANG PER PEDES SEINEN DIENST ERFÜLLTE (siehe Seite 114). Eine Tafel erläutert hier ebenfalls die Tour. Direkt hinter dem Schild geht es los. Die gelb-roten Holzpflöcke, die auch bei schlechtem Wetter sicher den Weg weisen, sind unübersehbar. Sehr steil geht es nach oben, doch jeder Schritt wird mit einem zunehmend besseren Blick auf Tindhólmur und Gásholmur belohnt. Über mehrere Serpentinen erreichen wir nach etwa 20 Minuten den ersten Steinmann (N 62°05'54'', W 07°24' 48''). Das Panorama umfasst auch Mykines und Sørvágur, dahinter den Flughafen, und in der Ferne tauchen selbst Koltur und Streymoy auf.

Schließlich erreichen wir den LÍKUSTEINUR (N 62°05'44'', W 07°24'52''), den »Leichenstein«: Bis 1873 besaß Gásadalur nämlich keinen Friedhof. Verstorbene Einwohner wurden im Sarg nach Bøur getragen, ein anstrengendes Unterfangen. Der Líkusteinur markiert in etwa die Hälfte der Strecke von Gásadalur nach Bøur. Hier stellte man den Sarg ab, um zu pausieren.

Ab hier markieren im Abstand von 30 bis 40 m Steinhaufen den weiteren Verlauf. Das Gelände wird flacher, wir erreichen auf 353 m ü.d.M. die Quelle

KELDAN VÍGDA (N 62°05' 95'' W 07° 25'03''), die ein Schild markiert. Die Legende besagt, dass hier ein krankes Baby getauft wurde, als es zum Arzt nach Bøur gebracht wurde. Sein Gesundheitszustand verschlimmerte sich unterwegs dermaßen, dass man um sein Leben fürchtete und dass der begleitende Priester den Brunnen segnete, um dem Kind die Taufsakramente zu geben, damit seine Seele nicht verloren ginge. Ob es die weitere Tour überlebt hat, ist nicht überliefert.

Der Pfad verläuft fast parallel zum Hang. Die vegetationsfreie Gipfelpartie des RÓGVUKOLLUR (464 m) ragt wie ein aufgesetzter Klotz über uns. Es wird immer steiniger; man sollte in Anbetracht der tollen Aussicht nach Mykines den losen Untergrund nicht vergessen. Ein Stein mit überdimensioniertem Pferdefußabdruck fällt auf: Ihn hinterließ *Tóri Rami,* ein Riese, der einst auf Vágar wohnte, als er hinüber nach Mykines sprang...

Bei 465 m haben wir den Scheitel (N 62°06'11'', W 07°25'18'') erreicht – und sind ein weiteres Mal fasziniert von der grandiosen Aussicht. Unten im Tal liegt das Dorf GÁSADALUR.

Der Nordhang, über den es fortan abwärts geht, zeigt ein völlig anderes Landschaftsbild. Ein gut erkennbarer Gebirgspfad windet sich in Schleifen durch eine reine Gerölllandschaft. Unser Blick ist meistens auf den Boden gerichtet, um nicht zu stolpern. Nach zwei Dritteln des Abstiegs beginnt wieder Grasland und es ist einfacher voranzukommen.

Wir erreichen zunächst die Straße, die aus dem Tunnel führt, bald auch die Trockensteinmauer, die die frühere Ackerfläche Gásadalurs begrenzt, und einen hohen, schlanken Steinmann (N 62°06'19'', W 07°25'37''). Nach wenigen Metern folgt eine zweite, neuere Mauer, wo es durch ein Metalltor auf die Dorfstraße geht.

Nach 150 Metern passiert man eine Kreuzung. Nach links führt der Weg in Richtung Meer, von wo aus man den schönsten Blick auf Gásadalur mitsamt dem Wasserfall MÚLA hat.

Unser Empfangskomitee besteht aus sechs Hunden, beachtlich, wenn man bedenkt; dass nur 18 Menschen hier leben. In Gásadalur besteht keine Übernachtungsmöglichkeit.

Hat man sich für die große Tour entschlossen, geht es durch den Ort in die nördliche Richtung. Am letzten Wohnhaus, das rot gestrichen ist, läuft man vorbei sowie nach rechts hinten. Der Feldweg führt durch die Indmark direkt auf ein rotes Gatter zu (N 62°06'36'', W 07°25'46''). Durch die akkurat errichtete Trockensteinmauer geht's nun wieder hinaus. Der folgende Steinmann (N 62°06'57'', W 07°26'08''), der den Weg zum alten verlassenen Gehöft Víkar ausweist, ist bereits in Sichtweite.

Kühe und Pferde grasen friedlich in dem weitläufigen Tal. Linker Hand am Hang befindet sich ein Schafstall, und der Weg führt an mehreren Unterständen für die Woll-Lieferanten vorüber. Nahezu eben geht es zum Talende.

Vágar wird ferner im Rahmen der Inselroute 6 ab Seite 108 vorgestellt.

Man steuert das letzte Kar ganz hinten auf der rechten Seite an. Vorbei an mehreren Steinmarken (N 62°07'19'', W 07°25'29'' und N 62°07'24'', W 07°25'18'') ist hinten wieder Gásadalur zu erkennen, das bisher sanft hügeliges Gelände verdeckt hatte. Wir peilen einen verfallenen Schafunterstand (N 62°07'34'', W 07°25'15'') an. Direkt an einem zu überquerenden Bächlein geht es empor.

Ab 180 m wird es wieder etwas steiler. Man erreicht einen weiteren Varði (N 62°07'27'', W 07°25'08''). Von dieser Position begibt man sich rechts in Richtung Haupt-Bach, der aus dem Kar bergab fließt. Links vom Bach geht es steil nach oben. Da kein deutlicher Pfad mehr vorhanden ist, ist es jeder/m selbst überlassen, im Zickzackkurs oder in direkter Linie den nächsten Steinmann (N 62°07'26'', W 07°24'54'') anzulaufen. Hier kommt übrigens auch wieder die Ostspitze der Insel Mykines zum Vorschein.

Die vielen Steinmarkierungen, die in unserer topografischen Karte eingezeichnet sind, sind nur als Fragmente vorhanden. – Hier kommen offenbar nicht viele Wanderer vorbei...

Auf etwa 325 m Höhe teilt sich der Talkessel in zwei kleine Kessel. Wir nehmen den linken Anstieg in Angriff. Mit etwas Glück erkennt man zwischen den ganzen Steinen auf halber Höhe bereits den folgenden Steinmann (N 62°07'26'', W 07°24'24''). Ebenso verhält es sich mit den nächsten Wegweisern (N 62°07'27'', W 07°24'19'') (N 62°07'27'', W 07°24'15'').

Als wir uns dem SATTEL nähern, gibt es wieder mehrere Steinmänner, auf 500 m sogar ein Prachtexemplar (N 62°07'25'', W 07°24'10''). 19 Höhenmeter weiter stehen wir auf dem Scheitel (N 62°07'23'', W 07°24'04''). Von Gásadalur bis hierher benötigt man etwa 1:40 Std.

Wir laufen einige Meter weiter vor und schauen auf den verlassenen Hof VÍKAR mit seiner saftig grünen Indmarksfläche hinunter. Mit Respekt betrachten wir den steilen Abstieg. Wer Höhenangst hat, dürfte hier freiwillig umdrehen. Ein Steinmann zeigt den Einstieg zum Abstieg an. Der schmale Pfad ist gut erkennbar; dennoch ist die Sache nicht ungefährlich und Armeinsatz unerlässlich. Dank Zeit, Ruhe und Konzentration stehen wir eine knappe Stunde später am alten Farmgebäude. Die historischen Trockensteinmauern, die wir passieren, sind gut erhalten. Es ist immer wieder faszinierend, an welch entlegenen Orten Menschen lebten. Die Blütezeit Víkars dauerte jedoch nicht lange. Von Mitte des 19. Jahrhunderts bis 1914 war dieser Hof bewohnt. Seit einem Schiffsunglück, bei dem mehrere männliche Einwohner ums Leben kamen, liegt das kleine Stück Land verwaist an der Nordküste von Vágar. In klaren Sommernächten gibt es kaum einen romantischeren Platz auf Vágar, von dem sich ein Sonnenuntergang beobachten lässt.

Am nächsten Morgen geht es denselben Weg wieder hinauf. 500 Höhenmeter zu früher Stunde treiben den letzten Schlaf aus den Knochen. Wieder auf dem Plateau, finden sich sonderbare Steinformen, die der salzige Wind in Jahrhunderten schuf. Slættanes, jüngster verlassener Ort auf Vágar, ist unser heutiges Ziel.

Vom Plateau geht es in südöstlicher Richtung weiter. Bald ist der erste Steinmann (N 62°07'20'', W 07°23'58'') zu erkennen. Die mächtigen Vestmannabjørgini, die Grotten und die Steilküste von Streymoy grüßen stolz herüber. Weiter geht es durch eine Steinwüste, wo mehrere Varðis (N 62°07'18'', W 07°23'53'') die Richtung angeben. Im weiteren Verlauf wird das Gesteinsfeld für etwa 50 m von einer Wiesenfläche unterbrochen, was angenehm für die geplagten Füße ist. Parallel zum Hang macht man eine Linkskurve und erreicht 590 m ü.d.M. einen weiteren Steinhaufen (N 62°07'16'', W 07°23'28''). VORSICHT: Denn bei schlechtem Wetter ist das exakte Erreichen dieses Punktes lebenswichtig. Nur wenige Meter neben dieser Markierung reicht der atemberaubende Blick in eine tiefe Gjógv, die hier oben ihren Ausgang hat. Oft hängen die Wolken hier sehr tief und man sollte kein Risiko eingehen. Bei uns geht alles gut: Die Wolken berühren gerade unsere Haare, kleine Wasserperlen hängen glitzernd an den Wimpern.

Knapp unter dem Grauschleier passieren wir weitere Orientierungspunkte (N 62°07'14'', W 07°23'24') (N 62°07'11'', W 07°23'19''), bis es recht beschwerlich abwärts geht. Da kein Pfad erkennbar ist, hält man sich gerade in Laufrichtung. Ab und zu stoßen wir auf einen Steinmann (N 62°07'10'', W 07°23'16''), der trotz der Kraxelei die Richtung bestätigt.

Wir erreichen eine Gjógv, in der etwas von dem sonst auserodierten Material verblieben und das markante Gesteinsgebilde deutlich zu erkennen ist. Wir klettern rechts hinunter, bis zu der Stelle (N 62°07'09'', W 07°23'15''), wo ein schmaler Pfad an der ersten Möglichkeit wieder nach links führt. Auf 480 m ist die nächste Markierung (N 62°07'06'', W 07°23'05'')

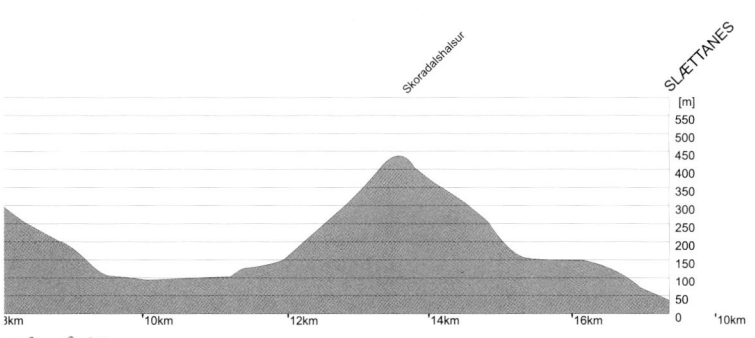

**Die erste Hälfte des Profils finden Sie auf Seite 208.**

erreicht. Direkt links davon kann man durch den kleinen Spalt hinunter klettern. Wer einen großen Rucksack mit sich führt, sollte solche Stellen stets rückwärts bewerkstelligen. Nach der kleinen Kletterpartie hält man sich etwas links und erreicht den nächsten Varði (N 62°07'04'', W 07°22'57''). Sehr steinig ist der Weg, der hier über den Grat führt. Das hatte noch gefehlt: Eine Große Raubmöwe fühlt ihr Territorium bedroht und rast mit beachtlichem Tempo über unsere Köpfe hinweg. Nach zwei Scheinattacken lässt sie allerdings von uns ab.

Wir erreichen flacheres Gelände und machen Pause an einem kleinen Wasserfall der STORÁ, die bis nach Víkar hinunterfließt. Die folgenden 700 m Wegstrecke sind erholsam. Da uns gesagt wurde, dass der Weg über den Kálvarók etwas gefährlich sei, gehen wir nicht ins Jøklatal hinab, sondern auf der 300-m-Höhenlinie Richtung Hvilvtkinnevatn. Ein deutlicher Trampelpfad führt zwischen Klubbin und Mølin auf die andere Bergseite, wo er jedoch endet (N 62°07'09'', W 07°21'47'').

Sehr feucht scheint das Gelände um den runden See zu sein, und so ziehen wir es vor, auf der Ostseite des Klubbin ausgetretenen Schafswegen zu folgen, die uns auf 265 m schließlich zu einem kleinen Plateau (N 62° 07'16'', W 07°21'29'') führen. Etwas abseits liegt hier ein großer, runder Stein, der den Eingang zu einer Art natürlichem Hohlweg kennzeichnet. Wir laufen hinunter und erreichen wieder den alten Verbindungspfad (N 62° 07'22'', W 07°21'09''). – Ob unsere Wegwahl wirklich die bessere war, ist nicht sicher. Andererseits, egal woher man kommt, gilt es fortan mehr oder minder querfeldein absteigen.

Wir erreichen das flache Gelände, wo auch der Bach seine Strömung beruhigt. Wunderschönes Grasland findet sich hier (N 62°07'27'', W 07°21' 03''), das sich bestens zum Zelten eignet, einen respektvollen Abstand zur Steilküste vorausgesetzt: 100 m geht es dort nämlich senkrecht hinunter.

Große Mengen an Treibholz liegen am schwarzen Sandstrand: in früheren Zeiten eine nicht zu unterschätzende Roh- und Baustoffquelle. Um einen Stein ist ein altes Tau gebunden, das an der Steilwand abwärts führt. Bei dem Gedanken, dass die Färinger an diesem Seil hinunterklettern, um Vögel zu fangen, muss ich an die Bequemlichkeit denken, wenn wir ein tief gefrorenes Hühnchen kaufen. Nachdem wir uns satt gesehen haben, geht es nun daran, den Bach GULLRINGSÁ zu überqueren – zwischen den zwei markanten Steinen, von denen der eine auf der linken und der andere auf der rechten Uferseite liegt, ist dies kein Problem.

Als grobe Orientierungshilfe peile man quer über die Grasfläche den linken Talausgang (im Osten) an. Der Pfad verläuft zwischen einem Schafschutzwall und einem Steinmann (N 62°07'31'', W 07°20'37'') hindurch.

Am rechten Talausgang wird der Bergsee FJALLAVATN sichtbar, an dessen Ufer ein schwarzes Ferienhäuschen steht.

Auf der Wiese verliert sich der Pfad, wie so häufig: Wir wandern quer über das Grasland. Wir haben Glück, dass es die letzten Tage nicht geregnet hat und dass der torfige Untergrund recht trocken ist.

Schließlich stehen wir vor der wasserreichen REIPSÁ. In einer Flussbiegung befindet sich ein ziemlich kleiner Steinmann (N 62°07'32'', W 07°19'49''). Es gibt nur eins: Schuhe aus und durch; falls es zuvor viel geregnet hat, sollte man sich gegenseitig ANSEILEN. Zur Zeit reicht das Wasser nur bis zu den Waden. Die kühle Erfrischung ist eher ein Vergnügen. Über die südöstliche Hangseite eines Berges, der ebenso den Namen KLUBBIN (455 m) trägt, kommen wir ins Tal der Botnain.

Der Anstieg zieht sich etwas; wir legen eine der geschätzten Kaffeepausen ein. Plötzlich dröhnt es über uns: »Atlantic Airways« ruft uns in den Sinn, dass wir trotz der wilden Landschaft unweit der Zivilisation sind – deshalb genießen wir die Ruhe umso mehr, als das Flugzeug verschwunden ist. Deutlich ziehen sich die Steinmarkierungen (N 62°08'11'', W 07°18'23'') den Hang hinauf in Richtung SKORDALSHALSUR (428 m).

Kurz bevor wir oben sind, sind deutliche Muster im Boden sichtbar, die der Frost hinterlassen hat (N 62°08'35'', W 07°17'48''). Wieder mal stehen wir stumm auf einem Gebirgssattel (N 62°08'38'', W 07°17'37''), von der Aussicht überwältigt. Das Plateau ist geradezu mit Steinen gepflastert, Frostmusterböden sind erkennbar.

Es geht wieder abwärts, zunächst noch flach, doch dann wird die Route an der Nordabdachung des 591 m hohen JATNAGARÐAR wieder steiler (N 62°08'43'', W 07°17'23''). Man muss die Augen offen halten, um die nächsten Steinmänner (N 62°08'45'', W 07°17'15'' und N 62°08'57'', W 07°17'11'') aufzuspüren – nicht immer ist hier der Wegverlauf ersichtlich. Schräg geht es den Abhang hinunter.

Auf 290 m ü.d.M. passieren wir die LAÐGJÓGV (N 62°09'01'', W 07°16'47''), die unter uns BIS IN DEN NORDATLANTIK reicht. In Laufrichtung ist jetzt eine große Gjógv auf Streymoy

▲ Beim Waten durch die Reipså, auf dem Weg von Gásadalur nach Slættanes

zu sehen. Peilt man diese an, hebt sich hier auf Vágar ein Steinmann gegen den Horizont ab. Immer wieder geht es steil bergab, bis der Zustand des Pfads besser wird – ein deutliches Zeichen, dass hier wieder öfter Wanderer unterwegs sind. Die kommen in der Regel aus Slættanes, wo einige Gebäude weiter als Ferienhäuser genutzt werden. Endlich kommt die Trockensteinmauer zum Vorschein; der Ort kann nicht mehr weit sein.

Ein großer und auffälliger Gesteinsblock (N 62°09'12'', W 07°16'22'') dient als letzte Wegmarkierung vor der Indmark. Durch einen engen Mauerdurchlass (N 62°09'15'', W 07°16'12'') führt der Pfad bald auf einen alten breiten Pferdeweg. Nach langen 7,5 Stunden sind wir am Ziel.

Im Sommer ist der verwaiste Ort bei Weitem nicht so verlassen, wie man das annehmen könnte: Man genießt hier die freie Zeit während der »warmen« Monate. Als wir um die Erlaubnis bitten, unser Zelt aufstellen zu dürfen, werden wir prompt in eins der alten Häuser eingeladen – wo wir die Nacht bei Kerzenschein in gemütlichen Betten verbringen.

SLÆTTANES wurde 1835 gegründet und 1964 wieder verlassen. Zeitweise lebten hier bis zu zwölf Familien; seine Blüte erreichte der Ort 1940 mit immerhin 75 Einwohnern. Weil der Anschluss an das Strom- und Straßennetz zu kostspielig war, wurde die Ortschaft aus dem sogenannten nationalen Förderprogramm gestrichen und verlassen.

TIPP: Abends laufen wir nochmals hinauf zu dem markanten Stein vor der Trockensteinmauer. Wenn die Sonne kurz über dem Horizont steht, die Vestmanna-Grotten in leuchtendes Gold taucht und die 500 m hohe Nordküste Vágars wie ein Scherenschnitt erscheinen, sind alle Strapazen des Tages vergessen. Als auch noch eine vorbei ziehende Herde Grindwale das Meer zum Brodeln bringt, sind wir sicher, an einem der faszinierendsten Plätze der Inseln angelangt zu sein.

Am nächsten Morgen. Bevor wir nach dem Frühstück die eigentliche Tour fortsetzen, laufen wir nach SLÆTTANESTANGI, wo das LEUCHTFEUER die Einfahrt in den VESTMANNASUND anzeigt. In Gedanken versunken, beobachten wir das Spiel der Gezeiten. Mit mächtiger Kraft drücken die Wassermassen in den 1 km breiten Sund.

Und so passiert es, dass wir nach einem Plausch mit dem Nachbarn erst gegen Mittag aufbrechen (N 62°09'18'', W 07°14'46'').

Die Route überquert zunächst das betonierte Wehr des Baches Grøv. Wer es weniger spektakulär angehen mag, überquert den Bachlauf einfach nach dem aufgestauten Becken. Auf der anderen Seite wählen wir den linken Pfad. Zwar verliert er sich bald im Gelände, doch erkennt man in südlicher Richtung auf halber Höhe bereits den ersten Varði, der sich durch seine Position gut vom hellen Himmel im Hintergrund abhebt. Das dumpfe Donnern der Wellen, die unter uns in den Grotten zusammenschlagen, begleitet uns auf dem Weg, der schon nach kurzer Zeit wieder den Schweiß aus den Poren treibt. Und das, obwohl ich mir sicher war, gestern den letzten Tropfen verloren zu haben.

Bei klarem Wetter reicht der Blick bis auf den 749 m hohen SORNFELLI, der leicht an den militärischen Radareinrichtungen zu erkennen ist.

Wir passieren das erste Steinmännchen (N 62°09'00'', W 07°14'59''), gefolgt von einem weiteren nach 30 m. Steil geht es nach oben und wir steuern akkurat bei 160 Höhenmetern einen Steinmann (N 62°08'56'', W 07°14'57'') an. Da knappe 100 m weiter die SELGJÓGV einen tiefen Einschnitt ins Terrain bedeutet, ist dieser Steinmann unbedingt zu finden.

Nachdem man die Gjógv passiert hat, wird das Gelände grüner; das Gestein zeigt sich von Grassoden bedeckt: Hier ist ein früherer Schutzwall zur Wegmarkierung (N 62°08'44'', W 07°15'07'') umfunktioniert.

Die meisten Wochenendbewohner in Slættanes reisen mit dem Boot an oder laufen vom Anleger Oyrargjógv am Ufer entlang. Unser Weg SLÆTTANESGØTAN nach Sørvágur hingegen wird kaum noch begangen und auch die Varðis sind nur spärlich vertreten. Zur Groborientierung peilt man darum den größten Wasserlauf an, der sich in Laufrichtung leicht rechts vom Gebirge herabgießt. Schließlich muss der Bach überquert werden (N 62°08'54'', W 07°15'18''). Im weiteren Verlauf finden sich dann doch einige Markierungen (N 62°08'38'', W 07°15'30''), die sich auf Grund des nun wieder steinigen Geländes allerdings nur schwer von der Umgebung abheben.

Auf 300 m erreichen wir eine kleine Plateaufläche von etwa 50 m² (N 62°08'23'', W 07°15'37''). Ein Weg ist hier nicht einmal zu erahnen; jedoch tauchen immer wieder kleine »Steinkollegen« auf.

Das Wetter ist heute nicht ausgesprochen nordisch: Die Sonne brennt uns so sehr auf den Kopf, dass wir einige Extra-Pausen einlegen. Frisches Quellwasser, das es wie an jeder Ecke gibt, tut dabei besonders gut. Über den Vestmannasund hinweg ist eines der großen Staubecken auf Streymoy zu erkennen.

Noch haben wir die Passhöhe zwischen TUNGUFELLI (563 m) sowie TUNGUFELLIÐ LÍTLA (443) nicht erreicht, als die Gegend wieder flacher wird und unser Blick zu den Nordinseln hinüberschweift.

Endlich oben angelangt, lehnen wir unsere Rucksäcke gegen den Steinmann (N 62°07'55'', W 07°15'38''), der den 425 m hohen Scheitelpunkt kennzeichnet.

Knapp zwei Stunden sind wir jetzt unterwegs. Ein (kleine) Hürde ist dennoch zu überwinden: An der Südseite des Plateaus begrenzt ein Zaun die Weidefläche. – Im Südwesten sieht man wieder das offene Meer, und wir sind froh, das anstrengendste Stück hinter uns zu haben.

Der Weg teilt sich hier: Wir folgen

Vágar wird ferner im Rahmen der Inselroute 6 ab Seite 108 vorgestellt.

den Markierungen, die nach rechts gehen. Weiter unten schaut es so aus, als dürften wir uns auf nasse Füße gefasst machen. Hinter der morastigen Fläche sind drei große Steinmänner sichtbar. ACHTUNG! Nicht den Steinmann ansteuern, der linker Hand auf dem Sattel in südöstlicher Richtung steht!

Der Weg hinunter ins Tal ist nicht unbedingt anstrengend. Wir überqueren mehrmals kleine Gewässer und erblicken wieder den FJALLAVATN. Da das Wetter so toll mitspielt, gönnen wir uns neben einem Wasserfällchen eine weitere Pause (N 62°06'42'', W 07°16'27'').

Am Westhang geht es auf etwa 150 Höhenmetern entlang. Gleich mehrere bemooste Varðis (N 62°06'35'', W 07° 16'38''), (N 62°06'23'', W 07°16'57'') leiten uns auf einen Wanderweg, der – für färöische Verhältnisse – als »Luxuspromenade« bezeichnet werden kann. Der 2 m breite Weg kommt aus Vatnsoyrar und wird wochenends als »Trasse« in einem Naherholungsgebiet stark genutzt. Die Steinhaufen im 100 -m-Abstand sind nur Staffage.

Bei der steinernen Wegmarke (N 62°06'01'', W 07°16'56'') kurz vor dem See TJØRNIN Í ENNI geht es wieder ins Gelände auf die alte Slættanesgøtan. Auf einer kleinen Holzstiege (N 62°05' 97'', W 07°16'60'') überqueren wir einen Stacheldrahtzaun. Ratsch! Ein Loch ist in der Hose. Mit luftigem Beinkleid erreiche ich kurz darauf einen Felsblock, an dem ein betagtes Schild angebracht ist.

Als wir unseren Blick nach links auf den 339 m hohen BORGARHEYGGJUR richten, müssen wir unweigerlich schmunzeln. Zu deutlich weist dieser eine wahrlich weibliche Form auf.

Aus Ermangelung eines sichtbaren Pfades richten wir uns nach einem Strommasten (N 62°05'22'', W 07°17'24''), der einige hundert Metern entfernt steht. Linker Hand kommen die Häuser von VATNSOYRAR zum Vorschein. Wir haben den Mast erreicht und mit ihm das HÚSATAL, das uns das restliche Wegstück nach Sørvágur leitet.

Ein weiterer Weg von Vatnsoyrar aus führt auf diesen stark frequentierten Pfad, der parallel zum Weidezaun hinunterführt. Die Nachmittagssonne strahlt die Ortschaft goldgelb an. Obwohl sich Steinmarkierungen auch innerhalb des eingezäunten Bereichs befinden, kann man sich das Überklettern getrost ersparen. Man kommt zu einem Rückhaltebecken, dort wo eine Schotterstraße beginnt. Bei zwei großen Betonsilos hat man versucht, Bäume anzupflanzen. Von hier oben ist das Zentrum Sørvágurs mit seinem großen Fußballplatz sichtbar.

Wir schlagen die erste Fahrstraße ein, die rechter Hand nach unten führt (an einem blaugrauen Haus mit blauen Fensterrahmen). Über einen beleuchteten Fußweg erreichen wir kurz nach 18 Uhr die Bushaltestelle. Die Wartezeit entfällt, als uns ein freundlicher Färinger mit seinem Wagen nach Bøur fährt, wo unser Auto steht.

# Wanderung 10 – Mykines

## UNTER PAPAGEITAUCHERN

- **STRECKE**: von Mykines zum Mykineshólmur
- **LÄNGE**: 2,5 km
- **DAUER**: ca. 3 Std.
- **SCHWIERIGKEITSGRAD**: 2–3
- **KARTENBLATT**: 110
- **MARKIERUNG**: mittel
- **TRANSPORT**: Bus-/Fährlinien ab Tórshavn: Bus 300, Fähre 36.
- **KURZBESCHREIBUNG**: Am Ortsrand führt ein Weg zur Westküste empor. Oben erreicht man einen Trampelpfad, der bis an die Spitze der vorgelagerten kleinen Insel Mykineshólmur führt. Zwischen Mykines und Holm ist eine Brücke montiert.
- **KURZWANDERUNG**: bis zur Brücke über die Hólmgjógv. Es sind recht steile Stellen zu meistern, so dass diese Tour für Wanderer mit Höhenangst nur bedingt geeignet ist.

Die Wanderung zum Papageitaucherparadies schlechthin ist in rund drei Stunden zu schaffen, doch gilt es für die Vogelbeobachtung einiges mehr an Zeit einzuplanen.

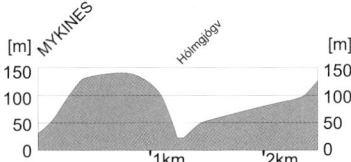

Von KRISTANSHÚS laufen wir die Dorfstraße abwärts Richtung Bootsanleger. Hinter dem letzten Haus befindet sich ein Ortsplan. Hier geht es entlang des Zauns ganz nach oben. Auf der Höhe bläst uns ein gewaltiger Wind entgegen. Nach links folgt man nun dem Fußpfad, der bis hinüber zu Mykineshólmur und zum Leuchtfeuer führt.

Vorbei geht es an einem Steinmonument, das an ertrunkene Seeleute erinnert. Ständig schrecken Vögel im Gras auf, sind offenbar genauso erschrocken wie wir. Doch was uns erwartet, übertrifft dann doch unser Vorstellungsvermögen. Bis wir zwischen den unzähligen Papageitauchern stehen, haben wir aber noch einige Höhenunterschiede zu überwinden. Der Weg, der windgeschützt am Südhang verläuft, macht nun eine Spitzkehre, und auf einem gesicherten Pfad geht es über die steile nördliche Abdachung weiter. Der Blick über die STEILE KÜSTE ist grandios. Dieser Meinung scheint auch der Eissturmvogel zu sein, der uns schwebend fast in Greifweite begleitet.

Am Ende der Steilwand angekommen, hält sich der Klippenweg wieder nach links. Überall ist hier Vogelgeschrei zu vernehmen. Man erreicht einen Zaun, der zu kreuzen ist. Der Weg geradeaus geht nur etwa 20 m weiter und endet im Nichts, doch hat man hier einen formidablen BLICK auf die BASSTÖLPELKOLONIE.

Hinter dem Zaun geht es einen kleinen Trampelpfad hinunter; nach we-

*Das Wetter hat es so entschieden: Unsere schönsten Aufnahmen vom Wandern auf Mykines entstammen dem Schwarz-Weiß-Bestand.* ▶

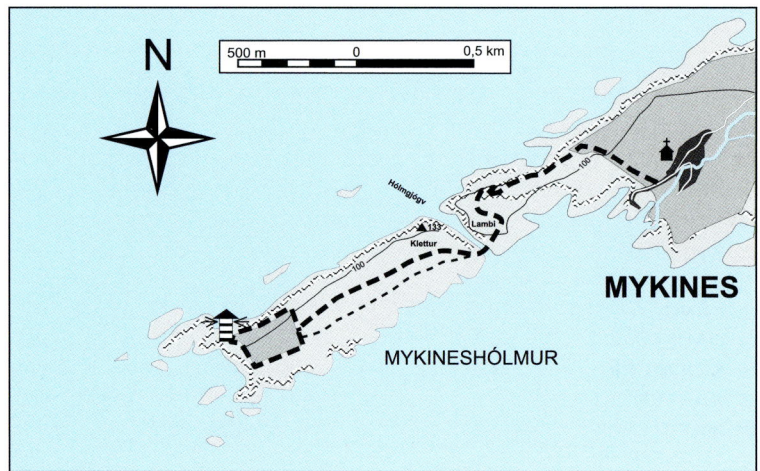

nigen Metern sind wir im Gebiet LAMBI, dem Reich der Papageitaucher. Eifrig fliegen sie an, um ihre Jungen mit Nahrung zu versorgen. Es geht zu wie auf einem Basar. Ein Schweizer Käse ist nichts gegen dieses durchlöcherte Territorium.

Es ist RATSAM, den Weg nicht zu verlassen; nicht nur, dass man einem possierlichen Tierchen auf den Schnabel treten könnte, sondern da man unentwegt in Papageitaucherhöhlen geraten würde. Es passiert nicht selten, dass sich Vogelbeobachter hier niederlassen, worauf plötzlich ein Vogel zwischen den Beinen ein Vogel auftaucht. Wegen des saftig grünen und gut gedüngten Grases ist nämlich bei Weitem nicht jede Wohnstube auf Anhieb auszumachen.

Wer sich von dem Schauspiel losreißen kann, erreicht schließlich die Brücke, die seit 1909 den Holm mit der Insel verbindet und den im selben Jahr errichteten LEUCHTTURM leicht erreichbar machte. 1988 ersetzte eine moderne Stahlkonstruktion die alte Brücke.

Zur Mittagszeit erreichen wir das Leuchtfeuer, wo es ebenfalls über unseren Köpfen flattert und zwitschert. Am besten läuft man unterhalb des eingezäunten Bereichs zu dem weißen Leuchtturm und oberhalb wieder zurück. Unser Blick schweift hinüber zum westlichsten Punkt der Färöer, der unter der Regentschaft der BASSTÖLPEL steht. Wie schwerelos stehen Vögel im Sturm; plötzlich stürzen sie wie Raketen in die Tiefe, um ihren Fall scheinbar ohne Anstrengung zu bremsen. Welch ein Schauspiel...

Am späten Nachmittag tauschen wir im Kristianshús bei leckerem Kuchen unsere Erlebnisse mit den anderen Gästen aus.

Mykines wird ferner im Rahmen der Inselrouten ab Seite 117 vorgestellt.

# Wanderung 11 – Borðoy (Nordinseln)

ERSTE DEMOKRATISCHE FORMEN IN MONUMENTALER UMGEBUNG

- **STRECKE**: von Árnafjørður zum Áarskarð und alten Thingplatz
- **LÄNGE**: ca. 3,8 km
- **DAUER**: ca. 3:30 Std.
- **SCHWIERIGKEITSGRAD**: 3
- **KARTENBLATT**: 612
- **MARKIERUNG**: gut
- **TRANSPORT**: ab Tórshavn Bus 400 bis Klaksvík, Bus 500 bis Árnafjørður.
- **BESONDERHEIT**: Die Tour führt zur alte Thingstätte der Nordinseln.
- **KURZBESCHREIBUNG**: Der Reiz der Nordinsel liegt mehr im Panorama als im Wander-Erlebnis. Der Anstieg verläuft geradewegs den Abhang hinauf. Vom Scheitel blickt man sowohl auf Kunoy als auch auf Kalsoy.

Der Pfad zur alten Thingstätte verläuft ziemlich parallel zum Berghang. Hinweg gleich Rückweg.

- Die **ANSCHLUSSWANDERUNG** nach Norðtoftir sollten nur erfahrene Bergwanderer angehen.
- **KURZWANDERUNG**: zum Áarskarð und wieder zurück.

Der enge Árnafjarðartunnilin (1965) ist einer von der dunkelsten Sorte. Direkt hinter dem Tunnel befindet sich ein Rastplatz mit Blick auf Árnafjørður. Auf der anderen Straßenseite beginnt der historische HANDELSWEG über den Áarskarð. Nach 35 m Höhenunterschied erreicht man den ersten Steinmann (N 62°15'31'', W 06°35'36''), der bereits von der Straße zu erkennen war. Es ist Anfang September: Die Heide, das Erika, blüht in schönsten Violetttönen.

Der Weg folgt den Markierungen schnurgerade den Hang hinauf. Da der Pfad seine Versorgungsfunktion verloren hat, ist er nur noch streckenweise zu erkennen. Die parallel zum Steig verlaufende Überland-Stromleitung dient als Orientierungshilfe.

Schließlich erreicht man auf 215 m einen Varði (N 62°15'30'', W 06°33'01'') und steht vor einer gewaltigen Felsstufe. Links versetzt zum Aufstieg, erkennen wir das alte Geländer (N 62°15'29'', W 06°33' 05''), heute in desolatem Zustand und hoffentlich in

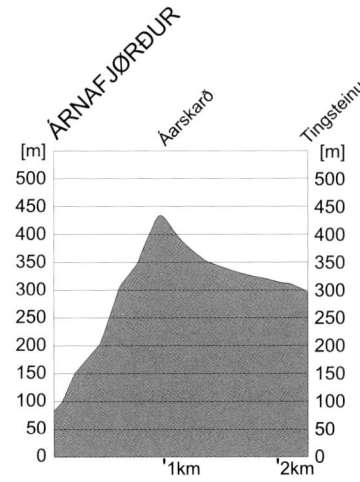

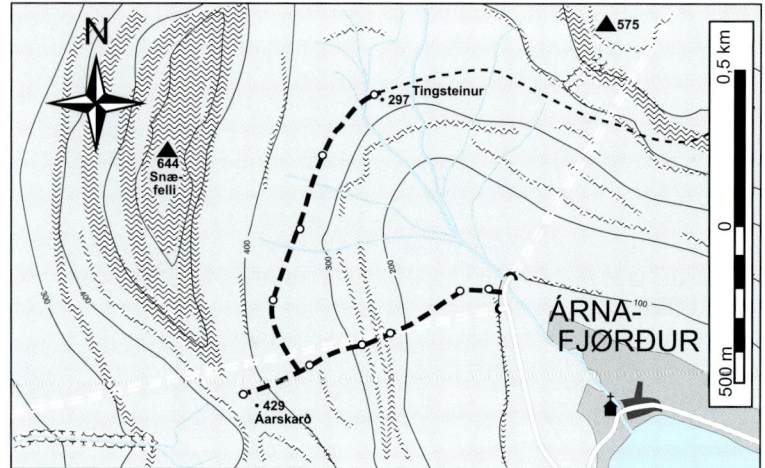

absehbarer Zeit erneuert. Zusätzlich erleichtern Treppenstufen das Vorankommen.

Nachdem die erste Geländerpartie endet, geht es 20 m an der Stufe nach links entlang, bis der Weg auf gemauerte Treppenstufen trifft, wo ein Handlauf der Sicherheit dient. Vorbei geht's an Steinen und Orten mit mystischen Namen wie Hvílingarsteinur, Rivan, Grindasteinur, was so viel wie Ausruhstein, Ritze und Tor bedeutet.

Auf 290 m Höhe liegt das steilste Stück zwar hinter uns, doch wird der Weg nach 80 m sehr steinig; das lose Geröll bremst unser Tempo. Als wir eine flache Stufe erreichen, fällt ein Steinmann jenseits der Hochspannungsleitung ins Auge. Dort führt der Weg hinüber zum alten Thingplatz.

Doch zunächst wollen wir die Aussicht über den Sattel genießen und peilen den wuchtigen Steinhaufen (N 62°15'21'', W 06°33'31'') weiter oben an. Die Vegetationsdecke wird spärlicher, weicht schließlich dem blanken Fels. Der alte Pfad ist wieder erkennbar und der 429 m hohe ÁARSKARÐ erreicht. Wie unsere Vorgänger platzieren wir einen Stein auf den mächtigen Varði (N 62°15'20'', W 06°33'34''), der die höchste Stelle markiert.

Leider ist der Himmel bedeckt und der Blick hinüber zum Suður á Nakki auf Kunoy und Gríslatindur auf Kalsoy etwas getrübt.

Obwohl in keiner neuen topografischen Karte vermerkt, ist der weitere Fußpfad nach Árnir noch zu erkennen. Ortskundige haben uns aber strikt davon abgeraten, diesen gefährlichen Abstieg zu wählen; und so geht's auf dem alten Weg zurück, bis wir wieder den wuchtigen Steinmann erreichen. Exakt bei 385 Höhenmetern queren wir diesmal die Stromleitung und fol-

Borðoy wird ferner im Rahmen der Inselroute 7 ab Seite 122 vorgestellt.

gen den Markierungen (N 62°15'26", W 06°33' 30") parallel zum Hang.

An den Steilkanten des SNÆFEL-LI fällt uns ein mehrere Meter großer heller Fleck auf: Helle Stellen an Steilwänden sind oft Hinweise auf frische Bergstürze. Vermutlich erfolgte dieser Abgang erst vor Kurzem, als gefrierendes Wasser in den Gesteinsspalten das Gestein auseinander drückte.

Auf einem grasbewachsenen Weg gelangen wir auf der flachen Stufe zum Talkessel. Wir überqueren einen Weidezaun und direkt im Anschluss einen Bach und treffen zur Mittagszeit an der alten THINGSTÄTTE (N 62°15' 52", W 06°33'02") ein. Es wirkt mystisch, über jene Zeit nachzudenken, als hier über Recht und Gesetz verhandelt wurde: Auf welchem dieser quaderförmigen Steine wohl der Richter saß? Oder die Ältesten? Ob man Schafdiebe sofort zur Rechenschaft zog und über die nahe Felskante stieß? Obwohl nur unscheinbare Steine herumliegen, scheint der Platz lebendig zu sein, kann man sich die Alten vorstellen, wie sie im Mittelalter hier oben weit über dem Árnafjord debattierten.

Man sollte in jedem Fall denselben Weg zurück wählen sowie bei der Stromleitung hinunter ins Tal steigen. Wir machen es zwei färöischen Wanderern nach und steigen direkt über den Hamar an der Thingstätte ab – riskant und nicht zur Nachahmung geeignet, wie wir feststellen. Zwischen einem deutschen sowie einem färöischen »Das ist schon zu machen!« eröffnet sich ein steiler Abhang!

# Wanderung 12 – Kalsoy (Nordinseln)

DAS HOHE C DER BLOCKFLÖTE
- **STRECKE**: Trøllanes – Kallur
- **LÄNGE**: ca. 6 km
- **DAUER**: ca. 1:40 Std.
- **SCHWIERIGKEITSGRAD**: 2
- **KARTENBLATT**: 513
- **MARKIERUNG**: spärlich
- **TRANSPORT**: ab Klaksvík Fähre 56, ab Syðradalur Bus 506.
- **BESONDERHEITEN**: Blick auf die angeblich höchste Klippe von Europa, Papageitaucher.
- **KURZBESCHREIBUNG**: einfache Tour durch unmarkiertes Gelände, das relativ wenig Kondition erfordert. Der Ausblick von der Landspitze Kallur aus zählt zu den aufregendsten der Nordinseln. Hin- gleich Rückweg.

Wir steigen aus dem Linienbus und machen uns sogleich auf den Weg.

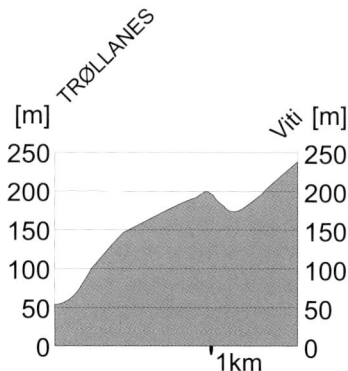

Es geht vorbei am etwas abseits der Siedlung gelegenen Schafstall samt Silo. Noch einige Meter durch die Indmarksfläche und wir erreichen das unbestellte Areal (N 62°21'49'', W 06°47'18'').

Jetzt laufen wir querfeldein in Richtung Nordwesten. Obgleich dies der Weg der Vogelfänger ist, gibt es hier keine Wegmarkierungen. Und die argwöhnisch dreinschauenden Kühe sind nicht zu einer Auskunft zu bewegen. Schräg geht's am Hang aufwärts; immer wieder liegen große Gesteinsbrocken in der Landschaft verteilt, die offenbar von den steilen Berghängen des BORGARIN kommen.

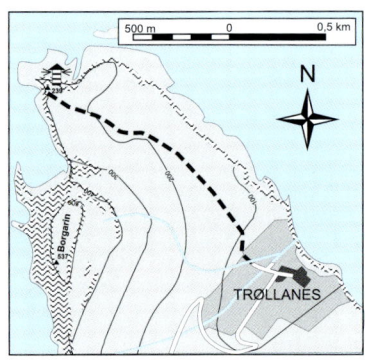

Nach gut 45 Minuten stehen wir an der Steilkante (N 62°22'17'', W 06°48'27''). Was für ein Blick von der Nordspitze der Blockflöte! Die Nachbarinsel Kunoy besticht ihrerseits durch den 819 m hohen KUNOYARNAKKUR, der fast lotrecht ins Meer stürzt und die angeblich HÖCHSTE KLIPPE Europas markiert.

Dahinter, auf Viðoy, kennzeichnet KAP ENNIBERG mit 754 m den Nordzipfel der Färöer. Und nach Westen hin grüßen über die Landspitze Rivtangi die beiden Steintrolle RISIN und KELLINGIN herüber. Noch eindrucksvoller ist aber das 537 m hohe Kliff direkt vor unsere Nase, wo sich tausende Vögel tummeln.

Vorsichtig wagen wir uns vor an die Steilkante. Die 240 Meter nach unten flößen uns gehörigen Respekt ein.

Und plötzlich stehen sie direkt vor uns, putzige PAPAGEITAUCHER. –

Von Angst keine Spur, die bunten Vögel sind mindestens genau so neugierig wie wir. Ganz sicher ist ihr Leben hier jedoch nicht: Gleich neben dem Leuchtfeuer, wo wir uns niedergelassen haben, um heißen Kaffee aufzugießen, liegt eine lange Stange, an deren Ende ein Netz befestigt ist. Vogelfang wäre auf Kalsoy immer noch ein wichtiger Erwerbszweig; aber da die Papageitaucherpopulation in den letzten zehn Jahren sehr gelitten hat, wird derzeit darauf verzichtet, »wie in den besten Zeiten« in großem Stil auf Jagd zu gehen: 800 Papageitaucher in wenigen Stunden zu fangen war damals keine Utopie. Wir begnügen uns ohnehin damit, die kleinen Tiere mit der Fotolinse einzufangen.

Auf dem Rückweg treffen wir wieder auf besagte Kuhherde, die eine Dänin umringt und anscheinend zur Leitkuh auserkoren hat. Die Tiere weichen nicht mehr von ihrer Seite. Wer den Schaden hat... Jedenfalls amüsieren wir uns köstlich.

**Kalsoy wird ferner im Rahmen der Inselroute 9 ab Seite 132 vorgestellt.**

# Wanderung 13 – Nólsoy

## ÜBER DIE LANGABREKKA ZUM ÄLTESTEN LEUCHTTURM DER FÄRÖER

◎ **STRECKE**: ab Nólsoy-Ort zu den Leuchttürmen Nólsoy und Borðan
◎ **LÄNGE**: 14 km bzw. 17 km
◎ **DAUER**: ca. 4–6 Std.
◎ **SCHWIERIGKEITSGRAD**: 2
◎ **KARTENBLÄTTER**: 509 (= Tórshavn), 508 (= Nólsoyarfjørður)
◎ **MARKIERUNG**: gut
◎ **TRANSPORT**: ab Tórshavn Fähre 90 (»M/F Ternan«).
◎ **KURZBESCHREIBUNG**: Nach anfänglicher Steigung geht es überwiegend flach bis zur Insel-Südspitze. Den einfachen Weg markieren große Steinmänner, doch das sehr feuchte Terrain erfordert stellenweise Umwege. Ohne wasserdichte Wanderschuhe sind die Füße bald nass, Gummistiefel wären hier ausnahmsweise angemessener. Hin- gleich Rückweg.

Unser Ziel ist der alte Leuchtturm im Süden von Nólsoy. Mariann und Arne, zwei Studenten aus Tórshavn, begleiten uns diesmal. Gemeinsam ziehen wir die Dorfstraße entlang. Vorbei am Hafen sowie einem riesigen Treibholzstamm, den die Einwohner scherzhaft als das Auto von Fred Feuerstein bezeichnen, passieren wir den Friedhof. 100 m bevor wir die Utmark erreichen, liegen rechts und links der Straße unscheinbare Ruinenreste aus dem 14. Jahrhundert. Nach der großen Pest wurde dieser Hof außerhalb des Ortes neu errichtet. Der Sage nach soll hier jene schottische Prinzessin gewohnt haben, die mit Mann und Kind aufs ferne Nólsoy gezogen war, nachdem sie sich mit ihrem Vater überworfen hatte (siehe Seite 140).

Von der Pracht des alten Hofes ist nichts übrig. Einige Teile wurden in der pittoresk anmutenden Häuserreihe verbaut, die sich zur Nólsoyer Kirche hinzieht. Das breitblättrige Gras, das um die Mauerreste wächst, ist an der dänischen Küste heimisch und wurde einst von Wikingern hierher gebracht. Früher diente es vor allem zum Flechten von Bodenmatten.

Wir öffnen das große Metalltor und stehen jetzt außerhalb der Indmark. Die schöne Trockensteinmauer ist mit

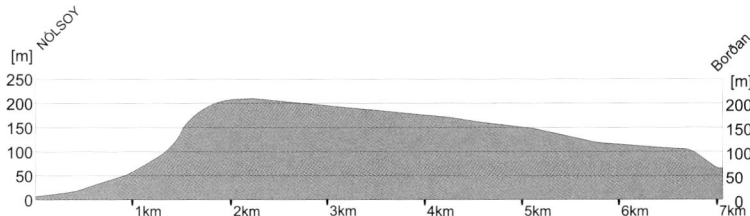

weißen Zahlen bemalt, die anzeigen, welche Landbesitzer für welche Mauerstücke verantwortlich sind – je mehr Land man besitzt, desto mehr Mauer muss gepflegt werden. In den Wintermonaten sind die intensiv genutzten Grasflächen für die Schafe zugänglich, die das geschützte Areal in der kalten Jahreszeit gerne aufsuchen.

Entlang der alten Wasserleitung, die zum Teil aus dem Untergrund hervorlugt, geht es an zwei Häusern vorbei, die das Trinkwasser aus insgesamt neun Quellen sammeln und in den Ort weiterleiten.

Hinter dem zweiten »Wasserhaus« sieht man Steinmänner (N 61°59' 56'', W 06°39'56''), die sich rechts den Hang hinaufziehen. Da dieser Weg regelmäßig begangen wird, hat man keine Probleme mit der Orientierung.

Auf einer Höhe von 135 m wird der Trampelpfad etwas flacher. Das feste Graspolster ist eine angenehme Grundlage und so kommen wir rasch voran. Noch geht es aber bergan. Unsere Kondition ist inzwischen so gut, dass wir in konstantem Tempo marschieren. Viel Mühe hat man sich bei der Errichtung einiger Varðis (N 61° 59'38'', W 06° 39'60'') gemacht – über welche Distanz die Menschen wohl die Steine heranschleppten?

Knapp über 200 m wird es richtig flach, und die Wanderung verläuft fast bis zum Ende auf dieser Ebene. Alle 100 Meter ziehen sich Steinmänner genau am Ansatz der Stufe in Richtung Süden, so dass ich auf deren Positionsangaben verzichte.

Durch ein altes Eisentor (N 61°58' 51'', W06°39'21'') betreten wir ein weiteres Schafareal. Arne läuft zügig voraus, will offensichtlich seine Kondition unter Beweis stellen. Hätten wir ihn doch nur aufgehalten! Den ganzen Abend sollte er noch über seine Blasen klagen...

Obwohl die Landschaft eine gewisse Monotonie offenbart, ist der Blick über den NÓLSOYARFJORD umso abwechslungsreicher. Vor der Kulisse Streymoys und Sandoys fahren kleine Fischerboote hinaus zum Fang. »Smyril«, die Fähre nach Suðuroy, zieht sanfte Wellen in die stille See und ich denke an etliche unliebsame Stunden bei Sturm auf diesem Schiff zurück. Wie kleine Einsturzkrater muten die Löcher an, wo wir vorüberlaufen. Die mehrere Meter großen Vertiefungen sind Zeugnisse von Wasserkraft und starker Erosion, die durch Unterspülungen entsteht.

Wir haben den längsten Teil der LANGABREKKA, wie der Pfad genannt wird, hinter uns. Das Land weitet sich nun auch zur Linken zu einer Ebene (N 61°58'02'', W 06°38'04''). Man geht geradewegs über die Ebene, die wegen ihrer vielen Feuchtstellen unwegsamer ist, als dies auf den ersten Blick scheint. Die Schafspfade gaukeln uns mehrmals einen falschen Weg vor.

Wir peilen eine zweite Landzunge an, die sich in Laufrichtung hinter der Ebene vorschiebt. Auch zwei Sendemasten können als Orientierung dienen, die in unmittelbarer Nähe der al-

*Nólsoy wird ferner im Rahmen der Inselrouten ab Seite 138 vorgestellt.*

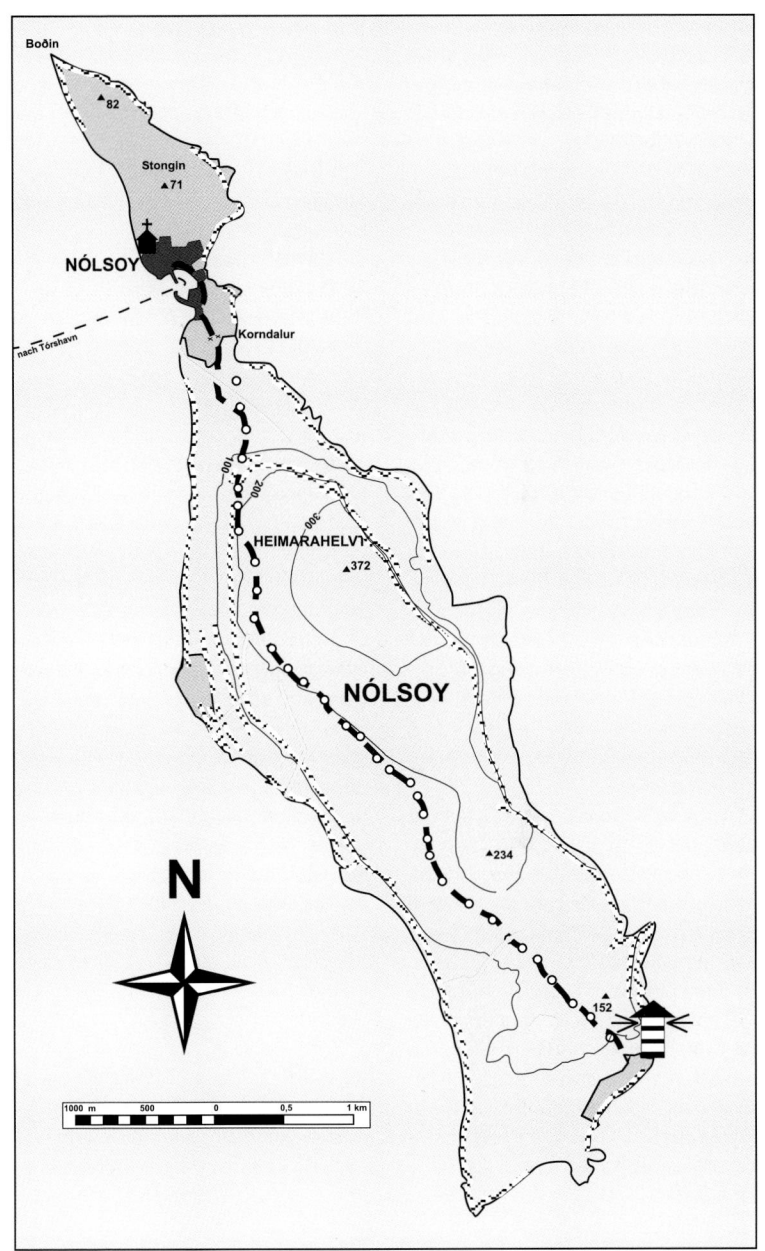

ten Leuchtturmwärterbehausung stehen. Schließlich führt der Weg in ein kurzes Tal und wir stehen vor mehreren großen, geweißten Häusern (N 61° 57'29", W 06°36'58"). Der steinerne LEUCHTTURM erstrahlt ebenfalls in Weiß und hebt sich mit seinem roten Dach farbenfroh vom tief blauen Meer ab. Die Inschrift verrät, dass dieses Leuchtfeuer 1893 zur Regentenzeit Christian IX's errichtet wurde. Der Leuchtturm war einer der letzten, die elektrifiziert wurden. Bis vor ungefähr 50 Jahren lebte hier eine Familie, die für den einwandfreien Betrieb der Anlage zuständig war und nebenbei etwas Landwirtschaft betrieb. Die Gebäude werden heute vom Instandsetzungspersonal verwendet. Ist jemand anwesend, bekommt man gerne die alte Einrichtung gezeigt.

Scherzhaft meint Mariann, dass sich hier ein schönes Ausflugscafé errichten ließe. Flugs holen wir die Thermosflasche aus dem Rucksack und begießen unsere Ankunft mit dampfendem Kaffee.

Wegen der Steilküste im Osten der Insel geht es denselben Weg zurück. Für Gruppen besteht die Möglichkeit, sich vom Segler »Norðlýsið« abholen zu lassen oder die Wanderung hier zu beginnen (siehe Seite 142). Man kann die Tour aber auch noch verlängern:

Ein deutlicher, gut begehbarer Weg führt von hier weiter zu dem kleineren Leuchtturm Borðan (1900), der 1,5 km entfernt den Südwestzipfel von Nólsoy markiert.

# Wanderung 14 – Suðuroy

DIE BUCHT DER SEEHUNDE
◉ **STRECKE**: von Tvøroyri durch die Hundagjógv
◉ **LÄNGE**: ca. 5 km
◉ **DAUER**: ca. 2:30 Std.
◉ **SCHWIERIGKEITSGRAD**: 3
◉ **KARTENBLATT**: 503
◉ **MARKIERUNG**: spärlich
◉ **TRANSPORT**: ab Tórshavn Fähre 7
◉ **BESONDERHEITEN**: Man hat einen wunderbaren Blick auf Lítla und Stóra Dímun. Mit etwas Glück kann man Seehunde beim Sonnenbad beobachten. Ebenso kommen Ornithologen auf ihre Kosten.
◉ **KURZBESCHREIBUNG**: schöne Wanderung auf unmarkierten Pfaden, trotzdem nicht allzu schwierig. Der Weg durch die Hundagjógv ist steil, jedoch gut zu begehen. Der Rückweg durch die Frostgjógv ist steil, steinig und nicht ungefährlich. Wer deshalb auf der sicheren Seite sein will, läuft ab Hvannavatn einfach auf dem Hinweg zurück.

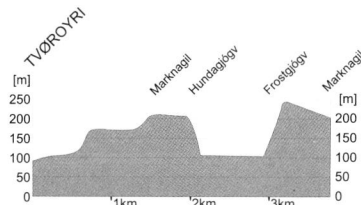

Suðuroy wird ferner im Rahmen der Inselrouten ab Seite 156 vorgestellt.

SUÐUROY 229

Eigentlich hatten wir eine andere Wanderung geplant, doch dann saßen wir gestern bei Familie Dímon bei Kaffee und Kuchen, und die Verwandtschaft schwärmte von der feinen Tour durch die Hundagjógv an die Ostküste. Angeblich die beliebteste Wanderung der Suðuroyer! Bei so viel Zu-

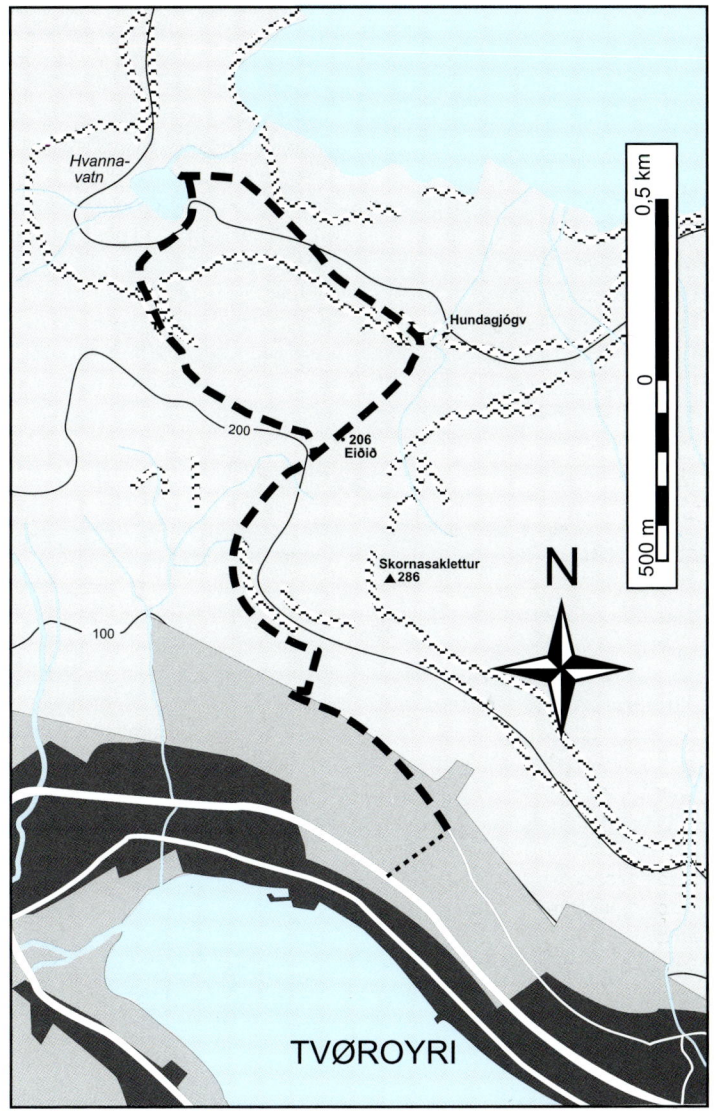

spruch konnten und wollten wir nicht widersprechen.

Um zum richtigen Einstieg zu gelangen, fährt man hinter der großen Holzkirche Tvøroyris die Straße entlang, bis man in etwa 50 m ein Tor erblickt, das die Fahrstraße absperrt. In einer Ausbuchtung zur Rechten, direkt bei einer Scheune, lassen wir das Auto stehen.

Zunächst bleibt man auf der Asphaltpiste, bis wir auf 115 m ü.d.M. deren Ende erreichen (N 61°33'59'', W 06°49'41''). Nach 40 m folgt ein kleines Tor, durch das man ohne zu klettern den Weidezaun passiert.

Es geht nun direkt am Zaun rechts den Hang hinauf. Damit man den Pfad, der weiter oben parallel zum Abhang verläuft, nicht verfehlt, zähle man am besten die Zaunpfosten bis zur Nr. 25 (N 61°34'15'', W 06°49'55''). Denn hier geht es nach links: Nach wenigen Metern ist deutlich ein Trampelpfad zu erkennen.

Trotz des Grauschleiers, der über dem Meer liegt, scheint es schön zu werden heute. Wir queren ein Bächlein und erreichen die Bergflanke, von wo es nun in nordöstlicher Richtung leicht nach oben zum windigen SATTEL geht.

Wir überqueren den Sattel (N 61° 34'24'', W 06°48'37''). Aus dem grauen Dunst werden zunächst die Konturen von Lítla Dímun und schließlich Stóra Dímun sichtbar. Rechts oben auf dem 483 m hohen FROÐBIARKAMBUR ragt eine Funkanlage über den kahlen Bergkamm.

Über eine vertrocknete Grasfläche führt die Route direkt auf ein hölzernes Schafgatter (N 61°34'32'', W 06°49' 27''). Links vorbei erreicht man ein Tor (N 61°34'33'', W 06°49' 26''). Mit einigem Respekt schauen wir hinunter in die HUNDAGJÓGV.

Damit ein neugieriges Schaf uns nicht folgt, verschließen wir das Türchen wieder gut hinter uns. Nun geht's steil nach unten, doch der Zaun, der den Weg zum Abhang sichern soll, wirkt beruhigend und dient zusätzlich als Halt. Man ist von hunderten Vögeln umringt, die ihre akrobatischen Flugkünste dicht an der Steilwand vorführen. Die EISSTURMVÖGEL haben es mir angetan, die sich in fotogene Positionen begeben.

Schließlich »biegt« der Zaun zum Meer nach unten ab (N 61°34'37'', W 06°49'34''). Wer genug Zeit hat, sollte sich diesen Abstecher gönnen.

Da der Wind erheblich stärker wird, beschließen wir, eine Pause im Windschatten der Berge zu machen und bis zum Hvannavatn zu laufen. Alte Einfriedungen zeugen von der früheren Nutzung dieses Landstrichs. Über eine Holzstiege (N 61°34'41'', W 06° 49'47'') gelangen wir über die alte Trockenmauer.

Nach einer knappen Stunde Fußmarsch sind wir schließlich an dem Ort angekommen, der uns so warm empfohlen wurde. Der runde HVANNAVATN ist ein klassischer Karsee, der in der letzten Eiszeit entstanden ist. Ein lieblicher Wasserfall rundet die Szene ab. Unsere Aufmerksamkeit

SUÐUROY 231

gilt jedoch den SEEHUNDEN, die in der Bucht die letzten Sonnenstrahlen des Sommers genießen und sich über die Klippen ins Meer stürzen.

Obwohl der Himmel mittlerweile tief blau ist, wird der Wind stärker und kälter. Da wir nicht über solche Wärmepolster wie die Seehunde verfügen, treten wir nach einer halben Stunde den Rückzug an. Für den einfacheren Rückweg nimmt man denselben Pfad zurück.

Wir gehen entlang des Seeufers in den Talkessel. Als sich der Weg teilt (N 61°34'43'', W 06°50'04''), gilt es wieder steil aufwärts steigen. Schaut man empor, kann man schon erahnen, durch welche Gjógv es aufwärts geht. Bevor wir uns in die Cañon-artige Einkerbung begeben, ist ein Zaun zu überwinden: ein schwieriges Hindernis, da wir keine Stelle finden, die uns das Übersteigen erleichtert. Der steinige Aufstieg in der Gjógv selbst ist eine rutschige Angelegenheit.

Oben angekommen, gelangen wir an ein Schafgatter (N 61°34'35'', W 06°50'10'') sowie über die Flanke auf 170 m ü.d.M. wieder den alten Weg (N 61°34'16'', W 06°49'55'').

Bergab genießen wir ein letztes Mal die Aussicht über Trongisvágur und Tvøroyri, bevor wir am Ausgangspunkt eintreffen.

TIPP: Über das Touristenbüro in Tvøroyri kann man ein Boot buchen, dass Wanderer an der Ostküste der Insel abholt und entlang der spektakulären Inselkante nach Tvøroyri zurückbringt (siehe Seite 170).

Die Straßen sind wie leer gefegt, die Läden sind geschlossen, die Menschen versammeln sich in der Bucht – es ist **GRINDADRÁP**, Grindwalfang.
Ist ein solcher Fang genehmigt und sichtet ein Fischer eine Grindwalherde, gibt er dies an offizielle Stellen weiter. Über Radio, Funk und lautes Rufen durch die Straßen wird die Nachricht in Windeseile in jede Wohnstube weitergetragen; ebenso rasch sind alle am Ufer oder in den Booten, um die Herde in die dafür ausgewiesene Walfangbucht zu treiben. Die am Ufer Wartenden empfangen die Wale im seichten Wasser mit speziellem Tötungswerkzeug. Sanfte Gemüter sollten um das blutige Schauspiel einen Bogen machen. Seit 2014 ist es unbeteiligten Personen ohnehin untersagt, näher als 1,5 km an den Grindadráp heranzukommen. Freilich will man sich dadurch auch aufgebrachte Tierschützer und voreingenommene Journalisten vom Leib halten.
Es gibt kein zweites Thema, das die Inseln in der internationalen Presse so negativ dastehen lässt. Fakt ist, dass Grindwale keine (im Bestand gefährdeten) Großwale sind. Der Grindwal fällt somit, wie alle Kleinwale, nicht unter die Schutzbestimmungen der Internationalen Walfangkommission (IWC). Fakt ist auch, dass es sich um keinen kommerziellen Walfang handelt, sondern dass die Ausbeute – je nach Erfolg – bis zu 30 % des jährlichen Fleischbedarfs in einem durchschnittlichen Haushalt deckt.
Für den Grindadráp gelten feste BESTIMMUNGEN, wann und wo er stattfinden darf und wie oft er über das Jahr erlaubt wird; auch die Art der Tötung ist vorgeschrieben, um einen raschen Tod der Tiere zu gewährleisten. In jedem sog. Walbezirk mit insgesamt 23 genehmigten Walbuchten gibt es autorisierte Walmänner, die über die Einhaltung der Regeln und die Registrierung wachen. Der erlegte FANG WIRD NICHT VERKAUFT, SONDERN nach einem sozial orientierten Schlüssel AN ALLE EINWOHNER im Walbezirk VERTEILT, d.h. auch an Altenheime und Krankenhäuser. Da die Jagd nur gemeinsam Erfolg verspricht, stärkt sie das Zusammengehörigkeitsgefühl: Man trifft sich, wohnt der Verteilungsprozedur bei und tauscht sich aus.
Die Kritik am Grindadráp wirft die Frage auf, ab wann eine Schlachtung vertretbar ist: Ist die industrialisierte Fleischproduktion eher zu befürworten, oder weniger? Das rote, vom Blut der Tiere gefärbte Wasser einer Walfangbucht mag ein schwer erträgliches Bild sein, so schlimm wie eine Doku über Schlachtfabriken? Dabei teilen Massentierhaltung und die Kleinwaljagd auf den Färöern sogar ein Problem, denn das Walfleisch weist relativ hohe giftige Quecksilberrückstände auf, so dass die färöische Gesundheitsbehörde Schwangeren und stillenden Müttern davon abrät, Walfleisch zu konsumieren.
Ob man den Grindadráp als blutiges Gemetzel, Tradition oder als Nahrungsbeschaffung sieht, muss jede/r selbst entscheiden. Dass die Färöer als Nicht-EU-Mitglied ihre Fischfangquoten selbst bestimmen, die teilweise über dem Dreifachen der EU-Quoten liegen, könnte ebenso leidenschaftlich diskutiert werden. Doch ein Hering weckt weniger positiv besetzte Assoziationen als ein Wal und hat dementsprechend keine große Lobby.

Der Helikopter ist ein gewöhnliches Transportmittel auf den Färöern – und dank üppiger Subventionen auch ein erschwingliches; alltägliche Szenen aus Borðoy (Nordinseln) und Stóra Dímun. ▶

# Praktischer Teil

# Vor der Reise

## Information

◉ Die Färöer-Jahresbroschüre verschickt **VISIT DENMARK**, Dänemarks offizielle Tourismuszentrale, Glockengießerwall 2, D–20095 Hamburg, Tel. 01805 – 32 64 63 (14 Cent je Minute), www.visitdenmark.de. Online-Broschürenbestellung unter »Kontakt«. Mehr an Färöer-Info gibt's hier nicht.
◉ **VISITFAROEISLANDS**, Bryggjubakki 12, FO–110 Tórshavn, www.visitfaroeislands.com auch auf Deutsch: einige Texte betagt, andere aber eine nette Einführung, plus viele hilfreiche Links, Festival- sowie Sportkalender.

Konkrete Anfragen via E-mail oder Telefon richtet man besser an die:
◉ **TOURISTENBÜROS**: Tórshavn siehe Seite 57, sonst am Ende der Inselrouten-Kapitel unter »Information«.
◉ **INTERNET**: des Weiteren www.kunning.fo mit aktuellem Veranstaltungskalender, www.framtak.com.
◉ **DER DEUTSCH-FÄRÖISCHE FREUNDESKREIS** (DFF): Anfragen im Bereich Tourismus an tourismus@faeroeer.eu/ Beeindruckender Internetauftritt mit Nachrichten, Forum, Veranstaltungskalender u.v.a.: www.faeroeer.eu.

> **APPs**
>
> Die Entwicklung einer App kostet einiges an Geld. Insofern haben die Apps in der Regel einen kommerziellen Hintergrund, das heißt eine unabhängige Information ist nicht gewährleistet.
> ◉ **QUELLEN**: A steht für Apple / iPhone [https://itunes.apple.com] und G steht für Google / Android [https://play.google.com]
> ◉ **Torshavn Buss** gibt geplante und Echtzeit-Abfahrtzeiten an, basierend auf dem Standort oder einer Bushaltestelle. A/G.
> ◉ **Kervið**: misst Straßendistanzen zwischen Orten. G.
> ◉ **nummar / nummar.fo**: färöisches Telefonbuch. A/G.
> ◉ **VisitTórshavn**: vermeintliche Tipps des Touristenbüros, für die die Beworbenen im Normalfall etwas bezahlen müssen, so das Geschäftsmodell der Branche. A/G.
> ◉ **Klaksvík's App**: Geschichte, Kultur, Natur, Wirtschaft. G.
> ◉ **Faroe Islands Street Map**: Straßenkarte, auch offline aufzurufen. A/G.
> ◉ **Kompass 360 Pro Free**: ein Kompass, zu nutzen für viele Outdoor-Aktivitäten wie Camping, Wandern, Bootfahren, Picknick usw. G.
> ◉ **Sunrise Sunset**: gibt den Sonnenauf- und -untergang anhand der Standortdaten an. A/G.
> ◉ **CheckMyTrip**: Begleiter für Reiseübersicht u. Online-Check-Inn. A/G.

Wer von der Heimat aus auf den Färöern anruft, wähle zuerst die 00, dann die Landeskennzahl 298, dann die jeweilige sechsstellige Rufnummer. Es gibt keine Ortsnetzkennzahlen auf den Inseln (siehe Seite 248 f.).

# Botschaften

◉ **DEUTSCHLAND**: Kgl. Dänische Botschaft, Rauchstraße 1, 10787 Berlin, Tel. 030 – 5050 2000, beramb@um.dk, http://tyskland.um.dk/de.
◉ **ÖSTERREICH**: Kgl. Dänische Botschaft, Führichgasse 6, A–1010 Wien, Tel. 01 – 5127 904, vicamb@um.dk, http://oestrig.um.dk/de.
◉ Die **SCHWEIZ** sowie **LIECHTENSTEIN** werden von der Botschaft IN BERLIN betreut (s.o.).
◉ **NIEDERLANDE**: Danmarks Ambassade, Koninginnegracht 30, 2514 AB Den Haag, Tel. 070 – 302 5959, haaamb@um.dk, http://nederlandene.um.dk.

# Einreisebestimmungen

◉ **REISEDOKUMENTE**: Bürger aus den nordischen und EU-Ländern benötigen zur Einreise einen Personalausweis, der noch drei Monate gültig sein muss. – Besucher aus anderen Ländern müssen bei der Einreise einen gültigen Reisepass vorlegen. Bei Fragen (z.B. aus welchen Herkunftsländern oder ab welcher Aufenthaltsdauer ein Visum nötig ist) wendet man sich an Botschaft oder Konsulat.
◉ **HAUSTIERE**: Die Einfuhr (das bedeutet das Mitbringen) von Tieren auf die Färöer ist ohne Ausnahme UNTERSAGT.

◉ **ZOLL**: Touristen dürfen bei ihrer Einreise auf die Färöer folgende Mengen ab einem Alter von 18 Jahren abgabefrei einführen: 1 Liter Spirituosen über 22% Alkohol (max. 60% Alkohol), 1 Liter Wein unter 22% Alkohol oder 2 Liter Tafelwein, 2 Liter Bier mit max. 5,8% Alkohol, 100 Zigaretten oder 100 Zigarillos oder 50 Zigarren oder 250 Gr. Tabak, 50 ml Parfüm sowie 25 cl. Eau de Toilet, maximal 3 kg Süßigkeiten, maximal 10 Liter Soda.
◉ **INFORMATION**: Føroya Tollstova, Postboks 2151, FO–110 Tórshavn, Tel. (00298 –) 352 600, Fax (00298 –) 352 651, taks@taks.fo, www.taks.fo.

# Geld

Die WÄHRUNG ist die dänische Krone (DKK). Auf den Inseln sind neben den dänischen auch färöische Geldscheine im Umlauf (Tauschwert färöische Kronen = Fkr oder kr zu dänischen Kronen ist 1:1). Färöische Münzen gibt es nicht, nur dänische. Der Wechselkurs bei Redaktionsschluss:
1 DKK = 0,13 € / 1 € = 7,45 DKK
1 DKK = 0,16 SFr / 1 SFr = 6,17 DKK

Es ist von Vorteil, vor der Ausreise färöische Banknoten in dänische umzutauschen, da sie ein regionales Zahlungsmittel sind; zwar sind sie in ganz Dänemark gültig, dort (außerhalb der Banken) aber weitgehend unbekannt.

Geld wechseln kann man in Banken. Travellerschecks werden akzep-

Zwar gehören die Färöer zum Staatsgebiet des EU-Mitglieds Dänemark, jedoch nicht zum Zollgebiet der Union.

tiert, Kreditkarten nur in den größeren Ansiedlungen angenommen.

## Klima und Reisezeit

Auf den Inseln herrscht ein sogenanntes OZEANISCHES KLIMA mit kühlen Sommern sowie milden Wintern. Der Golfstrom mit seinen warmen Westwinden sorgt in den Sommermonaten für angenehmes Klima. Dennoch ist mit allem zu rechnen: Sonnenschein, Regen, Nebel wie Sturm. Den Winter prägen meist starke Stürme und eine – dünne – Schneedecke. Die mittlere Januartemperatur liegt bei 3–4°C, die mittlere Julitemperatur bei 11°C.

Der durchschnittliche Jahresniederschlag beträgt 1.500 mm, was in etwa doppelt so hoch ist wie in Mitteleuropa. Es gibt aber erhebliche lokale Schwankungen, die etwa zwischen 750 und 3.000 mm pendeln.

Die BESTE REISEZEIT IST VON ENDE MAI BIS ANFANG SEPTEMBER. Wer sich allerdings für Stürme begeistern kann, sollte im Herbst oder im Winter kommen.

## Kleidung

Das wechselhafte Wetter erfordert eine ebenso wechselhafte Kleidung. Eine wasserdichte Jacke, ein warmer Pullover – eventuell ein original färöischer Pullover – gehört stets ins Gepäck. Wegen des Windes bringen Regenschirme nur wenig; hier muss die Kleidung die Schutzfunktion übernehmen (siehe unten).

Das ZWIEBELSCHALENPRINZIP (= mehrere Lagen übereinander anziehen) hat sich als OPTIMAL erwiesen. Im TAGESRUCKSACK können die – zwischenzeitlich – abgelegten Schichten verstaut werden.

Auf Wanderungen eignen sich vor allem die Softshell- oder Fleecepullover/-jacken mit integrierter WINDDICHTER Membran.

Wer die Inseln per Boot erkunden, auf den Fähren mit Vorliebe den Wind spüren oder sich an exponierte Orte begeben möchte, sollte eine warme Kopfbedeckung dabei haben.

## Gesundheit

Die neue Europäische Krankenversicherungskarte ist bei den meisten Versicherten bereits auf deren heimischer Krankenversicherungskarte integriert. Gesetzlich wie privat Versicherte kontaktieren am besten ihre Krankenkasse bezüglich der Leistungen im Voraus.

Eine PRIVATE AUSLANDSKRANKENZUSATZVERSICHERUNG ist zu empfehlen, falls die Kostenerstattung nicht gewährleistet ist. Diese Zusatzversicherung ist relativ preiswert.

## Körperbehinderte

Die färöische Behindertenorganisation MEGINFELAGIÐ TEIRRA BREKAÐU I FØROYUM erteilt Auskunft und kann spezielle Tipps geben. Eine Broschüre, die in Touristenbüros ausliegt, beinhaltet u.a. eine Liste mit den rollstuhlgerechten Einrichtungen.

◉ **INFORMATION**: Meginfelagið Teirra Brekaðu í Føroyum, Íslandsvegur 10 C, FO – 100 Tórshavn, Tel. 317 373, mbf@mbf.fo, www.mbf.fo bisher nur in der Landessprache.

## Karten

◉ Die topografische Übersichtskarte **FÄRÖER** (1:100.000) wird von der färöischen Firma »Solberg« in Kooperation mit dem österreichischen Spezialisten »freytag & berndt« herausgegeben. Die 2014 erschienene Karte gehört jedenfalls in jedes Gepäck.

Dank dieser Neuerscheinung ist die ebenso erhältliche, schlichte Übersichtskarte im Maßstab 1 : 200.000 aus dem Jahr 2012 überflüssig.

◉ Topografische **WANDERKARTEN** im Maßstab 1 : 20.000 bestellt man rechtzeitig vor der Reise, da VOR ORT NUR DIE GÄNGIGEN KARTEN erhältlich sind und – sofern nicht beim Fachhandel in der Heimat vorrätig – eine Lieferzeit von etwa zwei Wochen besteht. Allerdings ist diese Kartenserie »betagt« (überwiegend 1994–2001 erschienen), so dass aktualisierte Ausgaben anstehen sollten; zumal die Färöer erst 2012 neu vermessen wurden.

BEZUGSQUELLEN

◉ **GEOBUCHHANDLUNG KIEL**, Schülperbaum 9, D–24103 Kiel, Telefon 0431 – 910 02, Fax 0431 – 942 49, www.geobuchhandlung.de.

◉ **NORDLAND VERSAND**, Vornholtstraße 7, D–49586 Neuenkirchen, Telefon 05465 – 476, Fax 05465 – 834, www.nordland-shop.com.

# Anreise

## Mit dem Schiff

Die Reederei »Smyril Line« versieht ganzjährig den Fährverkehr zwischen Dänemark und don Föroern. Die Passagier- und Autofähre NORRÖNA startet normalerweise in Hirtshals im Norden von Jütland. Bei extremem Wetter können alternativ Hanstholm weiter westlich oder Frederikshavn an der Nordostküste angelaufen werden. Gleiches gilt für Tórshavn: Bei Sturm legt die Fähre alternativ in Kollafjørður an, das 20 km weiter nördlich und etwas geschützter liegt.

Die Fahrtdauer zwischen Hirtshals und Tórshavn beträgt im Sommerhalbjahr 31, im Winterhalbjahr 38 Stunden. Die früheren Abstecher nach Bergen in Norwegen oder Scrapster in Schottland wurden gestrichen. Die meisten Passagiere im Sommer sind Island-Reisende, da die »M/S Norröna«, neben Föräer, die EINZIGE Fährverbindung nach Island darstellt. Deshalb sollte FÜR DIE HAUPTREISEZEIT FRÜHZEITIG GEBUCHT WERDEN. Der Hafen Seyðisfjörður in Ostisland wird allerdings nur von April bis Oktober angelaufen, während die Verbindung nach Tórshavn das ganze Jahr über aufrecht erhalten wird. Montags und donnerstags läuft die »Norröna« in Tórshavn ein.

Die »Norröna« ist das Flaggschiff der »Smyril Line«. 2003 in Lübeck gebaut, hat das Schiff eine Kapazität von knapp 1.500 Passagieren und ist mit modernem Sicherheitsstandard ausgerüstet. Die Bordküche serviert am Abend ein SKANDINAVISCHES BUFFET: ein Genuss, auch fürs Auge.

INFORMATION
◉ **SMYRIL LINE DEUTSCHLAND**, Sell Speicher Wall 55, 24103 Kiel, Tel. 0431 – 200 886, Fax 0431 – 200 8870, info@smyrilline.de, www.smyrilline.de.

## Mit dem Flugzeug

Die färöische »Atlantic Airways« fliegt VÁGAR AIRPORT an, der 2014 sein neues Terminal eröffnete. Durch die Vergrößerung der Flotte bietet die Airline saisonal immer wieder neue Flugverbindungen an. TÄGLICHE Direktflüge bestehen von Kopenhagen aus.
◉ Der **FLUGHAFENBUS** zwischen Vágar Airport und Tórshavn (Distanz etwa 63 km) kostet 90 DKK.

INFORMATION
◉ **ATLANTIC AIRWAYS**, Vágar Airport, FO–380 Sørvágur, Tel. 341 010, Fax 341 001, booking@atlantic.fo, www.atlantic.fo.
◉ **VÁGAR AIRPORT**: www.fae.fo.

# Unterwegs auf den Inseln

## Transport

MIT EIGENEM FAHRZEUG – VERKEHRSREGELN

Die meisten Verkehrszeichen sind international bekannt.

◉ **ABBLENDLICHT** muss immer eingeschaltet sein.

◉ **ALKOHOL AM STEUER**: Die Alkoholhöchstgrenze liegt bei 0,5 Promille, die Strafen sind drastisch. Wer nichts trinkt, ist (in doppelter Hinsicht) auf der sicheren Seite.

◉ **ANSCHNALLPFLICHT** besteht auf allen Sitzplätzen.

◉ **AUTOFREIE ZONE**: Folgende Inseln sind nicht mit einer Autofähre verbunden sowie nur per Personenfähre oder Helikopter zu erreichen: Fugloy, Svínoy, Mykines, Nólsoy, Koltur, Hestur, Skúvoy, Stóra Dímun. Lítla Dímun wird nicht angesteuert.

◉ **GESCHWINDIGKEIT**: Die erlaubte HÖCHSTGESCHWINDIGKEIT beträgt 80 km/h, in geschlossenen Ortschaften 50 km/h. Für Pkw mit Anhänger gilt Tempolimit 50 km/h, für Wohnmobile über 3,5 t 60 km/h.

Bei Überschreitung der Höchstgeschwindigkeit ab 30 km/h drohen sofortiger Führerscheinentzug sowie ein hohes Bußgeld.

◉ **GRÜNE VERSICHERUNGSKARTE**: wird auf den Färöern anerkannt und sollte mitgeführt werden.

◉ **NEBEL**: Dach- oder Nebelleuchten sind in Tunnels und natürlich bei Nebel/diesigem Wetter zu empfehlen.

◉ **PARKEN**: In Tórshavn, Runavík, am Flughafen und in Klaksvík gelten Parkbeschränkungen. Parkscheiben sind kostenlos in Touristenbüros und Banken erhältlich. Auf der Parkscheibe wird der Beginn der Parkzeit eingestellt und die Scheibe in der rechten unteren Ecke der Windschutzscheibe angebracht. Parkvergehen werden mit 200 DKK geahndet und können in den Poststellen bezahlt werden.

Es versteht sich von selbst, dass man überall auf den Inseln das Fahrzeug rücksichtsvoll abstellt und prinzipiell keine landwirtschaftlich genutzten Flächen blockiert oder befährt.

◉ Im Straßenverkehr muss stets damit gerechnet werden, dass **SCHAFE** sich im Bereich der Fahrbahn aufhalten bzw. vor das Fahrzeug laufen.

Nach dem Zusammenstoß mit einem Schaf sofort die Polizei in Tórshavn unter der Rufnummer 351 448 verständigen (politi@politi.fo).

◉ **TANKSTELLEN** sind im Rahmen unserer Inselrouten im Info-Block am Ende der Kapitel unter »Versorgung« gelistet. Die »Effo«-Tankstellen entstanden 2007 aus der Übernahme der norwegischen »Statoil«-Tankstellen durch ein färöisches Unternehmen. In den Tankstellen werden oft auch Lebensmittel und Fastfood verkauft.

Zu tanken gibt es unverbleites Superbenzin (95 Oktan) und Diesel.

◉ **TRAUERZUG**: Trifft man auf eine Autoschlange, die keine Anstalten macht weiterzufahren und deren Fahrer gar aus ihrem Wagen steigen und sich neben das Fahrzeug stellen, handelt es sich um eine Beerdigung. Man wartet, bis der Trauerzug vorüber ist, und kann weiter fahren. Ein Trauerzug, der vor einem herfährt, sollte der Pietät wegen nicht überholt werden.

◉ **TUNNEL**: Für ungeübte Fahrer sind die UNBELEUCHTETEN Tunnels sicherlich eine Herausforderung. Die Entfernung zu entgegenkommenden Fahrzeugen ist in den finsteren Röhren schwer einzuschätzen. Lieber gleich in eine der Ausweichstellen fahren und warten, bis der Gegenverkehr vorüber ist. Bei Wohnmobilen ist auf die HÖHENANGABE zu achten!

Für die mautpflichtigen Unterseetunnel (gewöhnliche Pkw 100, sonst 300 DKK) kann an jeder TANKSTELLE BEZAHLT werden, ob vor oder nach der Durchfahrt; das Ticket gilt retour.

◉ **ÜBERHOLEN**: Wundern Sie sich nicht, wenn Sie von hinten mit der Lichthupe angeblinkt werden. Einige Autofahrer SIGNALISIEREN damit, dass sie zum Überholen ansetzen.

◉ **VORFAHRT**: eventuell etwas ungewohnt für Großstadt-Chauffeure – Hauptstraßen haben in der Regel kein Vorfahrtschild, nur die Seitenstraßen das Vorfahrt-achten-Symbol.

◉ **WOHNMOBIL & WOHNWAGEN**: Eine Färöer-Reise mit Wohnwagen ist generell problematisch, da Sturmwetterlagen oder plötzliche Windböen für PREKÄRE SITUATIONEN sorgen können.

Gleichwohl erfreut sich das Reisen mit dem Wohnmobil großer Beliebtheit. Aber: Das WILDCAMPEN ist auf den Inseln verboten. Chemietoiletten können bei Sandvíkafjalle, an der Ausfallstraße Nr. 50 – Tórshavn Richtung Kaldbaksbotnur – geleert werden.

◉ **ZEBRASTREIFEN**: Fußgänger haben – typisch skandinavisch – Vorrang. Also immer anhalten!

## MIT DEM FAHRRAD

Siehe Seite 251 unter »Ferien aktiv«.

## MIT BUS UND FÄHRE

Fast alle Orte sind an das öffentliche Verkehrsnetz angeschlossen. Es gibt einen kombinierten Bus- und Fährplan, der am Fähranleger in Tórshavn erhältlich ist. Es lohnt sich, ihn bei sich zu haben, obwohl auf dem Land meist Fahrpläne aushängen. Zudem enthält der Plan eine Übersichtskarte der Linien und Telefonnummern der Busse und Fähren. Findet sich hinter einer Abfahrtszeit das Kürzel »tilk.«, kommt Bus oder Fähre nur auf eine telefonische Anfrage. Natürlich sind die Fahrpläne auch online einzusehen (s.u.)

Besonders die kleinen Fähren zur Insel Mykines oder den Nordinseln sind sehr VOM WETTER ABHÄNGIG.

Wer die Inseln MIT DEM BUS erkunden will, findet am Busterminal am

*Oben die Suðuroy-Fähre »Smyril« im Hafen von Tórshavn, unten die Fähre »Teistin« von/nach Hestur und Sandoy, hier beim Ansteuern des Anlegers Gamlarætt auf Streymoy* ▶

Hafen in Tórshavn – das große Gebäude, das durch die gläserne Gangway für die Fähre »Norröna« leicht zu erkennen ist – optimale Bedingungen, denn von hier geht es IN FAST ALLE ORTSCHAFTEN. Möchte man in die Peripherie der Inseln vordringen, sollte man aber genügend Zeit dafür einplanen.

◎ **PÜNKTLICHKEIT**: Im Großen und Ganzen kann man sich auf die Busfahrzeiten verlassen, doch sind diese teilweise auf Ankunft oder Abfahrt von Fähren ausgerichtet. Und diese Fährzeiten, vor allem die der kleineren Personenfähren, werden immer wieder durch die Wetterlage beeinflusst.

◎ Die rot-weißen **STADTBUSSE** in **TÓRSHAVN** (Bussleiðin) verbinden auf fünf Linien alle Stadtgebiete miteinander und fahren auch nach KOLLAFJØRÐUR, SIGNABØUR, KALDBAK, VELBASTAÐUR sowie KIRKJUBØUR. Die Fahrten sind **KOSTENLOS**, um den Busverkehr attraktiver zu machen. FAHRPLÄNE erhält man über die Touristenbüros oder online unter www.visittorshavn.fo.

◎ **STRANDFARASKIP LANDSINS (SSL)** unterhält die (blauen) Bygdaleiðir-Überlandbusse und die Fähren.

Im Touristenbüro, im Abfertigungsgebäude am Hafen und im Internet erhält man einen kompletten ROUTENPLAN samt Preisliste zu Bus- sowie Fährverbindungen. – Kinder, Schüler, Studenten, Rentner erhalten Preisermäßigung. Wir übernehmen den Plan und stellen ihn auf die hintere Umschlaginnenseite.

◎ **INFORMATION**: Strandfaraskip Landsins, Sjógøta 5, FO –810 Tórshavn, Tel. 343 000, www.ssl.fo.

◎ TOURISTENPASS: Für Besucher, die sich ständig mit dem öffentlichen Personenverkehr fortbewegen wollen, hat »SSL« die **TRAVEL CARD** im Angebot, mit der Sie alle Busse und Fähren der Färöer (außer nach Mykines) in einem bestimmten Zeitraum unbegrenzt benutzen können. Die Travel Card erhalten Sie am Flughafen oder im Terminal Tórshavn. Sie kostet für Erwachsene/Kinder (7–13 Jahre) 500/250 DKK für 4 Tage sowie 700 / 350 DKK für 7 Tage Nutzungsdauer. Tel. 343 030 oder www.ssl.fo.

Da die Bustickets in der Hauptstadt und im näheren Umland gratis und die anderen Tarife für die Leistung relativ niedrig sind, sollte man sich im Voraus klar werden, ob die Travel Card sich überhaupt rechnet bzw. ob Einzeltickets am Ende nicht günstiger sind.

## MIT DEM HELIKOPTER

Für folgende Inseln bzw. Ortschaften bietet »Atlantic Airways« Mi, Fr und So sowie von Juni bis August auch Mo eine Hubschrauberverbindung: Tórshavn, Vágar, Mykines, Klaksvík, Svínoy, Kirkja, Hattarvík, Koltur, Skúvoy, Stóra Dímun, Froðba auf Suðuroy.

◎ Da die Passagierzahl auf 13 Personen beschränkt ist, muss **RESERVIERT** werden.

◎ Die aktuellen Beförderungsbestimmungen untersagen, dass Passagiere am selben Tag hin- und zurückfliegen können. **KEINE RETOURTICKETS**

**FÜR DENSELBEN TAG** soll verhindern, dass zu viele Rundflüge unternommen und wichtige Versorgungseinsätze blockiert werden. Die Regel ist auf den Inseln umstritten, weil sie auch für die Einheimischen gilt, womit Verwandten- und Freundschaftsbesuche an einem Tag unmöglich sind. Ist eine Insel ohne Unterkunft ebenso wie ohne Bootsverbindung, ist sie für Touristen derzeit praktisch unerreichbar, was zum Beispiel auf Koltur zutrifft. Wer den Heli nach Mykines oder Stóra Dímun, wohin die Bootsfahrten als knifflig gelten, bestellen will, muss also zuvor die Unterkunft regeln.

◉ **FLUGPLÄNE** erhält man bei »Atlantic Airways« am Flughafen oder im Touristenbüro in Tórshavn sowie unter www.atlantic.fo.

◉ The helicopter is **CANCELLED** today, due to bad weather. Wenn diese Nachricht gilt, heißt es abwarten – im ungünstigsten Fall können das schon mal ein paar Tage sein, was im Sommer aber relativ selten vorkommt.

◉ Die **TICKETS** kosten, streckenabhängig, zwischen 85 und 360 DKK. Kinder von 7 bis 13 zahlen die Hälfte.

◉ **INFORMATION/BUCHUNG**: Atlantic Helicopters, Vágar Airport, FO–380 Sørvágur, Tel. 341 050, station@atlantic.fo, www.atlantic.fo.

## MIT DEM TAXI

Taxis erkennt am Taxi-Schild auf dem Autodach. Gerade wer außerhalb der Hochsaison unterwegs ist, wenn einige Buslinien nur noch eingeschränkt bedient werden, der/m bleibt oft nichts anderes als das Taxi übrig. Ist man zu mehreren, kommt es längst nicht so teuer, wie vielleicht vermutet. Auch für Wanderungen, die nicht nahe einer Bushaltestelle beginnen oder enden, ist ein Taxi hilfreich. Wer ein Handy besitzt, sollte die Nummer vor einer Wandertour einprogrammieren.

◉ **STREYMOY**: Auto, Niels Finsens gøta 28, FO–100 Tórshavn, Tel. 363 636. – Bil, Eystara Bryggja, FO–100 Tórshavn, Tel. 323 232, www.taxi.fo. – Mini Bus Taxa, Tel. 212 121. – Havnar Taxi, Tel. 281 300.

◉ **EYSTUROY**: Eysturoyar Taxa, FO–625 Glyvrar, Tel. 717 171.

◉ **VÁGAR**: Eivind Johannesen, FO–360 Sandavágur, Tel 216 468. – Kaj Egon Fagraberg, FO–370 Miðvágur, Tel. 333 078 sowie 265 353. – Benni Haraldsen, FO–370 Miðvágur, Tel. 332 990 und 267 990 und 220 547. – Frank Davidsen, FO–380 Sørvágur, Tel. 221 866.

◉ **NORDINSELN**: Taxi Klaksvík, FO–700 Klaksvík, Tel. 590 000 und 213 950 und 211 415. – Taxi 4U, FO–700 Klaksvík, Tel. 580 404. – Bil Taxi, FO–700 Klaksvík, Tel. 755 555

◉ **SANDOY**: Bilstøðin Auto, FO–210 Sandur, Tel. 361 046.

◉ **SUÐUROY**: Poul Kjærbeck, FO–800 Tvøroyri, Tel. 282 931 und 250 350. – AH Taxa, Annie Hentze, FO–826 Trongisvágur, Tel. 227 228 und 226 228. – Hjørleif Holm, FO–900 Vágur, Tel. 213 380 u. 373 380. – ÍF Ludvig Poulsen, FO–970 Sumba, Tel. 239 550. – Taxi u. Mini-Bus: Kartni Fornagarð, FO–850 Hvalba, Tel. 506 888.

Die Kontaktdaten von Taxis stehen auch am Ende der Inselrouten-Kapitel, jeweils im Info-Block. Der übersichtlichen Reiseplanung wegen haben wir sie hier noch mal komplett aufgelistet.

## AUTOVERMIETUNG

◎ **STREYMOY**: AVIS Føroyar, Staravegur 1–3, FO–110 Tórshavn, Tel. 313 535 sowie 217 535, Fax 317 735, avis@avis.fo, www.avis.fo.

Bilútleigan – Car Rental, Tel. 317 865 und 224 910, Fax 317 865, car rent@ post.olivant.fo/

HERTZ – 62°N car rental, Hoydalsvegur 17, FO–110 Tórshavn, Tel. 340 050 und 213 546, Fax 340 051, hertz @62n.fo, www.62n.fo.

Rentacar.fo, i Homrum 19, FO–410 Kollafjørður, Tel. 232 121, info@rentacar.fo/

Reyni Service, Vegurin Langi, FO–188 Hoyvík, Telefon 353 040, Fax 353 041, rs@reyniservice.fo, www.reyniservice.fo.

Waag & Company, Hoyviksvegur 63, FO–100 Tórshavn, Tel. 313 666, waag@waagbilar.fo/

◎ **EYSTUROY**: BBR-Service, FO–626 Lambareiði, Tel. 449 111 und 219 111, Fax 449 011, bbr@bbr.fo/ Nördlich von Runavík / Saltangará.

◎ **VÁGAR**: AVIS Føroyar, Vágar Airport, FO–380 Sørvágur, Tel. 358 800 sowie 212 765, Fax 358 801, info@avis.fo/

HERTZ – 62°N car rental, Vágar Lufthavn/62°N, FO–380 Sørvágur, Tel. 340 000, Fax 340 051, hertz@62n.fo, www.62n.fo.

Unicar, FO–360 Sandavágur, Tel. 332 527, Fax 333 527, unicar@olivant.fo, www.uni-cars.com.

◎ **NORDINSELN**: Reyni Service, Klingrugarður, FO–700 Klaksvík, Tel. 473 040, www.reyniservice.fo.

NÓA, FO–700 Klaksvík, Tel. 459 000 und 757 575.

◎ **SUÐUROY**: ADI Auto Service, Sjógøta 79, FO–800 Tvøroyri, Tel. 222 328. – Magn (Tankstelle), FO–826 Trongisvágur, Tel. 371 466.

# Unterkunft

Qualität und Ausstattung sind recht verschieden. Das Preisniveau ist für nordische Verhältnisse moderat, wobei die guten Hotels natürlich nicht billig sind. Wer es bequem möchte, kann bei den Touristenbüros B & B, Privat- und ggf. auch Hotelzimmer buchen.

◎ Im Rahmen unserer **INSELROUTEN** sind die UNTERKÜNFTE im Info-Block am Kapitelende aufgeführt.

## HOTELS

Die Hotels haben einen mittleren bis sehr guten Standard. Die Zimmer sind meistens mit Dusche und WC ausgestattet. Die Tarife für ein Einzelzimmer (EZ) mit Bad liegen um 750 bis 1.500 DKK, für ein Doppelzimmer (DZ) um 850–1.800 DKK; das Frühstück ist immer inklusive. Einige Hotels verfügen zusätzlich über schlichte Zimmer ohne Bad, die dementsprechend preiswerter sind. Vier-Sterne-Hotels gibt es nur in der Hauptstadt Tórshavn.

## HOSTELS UND PENSIONEN

Auf einigen Inseln oder in manchen Regionen die EINZIGE Unterkunftsmöglichkeit. Man trifft nicht nur typische Rucksackreisende, sondern alle Altersklassen an, was u.a. am BESTEN PREIS-/ LEISTUNGSVERHÄLTNIS liegt. Riesige Schlafsäle gibt es keine, dafür aber Kochgelegenheiten. Oft bieten die Hostels 2-, 4- oder 6-Bett-Zimmer an, die Pensionen eher Einzel- und Doppelzimmer. Gut: MAN LERNT IMMER LEUTE KENNEN.

In den Hostels gibt es bei Vorlage des Internationalen Jugendherbergsausweises den üblichen Rabatt. Die Tarife liegen bei 200–350 DKK in Jugendherbergen und bei 400–950 DKK für DZ (ohne/mit Bad) in Pensionen.

## BED & BREAKFAST

Viele haben mit B & B gute Erfahrungen gemacht und nette Färinger kennen gelernt. Buchung und Bezahlung erfolgen via Touristenbüro. Im Preis meistens günstiger als Pensionen.

## CAMPING

Auf den Färöern gibt es kein »öffentliches Gemeinland« oder freies Ödland. Aus diesem Grund ist das Campen NUR AUF DEN AUSGEWIESENEN CAMPINGPLÄTZEN gestattet. Es gibt KEIN Allemansretten (sogenanntes Jedermannsrecht) wie in anderen nordischen Ländern. Bei Wanderungen im Gebirge liegen natürlich keine Campingplätze an der Route. In solchen Fällen wird das »Wildzelten« zwar geduldet; es sollte aber im örtlichen Touristenbüro angemeldet werden. Eine Camping-Broschüre liegt in den Touristenbüros aus.

◉ Auf keinen Fall innerhalb intensiv **LANDWIRTSCHAFTLICH** GENUTZTER FLÄCHEN (Indmark / Bøur) zelten (siehe Seite 18 ff.).

◉ Nach Möglichkeit den Landbesitzer um **ERLAUBNIS** bitten; dabei helfen die lokalen Touristenbüros. Die vermutliche Dauer der Tour kann dort, in der letzten Unterkunft oder an entsprechender Stelle hinterlassen werden. Nach der Ankunft zurückmelden!

◉ Niemals in der Nähe von Klippen und **ABGRÜNDEN** zelten! Selbst die schönste Aussicht darf nicht dazu verleiten, an diesen Stellen zu rasten, da aufkommende Stürme unberechenbar sind. Ein Wetterumschwung ist mehr Regel als Ausnahme, also prinzipiell extra ZELTSCHNÜRE zum Abspannen mitnehmen! Ohnehin ist es auch im Sommer des unbeständigen Wetters wegen ratsam, eine robuste, d.h. wasser- und windfeste Outdoor-**AUSRÜSTUNG** mitzubringen.

◉ Manchmal gehören Campingplätze zu einem Hotel oder Hostel oder nutzen die Sanitäranlagen von Sportstätten etc. Die **AUSSTATTUNG** ist tendenziell AUF EINEM NIEDRIGEN NIVEAU. Für Komfort auf den Campingplätzen ist die Saison zu kurz.

◉ Es ist **NICHT** gestattet, **IN WOHNWAGEN ODER WOHNMOBILEN** an Straßen, auf Aussichts-, Park- oder Rastplätzen zu **ÜBERNACHTEN**.

◉ **OFFENES FEUER** ist untersagt. Petroleum, Brennbenzin und Gas für CAMPINGKOCHER sind teilweise in Tankstellen und Geschäften erhältlich, Petroleum auch in Apotheken.

# Praktisches A–Z

## ADRESSEN
Beschränken sich mitunter auf Name, Ort und Telefonnummer. Denn Straßennamen sind in vielen kleinen Ortschaften überflüssig.

## ALKOHOLISCHE GETRÄNKE
Bis auf Leichtbier (LJÓST PILSNAR mit 2,7%), das im Lebensmittelladen frei verkäuflich ist, sind Alkoholika nur in den staatlichen MONOPOLLÄDEN (»Rúsdrekkasøla Landsins«) zu erwerben; diese sind aber nur in sechs Städten bzw. Ortschaften vertreten:

◉ **ALKOHOLVERKAUF**: Tórshavn, Hoyvíksvegur 67, Tel. 340 400. Mo–Fr 10–17.30 Uhr, Sa 10–13 Uhr. – In Saltangará auf Eysturoy, Heiðavegur 25, Tel. 340 406. Mo–Do 13–17.30, Fr 10–17.30, Sa 10–13 Uhr. – In Miðvágur auf Vágar, Skaldavegur 5, Telefon 340 404. Mo–Do 14–17.30, Fr 12–17.30, Sa 10–13 Uhr. – In Klaksvík auf Borðoy/Nordinseln, Bøgøta 38, Telefon 340 402. Mo–Do 13–17.30, Fr 10–17.30, Sa 10–13 Uhr. – In Sandur auf Sandoy, Heimasandsvegur 58, Telefon 340 405. Mo–Do 14–17.30, Fr 14–19, Sa 10–14 Uhr. – In Drelnes/Trongisvágur auf Suðuroy, Tel. 340 403. Mo–Do 14–17.30, Fr 12–17.30, Sa 10–13 Uhr. Die Abgabe von Alkohol an Jugendliche (unter 18 Jahren) ist untersagt.

◉ Wer sich schon VOR DER ABREISE über die **PREISE** informieren will: www.rusan.fo.

◉ Lizensierte LOKALE, und das sind fast alle Restaurants und Kneipen, haben eine **SCHANKERLAUBNIS**: die gilt entweder (nur) für Bier und Wein oder für alle auf den Inseln verkäuflichen Alkoholika.

◉ Der **NATIONALFEIERTAG** ist einer der »alkoholreichsten Tage« des Jahres, wobei der AQUAVIT eine einschlägige Rolle spielt. Mein Favorit ist selbst gemachter RHABARBERWEIN, den so manche Färinger in geselliger Runde aus dem Vorratsraum zaubern.

◉ Zwei **BRAUEREIEN** gibt es auf den Inseln: die traditionsreiche »Føroyar Bjór« aus Klaksvík (www.foroyabjor.fo) und die neuere »Okkara« in Velbastaður auf Streymoy (www.okkara.fo). Mittlerweile gibt es auch Spirituosen von den Färöern.

## FACEBOOK
Facebook ist (nicht nur) bei jugendlichen Färingern das Kommunikationsmedium Nr. 1: Viele Erwachsene nutzen das Social Network heute häufiger als E-mails. Mehrere Firmen, auch Unterkünfte sind lediglich durch einen Facebook-Auftritt im Web vertreten. www.facebook.com

## FEIERTAGE UND FESTE
◉ **NEUJAHRSTAG**: 1. Januar.
◉ **OSTERN**: von Gründonnerstag bis Ostermontag.
◉ **FLAGGDAGUR**: am 25. April, der Tag der Flagge.
◉ **DYRI BYÐIDAGUR**: der BETTAG, am vierten Freitag nach Ostern, vergleichbar mit dem Buß- und Bettag.

- **CHRISTI HIMMELFAHRT**.
- **PFINGSTEN**: Pfingstsonntag und Pfingstmontag.
- **TAG DES GRUNDGESETZES** am 5. Juni (nur nachmittags).
- **ÓLAVSØKUDAGUR**: am 29. Juli – NATIONALFEIERTAG (gefeiert wird auch schon am Nachmittag des 28.7.)
- **WEIHNACHTEN**: am 24., 25. und 26. Dezember.

## FUNDSACHEN

Bei Verlust eigener oder dem Auffinden fremder Wertsachen wendet man sich an die nächste Polizeidienststelle oder an das lokale Touristenbüro.

## GEPÄCKAUFBEWAHRUNG

Münzschließfächer gibt es im Busbahnhof am Fährhafen in Tórshavn, im Zentrum am Bushalt Steinatún (siehe Seite 66), im Flughafen aber nicht.

## INTERNET

Die meisten Unterkünfte sind heutzutage mit kostenlosem Internet ausgestattet. Ebenso kann man in den Touristenbüros online gehen. Ferner bieten die meisten Lokale und das große Einkaufszentrum SMS in Tórshavn kostenlosen Wlan-Zugang.
- Die meisten färöischen **WEBSITES** im Tourismussektor verfügen über eine (zum Teil verkürzte) englischsprachige Version, einige auch über (eine Auswahl an) Seiten auf Dänisch.

## ÖFFNUNGSZEITEN

- Die meisten **GESCHÄFTE** sind Mo–Fr 9/10–17.30 Uhr geöffnet, Fr teilweise auch bis 19, Sa 10–13/14/15/16 Uhr. Sonntags sind fast alle Läden geschlossen; nur Kioske, Tankstellen und einige Bäcker (7–23 Uhr) haben täglich geöffnet.
- **BANKEN**: Mo–Fr 9.30–16 Uhr, Do bis 18 Uhr. Geldautomaten sind heute die Regel, die gängigen Girokarten werden akzeptiert; mit der »Postbank Sparcard« können Sie bis zu 10 x im Jahr kostenlos Geld im Ausland abheben: überlegenswert bei Gebühren von sonst oft 5–7,50 € pro Vorgang.

## KIRCHEN

Die meisten Dörfer besitzen ein kleines evangelisch-lutherisches Gotteshaus. Zwar sind die sehenswerten Kirchen außer zu Gottesdienstzeiten verschlossen, aber man kann immer die Dorfbewohner fragen, die sicher den Weg zum Schlüssel oder Küster weisen, der Besuchern gerne »seine« Kirche zeigt und erläutert – eventuell auch auf Färöisch.
- Evangelische **GOTTESDIENSTE** finden sonntags um 11 oder 12 Uhr, katholische sonntags um 11 Uhr statt (Wortgottesdienst; hl. Messe nur, sofern momentan ein Pfarrer auf den Inseln ist: www.katolsk.fo).

## NACHRICHTEN

- Wer up to date sein möchte, informiert sich via **INTERNET**.
- Im **NORDISCHEN HAUS** liegen gelegentlich fremdsprachige Zeitungen in der Sitzecke bei der Information aus. Gleiches gilt für Bibliotheken und für die Pädagogische Hochschu-

le »Føroya Læraraskúli« in Tórshavn, J.C. Svabos gøta 14.

## POST

◉ **POSTVERK FØROYA** mit Hauptpostamt Tórshavn, Óðinshædd 2, FO –110 Tórshavn, Telefon 346 000, post a@posta.fo/ www.posta.fo. Geöffnet Mo–Fr 9–17 Uhr. Die weiteren Poststellen haben kürzere und ganz eigene Öffnungszeiten, in den kleineren Ortshaften manchmal nur 60 oder 90 Minuten nachmittags. Samstags und sonntags sind alle geschlossen.

◉ **INFORMATION**: www.posta.fo
◉ **BRIEFMARKEN**: www.stamps.fo (siehe auch Seite 73)

## SOUVENIRS

TYPISCH FÄRÖISCH sind zum Beispiel Schafwollprodukte (siehe Seite 72) und Steine. – Ein ausgefallenes Mitbringsel ist Trockenfisch, der manchen Bilderabend zum »kulinarischen Ereignis« werden lässt. Mittlerweile gibt es T-Shirts, die den grell bunten Erinnerungsstücken in anderen Ländern nicht nachstehen.

## TAX-FREE-SHOPPING

Da die Färöer nicht – wie das »Mutterland« Dänemark – Mitglied der Europäischen Union sind, ist es auch für Besucher aus EU-Ländern möglich, Tax-free einzukaufen.

Kaufen Sie in einem der rund 220 Färöer-Läden mit Tax-Free-SYMBOL Waren im Wert von mindestens 300 DKK, können Sie sich dort einen Tex-Free-Scheck ausstellen lassen, auf dem Sie vor der Ausreise Ihre Daten eintragen müssen. Vor der Abreise ist der Scheck dann am Flughafen oder im Fährterminal vorzulegen und vom Zoll abzustempeln. Noch am Flughafen bzw. später an Bord der »Norröna« (oder eines Kreuzfahrtschiffes) bekommen Sie schließlich die Mehrwertsteuer abzüglich einer Gebühr zurückerstattet. Auf Verlangen ist die Ware in versiegeltem Zustand vorzuzeigen; ein Gebrauch vor der Ausreise ist demnach offiziell nicht möglich, wobei diese Kontrolle in der Praxis oft vernachlässigt wird.

◉ **INFORMATION**: www.taxfree.fo oder www.taxfreeworldwide.com.

## TELEFON

◉ Die FÄRÖISCHE **LANDESKENNZAHL** (bei Vorwahl aus dem Ausland) ist 00298.

◉ **INLAND**: Auf den Färöern gelten SECHSSTELLIGE TELEFONNUMMERN ohne Ortsnetzkennzahl (= Vorwahl). Ob Sie in Tórshavn eine Rufnummer auf Eysturoy, Vágar, Suðuroy oder in Tórshavn selbst anwählen: Alle sechs Ziffern sind notwendig.

◉ **AUSLAND**: Um mit dem Ausland zu telefonieren, wählen Sie zuerst die 00, danach die Landeskennzahl, die Ortsnetzkennzahl (= Vorwahl) ohne 0 und die gewünschte Rufnummer. Die Landeskennzahlen: Deutschland 49, Österreich 45, Schweiz 41, Niederlande 31, Luxemburg 352.

◉ **ÖFFENTLICHE TELEFONE** sind heutzutage, im Zeitalter des Handys, selten auf den Färöern. Ist man ohne

Souvenirs: Beachten Sie bitte, dass ausgestopfte Vögel nicht nach Deutschland eingeführt werden dürfen.

Mobiltelefon unterwegs, kann man im dringenden Fall auch von Unterkünften und Lokalen aus telefonieren.

◉ Die gängigen **MOBILTELEFONE** mit GMS-Standard funktionieren, sofern Ihr Mobilfunkunternehmen in der Heimat einen Vertragspartner vor Ort hat. Deswegen können Sie sich nicht einfach das billigste Handynetz vor Ort aussuchen: Ihre Sim-Karte sucht sich automatisch den Vertragspartner und berechnet die vereinbarten Roaming-Tarife; eine Vorab-Info ist sehr wichtig! Alternativ sind PREPAIDKARTEN vor Ort zu fairen Preisen zu erwerben.

## TRINKGELDER

Auf den Färöern waren Trinkgelder bis vor wenigen Jahren unbekannt, sind in letzter Zeit jedoch zunehmend üblich, wenn auch nicht zur Verpflichtung geworden. Das Bedienungsgeld ist in Restaurants, Taxis oder etwa bei Frisören gewöhnlich im Preis inbegriffen. – Wer besonders zufrieden ist, gibt etwa 5 % des Endpreises.

## WETTERVORHERSAGE

Das lokale Touristenbüro kann jederzeit Auskunft geben, auch darüber, ob (im Sommer) eine englischsprachige Version im Radio ausgestrahlt wird. In Tageszeitungen findet sich das Wetter jeweils auf der letzten Seite.

◉ **ONLINE**: Unter www.dmi.dk können Sie via Suchfunktion (Søg) so gut wie alle besiedelten Ortschaften der Färöer mit 2-Tage- und Langzeit-Vorhersage aufrufen. Als Alternative sei www.yr.no genannt.

## ZEIT

Die Färöer liegen in der GREENWICH MEAN TIME ZONE (GMT), was einer Stunde später als in Deutschland, Österreich und der Schweiz entspricht.

Von Ende März bis Ende Oktober werden die Uhren, wie in Mitteleuropa, auf SOMMERZEIT umgestellt.

# Im Notfall

EINHEITLICHER NOTRUF
◉ Tel. **112**.

IM KRANKHEITSFALL

Wer vor Ort krank wird, sucht am besten eines der drei Krankenhäuser auf, die auch über Notaufnahmen verfügen. Falls es nicht dringend ist, kann eventuell das Touristenbüro kontaktiert werden, um Sprachschwierigkeiten zu umgehen. Die Ärztliche Bereitschaft ist von 16 bis 8 Uhr außerhalb der üblichen Sprechzeiten besetzt und sollte im Voraus telefonisch kontaktiert werden.

◉ **ÄRZTLICHE BEREITSCHAFT**: Tel. 1870.

◉ **ZAHNÄRZTLICHER NOTDIENST**: Anmeldung via Tel. 314 544. Sa+So 10–11 Uhr.

## AUF STREYMOY

◉ **POLIZEI**: Politistøðin í Tórshavn, Yviri við Strond 17, FO–110 Tórshavn, Tel. 351 448, Fax 351 449, politi@politi.fo, www.politi.fo. Mo–Fr 10–15 Uhr.

Nachdem die EU die Senkung der Roaming-Tarife verfügt hat, ist das Telefonieren mit eigener SIM-Karte kein Luxus mehr. Bei einigen Mobilfunkunternehmen sind die Färöer jedoch in der teuersten Ländergruppe eingestuft.

◉ **KRANKENHAUS**: Landssjúkrahúsið, J.C. Svabos gøta 41–49, FO–100 Tórshavn, Tel. 304 500, Fax 314 253, ls@ls.fo/ Ärztliche Bereitschaft siehe Seite 249.
◉ **APOTHEKE**: Tjaldurs Apotek, R. C. Effersøes gøta 31, FO–110 Tórshavn, Tel. 341 100, Fax 341 192, tjaldurs@apotek.fo, www.apotek.fo. Mo–Fr 9–17.30 Uhr, Sa 10–14 Uhr, So 14.30–15 Uhr.

## AUF EYSTUROY

◉ **POLIZEI**: Politistøðin í Runavík, Myravegur 2, FO–620 Runavík, Tel. 471 448, Fax 471 449, politi@politi.fo/ Di–Fr 10–15 Uhr.
◉ **APOTHEKE**: Eysturoyar Apotek, Myravegur 6, FO–620 Runavík, Tel. 473 400, Fax 473 401, eysturoyar@apotek.fo, www.apotek.fo. Mo–Fr 10–17.30 Uhr, Sa 9–13 Uhr.

## AUF VÁGAR

◉ **POLIZEI**: Politistøðin í Miðvágur, Hornavegur 2, FO–370 Miðvágur, Tel. 351 448, Fax 332 154, politi@politi.fo/ Mo–Do 10–15 Uhr.
◉ **POLIZEI AM FLUGHAFEN**: Politistøðin Flogvøllurin, FO–380 Sørvágur, Tel. 351 448. Nur besetzt bei Abflug oder Ankunft.

## AUF DEN NORDINSELN

◉ **POLIZEI**: Politistøðin í Klaksvík, við Sandin 2, FO–700 Klaksvík, Tel. 351 448, Fax 457 006, politi@politi.fo/ Mo–Do 9–15 Uhr.
◉ **KRANKENHAUS**: Klaksvíkar Sjúkrahús, Sniðgøta 1, FO–700 Klaksvík, Tel. 454 545, Fax 457 363, ks@ks.fo/ Ärztliche Bereitschaft siehe Seite 249.
◉ **APOTHEKE**: Norðoya Apotek, Klaksvíksvegur 5, FO–700 Klaksvík, Tel. 472 500, Fax 456 055, nordoya@apotek.fo, www.apotek.fo. Mo–Fr 9–17.30 Uhr, Sa 9–13 Uhr.

## AUF SANDOY

◉ **POLIZEI**: Politistøðin á Sandi, Mørkin Mikla 3, FO–210 Sandur, Tel. 351 448, Fax 356 570, politi@politi.fo/ Mo–Fr 9–12 und 14–16 Uhr.

## AUF SUÐUROY

◉ **POLIZEI**: Politistøðin á Tvøroyri, Kirkjubrekkan 11, FO–800 Tvøroyri, Tel. 351 448, Fax 372 053, politi@politi.fo/ Mo–Fr 10–15 Uhr.
◉ **KRANKENHAUS**: Suðuroyar Sjúkrahús, Sjúkrahúsbrekkan 19, FO–800 Tvøroyri, Tel. 343 300, Fax 371 142, ssh@ssh.fo/ Ärztliche Bereitschaft siehe Seite 249.
◉ **APOTHEKE**: Suðuroyar Apotek, Undir Heygnum 4, FO–800 Tvøroyri, Tel. 371 076, Fax 371 768, suduroyar@apotek.fo, www.apotek.fo. Mo–Fr 9–17.30 Uhr, Sa 9–12 Uhr.

# Ferien aktiv

## Angeln

◉ Das Angeln an der **MEERESKÜSTE** ist – außer an Bachmündungen – jedermann gestattet und es ist gratis. Sportfischerei im Meer vom Boot aus ist genehmigungspflichtig.
◉ Für die **SEEN** benötigt man eine Angelerlaubnis. Die Lizenz informiert über die lokal geltenden Bestimmungen. Die ANGELSCHEINE sind in den Touristenbüros erhältlich, auch in dem am Flughafen.
◉ Die Angelsaison in **BÄCHEN** und Wasserläufen geht vom 1.5. bis 31.8.
◉ UM INFEKTIONEN DER EINHEIMISCHEN FISCHBESTÄNDE VORZUBEUGEN, sind alle Ausrüstungsgegenstände einschließlich Angelruten, Rollen, Gummistiefel und Köder **VOR DER EINREISE ZU DESINFIZIEREN**. Ein amtlicher Nachweis aus dem Herkunftsland des Besuchers ist inzwischen nicht mehr bei der Einreise vorzulegen.
◉ **INFORMATION:** Das Touristenbüro Tórshavn hat eine Angelbroschüre zur Hand.
◉ Die Inselrouten-Kapitel beinhalten **ANGELTRIPS** wie Hochseeangeltouren. Im Info-Block am Kapitelende.

## Rad fahren

Rad fahren wird immer beliebter auf den Inseln. Das Straßennetz ist sehr gut ausgebaut. Eigene Radwege über Land gibt es nicht, doch bei dem allgemein GERINGEN VERKEHRSAUFKOMMEN ist dies kein Nachteil.
◉ Das **QUERFELDEINFAHREN** mit Mountainbikes ist wegen der vielerorts dünnen Bodendecke **NICHT GESTATTET**. Ebenso ist auf Wanderpfaden dem Pflanzenschutz zuliebe kein Radfahren möglich.
◉ Die **TUNNEL** sind NICHT ALLE BELÜFTET und beeinträchtigen den Aktionsradius erheblich: Die Nordinseln sind der Tunnel wegen als Reiseziel mit dem Rad sogar ungeeignet. Busse nehmen gegen Aufpreis Fahrräder mit. Man kann versuchen, einen Lkw oder Pick-up anzuhalten, der den Drahtesel auf die andere Seite bringt.

### LÄDEN MIT WERKSTATT

◉ **SÚKKLUHANDILIN UNO**, Smiðjugerði 6, FO–100 Tórshavn, Tel. 205 959, danjal.petersen@gmail.com/ Mo bis Fr 10–17.30, Sa 10–14 Uhr.
◉ **SÚKKLUHANDILIN**, Trónda Simonsen, Norðuri í Sundum, FO–410 Kollafjørður auf Streymoy, Tel. 421 511 / 262 143, sukkluhandilin@gmail.com/ Mo–Fr 9–17.30, Sa 9–14 Uhr.
◉ **SÚKKLUHANDILIN Í KLAKSVÍK**, John W. Fa. Thomsen, Nólsoyar Pálsgøta 26, FO–700 Klaksvík (Borðoy / Nordinseln), Tel. 455 858. Mo–Fr 10–17.30, Sa 10–13 Uhr.

## Reiten

Ein ganz besonders Vergnügen, die Inseln kennenzulernen!

In Tórshavn gibt es einen Reiterhof, der neben gewöhnlichen Tagesausritten bzw. Kurzausflügen von 2–3 Stunden Dauer auch eine HISTORISCHE TOUR nach Kirkjubøur und einen WOCHENENDTRIP nach Leynar im Programm hat.

◎ **INFORMATION**: BERG HESTAR, Oyggjarvegur 59, FO–100 Tórshavn, Tel. 316 896, berghestar@post.olivant.fo, www.berghestar.com auch auf Englisch. Ausritt ab 350/300 DKK, Tagestour Kirkjubøur 800/600 DKK inklusive Mittagsverpflegung.

▲ Unerschrockene Wikingermädchen härten sich ab

## Schwimmen

Im Atlantik sind die Wassertemperaturen den meisten Zeitgenossen etwas zu kühl (10–12°C).

◎ **SCHWIMMHALLEN**: in Tórshavn, in Fuglafjørður, Leirvík, Strendur und Toftir auf Eysturoy, in Klaksvík auf den Nordinseln, in kleiner Ausführung auf Hestur (!), in Tvøroyri und Vágur auf Suðuroy. Die aktuellen Öffnungszeiten erfragen Sie in den lokalen Touristenbüros.

## Tauchen

Die Gewässer um die Inseln gelten als ausgesprochen abwechslungs- und erlebnisreich, sind aber gewiss nichts für Anfänger. Eine Tauchschule gibt es nicht, so dass sich die Färöer definitiv NUR FÜR ERFAHRENE TAUCHER eignen.

Das Touristenbüro in Klaksvík (siehe Seite 135) wirbt damit, Tauchgänge zu vermitteln.

## Wandern

Die Färöer sind ein wahres Wanderparadies. Ausführliche Informationen sowie Tipps und Tricks finden sich im großen Wander-Kapitel ab Seite 175.

Wer lieber auf GEFÜHRTE TOUREN gehen möchte, wendet sich an die lokalen Touristenbüros, die Bergführer vermitteln bzw. Wanderungen im Programm haben.

So etwas wie einen Alpenverein gibt es nicht, doch treffen sich färöische Wanderfreunde fast jedes Wochenende und erkunden eine Ecke ihres Landes. Wer sich für die Aktivitäten der Gruppe interessiert, wendet sich an das Touristenbüro Tórshavn (siehe Seite 57).

Die Färöer wurden neu vermessen, wodurch sich einige Korrekturen ergeben haben. Kartenmaterial ab 2014 sollte die aktuellen Werte enthalten.

## GEPÄCKLISTE RUCKSACKREISENDE

Die Listen sind großzügig angelegt, das ein oder andere Utensil ist je nach Anspruch verzichtbar.

### ◎ KLEIDER:
- Hosen
- T-Shirts
- U-hosen
- U-hemden
- Socken
- Pullover
- Hemd
- Halstuch
- Regenjacke
- Regenhose
- Handschuhe
- Badezeug
- feste, wasserdichte Wanderschuhe
- bequeme, leichte Schuhe

### ◎ TOILETTENARTIKEL:
- Spiegel
- Shampoo
- ökologisch abbaubare Allroundseife
- Nagelschere/feile
- Zahnbürste
- Zahnpasta
- Creme
- Bürste
- Klopapier
- Handtuch
- Taschentücher

### ◎ SCHLAF:
- Isomatte
- Schlafsack
- Zelt (mit extra Zeltschnüren)

### ◎ WERKZEUG:
- Flickzeug
- Schraubenzieher
- Zange
- Alleskleber
- Lappen
- Schnur

### ◎ ERSTE HILFE:
- Verband
- Pflaster
- Desinfektionsmittel
- Schmerztablette
- Seekrankheitstabletten
- persönliche Medikamente

### ◎ ESSEN:
- Schweizer Messer
- Geschirrhandtuch, Schwamm
- Wasserflaschen
- Kocher
- Töpfe

- Teller
- Tasse
- Besteck
- Gewürze
- Salz
- Kaffee

◎ **PERSÖNLICHE DOKUMENTE U. ZAHLUNGSMITTEL**:
- Personalausweis
- EC-/Girokarte
- Krankenversicherungskarte
- Adressenliste
- Bargeld

◎ **UNTERLAGEN/BÜCHER**:
- Wörterbuch
- Reisetagebuch
- Landkarte(n)
- Kartenhülle: transparent und wasserdicht
- Briefpapier und Kuverts
- Schreibzeug
- Reiseführer, Reiselektüre
- Geodreieck

◎ **FOTOSACHEN**:
- Fotoapparat
- Speicherkarte(n), ggf. Film(e)
- Batterie(n)/Akku(s)
- Fototasche
- Objektiv
- Filter (Verlauf grau)

◎ **SONSTIGES**:
- Klebeband
- Nähzeug
- Fernglas
- Feuerzeug
- Wäscheklammern
- Draht
- Wecker/Uhr
- Seil
- Tüten/Müllbeutel
- Taschenlampe
- Reisespiele (Würfel)
- Sonnenbrille
- Kompass
- GPS
- Rettungsdecke
- Thermometer
- Angelzeug

# Register

Die zwei nordischen Sonderbuchstaben Æ (æ) und Ø (ø) stehen am Ende des Alphabets und sind dementsprechend eingereiht. A (a) steht stets vor Á (á), D (d) vor Ð (ð), I (i) vor Í (í) usw.

## ORTS- / SACHREGISTER

**A**kraberg 166
Alkohol 49, 246
Ambatal 96
Aquarium 69, 74
Austernfischer 22 f.
Autonomie 34 f., 37
Áarskarð 222
Árnafjørður 221

**B**asaltformationen 13, 118, 160, 164
Basstölpel 22, 27, 120, 218 ff.
Beinisvørð 166
Bjerndalsgjógv 190
Blankskáli 101
Borðoy 122 ff., 221 ff.
Borðoyarvík 126
Borgarheyggjur 217
Borgarin 224
Brandansvík 76
Bøsdalafossur 112
Bøur 114

**D**alá 194
Dalur 149
Depil 128
Dúvugarður 87

**E**iði 94 f.
Eiðisskarð 94, 203
Eissturmvögel 47, 230 f.
Eiszeit 12
Elduvík 96, 206
Essen 47 ff.
Eysturoy 92 ff., 203 ff.

**F**ámjin 12, 161, 162 f., 167
Fauna 21 ff.
Fischerei 21, 36 f.
Fjallavatn 114, 213, 217
Fjallið 76
Flora 18 ff.
Fosstal 76
Framman fyri klett 190
Froðba 160
Froðbiarkambur 230
Fuglafjørður 99 f., 105
Fugloy 130 ff.
Funningur 94, 96 f.
Fußball 103
Fútuklettur 109
Färingersaga 28, 38, 101, 130, 152, 170
Føroya Bjór 49, 126

**G**amlarætt 76, 241
Gásadalur 114 f., 208 ff.
Gellingará 198
Geologie 12 ff.
Geschichte 28 ff.
Gjógv (Dorf) 12 f., 94 ff.
Gjógvará 188
Glyvrar 102 f.

Bitte beachten Sie, dass am Ende der Inselrouten-Kapitel Adressen sowie andere Daten noch einmal übersichtlich zusammengefasst werden.

Gottesdienst 42 f.
Grindwal(fang) 21, 47, 232
Grótvík 148
Gullringså 213
Gøta 101
Gøtueiði 101
Gøtugjógv 101

Haldarsvík 88
Hamar 183
Haraldssund 127
Hattarvík 132
Hellur 107, 207
Hestur 143 f.
Hov 164
Hoyvíksgarður 81
Hósvík 86
Hundagjógv 230
Húsadalsskarð 193
Húsar 132 f.
Húsatal 217
Húsavík 149
Hvalba 168
Hvalbiareiði 168
Hvalbiarfjord 168
Hvalbiartunnel 167
Hvalvík 86, 192
Hvannasund 128
Hvannavatn 230
Høvdin 87
Hælur 144

Indmark 18 ff., 179, 202

Jatnagarðar 214

Kaldbak 81
Kaldbaksfjord 81
Kallur
Kalsoy 132 ff., 137

Kambsdalur 100
Kap Enniberg 129, 224
Karten 237, 179
Kálvalíð 112
Keldan Vígda 210
Kellingarsteinur 191
Kellingin 88 f., 94, 199, 224
Kerit (Konvent) 39
Kettentanz 45 f., 165
Kirkja 130 f.
Kirkjubøreyn 183, 187
Kirkjubøur 38, 74, 76 ff.
Kirkjuvatn 162
Klaksvík 123, 125, 126 f.
Klettur 120
Klima 15 ff.
Klubbin (Fugloy) 132
Klubbin (Vágar) 214
Knúkur 118
Kohlemine 168 f.
Kollafjørður 85
Koltur 145 f.
Konufelli 76, 187
Kopsenni 87
Korndalur
Krambatangi 158
Kulagjógv 160
Kultur 40 ff., 65
Kunoy 125, 127
Kunoyarnakkur 224
Kunst 40 ff.
Kvívík 82
Küche 47 ff.

Laðgjógv 214
Lambi (Eysturoy) 102
Lambi (Mykines) 220
Langabrekka 177, 225 ff.
Langasandur 88
Leirvík 100

Die zwei nordischen Sonderbuchstaben Æ (æ) und Ø (ø) stehen am Ende des Alphabets und sind dementsprechend eingereiht. A (a) steht stets vor Á (á), D (d) vor Ð (ð), I (i) vor Í (í) usw.

Leitisvatn 10, 51, 112
Leuchttürme/-feuer 63, 144, 166, 177, 215, 220, 228
Leynar 82
Leynarvatn 81, 195
Líkusteinur 209
Literatur 42 f.
Lítla Dímun 155
Lopra 165
Loysingafjall 189

Miðvágur 110 f.
Mikladalur 133
Mjørkadalur 80
Musik 43 ff.
Múla 210
Múli 128
Mykines 117 ff., 218 ff.
Mykineshólmur 120
Myllá 191

Nakkur 149
Nes (Eysturoy) 103
Nes (Suðuroy) 168
Nesvík 86
Nordinseln 122 ff., 221 ff.
Nordlandhaus 65, 67
Nólsoy 138 ff., 225 ff.
Nólsoyarfjord 226
Nørðragøta 101

Oggjarvegur 80
Okkara 49
Oyndarfjørður 98, 107, 207
Oyrarbakki 93

Papageitaucher 22, 27, 47, 119, 120, 129, 140, 170, 178, 218 ff., 224
Philatelie 73
Pollur 87, 201 f.

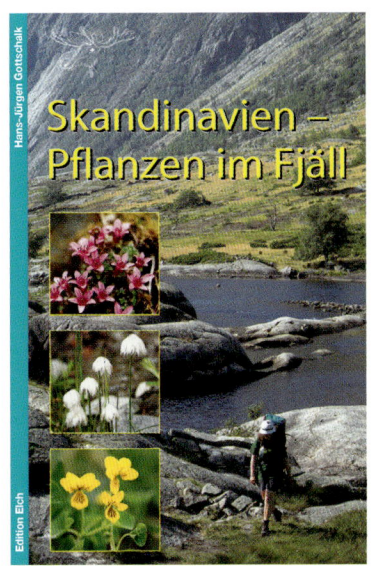

Porkeri 164
Presttangi 110

Raettará 195
Reipsá 214
Religion 38 f., 246 f.
Reynsatindar 109
Reynsmúli 183
Risin 88 f., 94, 199, 224
Rituvík 104
Rógvukollur 210
Runavík 102 ff.
Runenstein 110, 162
Rútafelli 165

Saksun 86 f., 196, 201
Saksunartal 87, 191, 196
Saksunarvatn 87
Saksunarvegurin 88, 189
Sandá 186

Sandavágur 109 ff.
Sandoy 147 ff.
Sandur 148
Sandvík 170
Schafschur 181
Seehunde 84, 143, 170, 231
Selgjógv 216
Seyðabrævið 29, 50
Signabøur 85
Sjeyndir 90
Skansin 30, 63
Skarvanes 148
Skálabotnur 102
Skálatjord 102
Skálavík 148 f.
Skopun 147
Skopunarfjord 143
Skordalshalsur 214
Skoradalsheggjurin 90
Skútin 144
Skúvoy 151 f.
Slættanes 215
Slættanestangi 215
Slættanesgøtan 216
Slættaratindur 10, 94, 204
SMS (Shoppingcenter) 63
Sneis 190
Snæfelli 223
Sornfelli 80, 216
Sprache 50 ff., 109
Steinskógir 118
Stígarnir 189
Stóra 213
Stóra Dímun 152 f.
Streymoy 74 ff., 182 ff.
Sturmschwalben 23
Suðuroy 156 ff., 228 ff.
Sumba 159, 165 f.
Sundini 88, 93
Svínoy 129 f.

Svínoyarfjord 129
Syðradalur (Streymoy) 55, 76
Syðradalur (Kalsoy) 132
Syðrugøta 101
Sørvágsfjord 113
Sørvágsvatn 10, 51, 112
Sørvágur 113
Südinsel, siehe Suðuroy

Tangafjord 86
Thingstätten 29, 56, 62, 161, 223
Tindhólmur 17, 114
Tinganes 57 ff.
Tjaldavíkshólmur 162
Tjørnin í Enni 217
Tjørnuvík 88 ff., 199 f.
Tjørnuvíkskarð 199
Tjørnuvíkstakkur 90
Toftanes 101
Toftir 103 f.
Tórshavn 56 ff., 241
Trachten 46
Trinken 49, 246
Trongisvágur 167
Trottellummen 24, 151
Trøllanes 135
Trøllkonufingur 110 f.
Tungufelli 216
Tungufellið Lítla 216
Tunnel (allgemein) 240
Tvørfelli 76
Tvøroyri 158 ff.
Tøting

Utmark 18 ff.,

Varmakelda 100
Vatnsoyrar 112
Vágar 108 ff., 208 ff.
Vágsfjord 156

Die zwei nordischen Sonderbuchstaben Æ (æ) und Ø (ø) stehen am Ende des Alphabets und sind dementsprechend eingereiht. A (a) steht stets vor Á (á), D (d) vor Ð (ð), I (i) vor Í (í) usw.

Smyril Line bringt Sie mit der Kreuzfahrtfähre MS Norröna auf die Färöer Inseln, mit Ihrem Fahrzeug, mit dem Fahrrad, mit dem Bus oder ohne Auto.

   Wöchentliche Fährfahrten Hirtshals-Tórshavn
   Pauschalangebote inkl. Hotelübernachtungen
   Färöer Inseln in Kombination mit Island
   Attraktive Angebote auch für Gruppenreisen
   Auch als Wikingerkreuzfahrt mit Färöer und Island
   Sonderangebote auf www.smyrilline.de

**Buchung und Information bei:**
Smyril Line · Wall 55 · 24103 Kiel
Tel. 0431-200886 · info@smyrilline.de · www.smyrilline.de

Vágur 164 f.
Vegetation 19 f.
Vestmanna 84, 188
Vestmannabjørgini 84
Vestmannasund 82, 215 f.
Viðareiði 128 f.
Viðarhelli 120
Við Gjónna 195
Viðoy 128
Víkar 211
Vikrabyrgi 166
Vogelkolonien 22 ff., 120 f., 140, 224, 230 f.

**W**andern 173 ff., 252 ff.
Wasserfälle 76, 86, 88, 96, 101, 112, 187, 200, 210
Wetter 15 ff.,
Wikinger 28 f., 50, 62, 82, 88
Wirtschaft 36 f.
Wolle 30, 38, 164, 180

Æduvík 104

Øravík 160


## PERSONENREGISTER

*A*alto, Alvar 65
*Alberg, Petur* 127
*Anderssen, Lena* 44
*Auer, Barbara* 113

*B*ech, Greta Svabo 44
*Beinarsson, Tóri* 170
*Brendan (Heiliger)* 76
*Brestisson, Sigmundur* 29, 101, 152, 154, 170

*Broberg, Beinta Christina* 112, 113, 129
*Brú, Heðin* 42, 148 f.

**C**hristian III. 30
*Christian IX.* 68

**D**icuil (Mönch) 28
*Djurhuus, Hans Andreas* 64
*Dömling, Anna Katharina* 43

**E**ckersberg, C.W. 98
*Effersøe, Rasmus C.* 58
*Erlendur (Bischof)* 78
*Evensen, Dean* 104

*F*insen, Niels Ryberg 66
*Frederik VIII.* 138

**G**abel, Christoffer von 30, 61

**H**ammershaimb, V.U. 51, 109
*Haraldsson, Olav (der Heilige)* 120
*Havnarórið (Chor)* 43
*Heinesen, Elin Brimheim* 45
*Heinesen, William* 42, 63 ff., 113
*Helmsdal Nielsen, Guðrið* 43, 82
*Håkon V.* 50
*Hårfagre (Schönhaar), Harald* 28, 9

*I*saksen, Jógvan 42, 76

*J*acobsen, Hans Jacob 42
*Jacobsen, Jørgen-Frantz* 42, 112, 113, 118, 129
*Jarl, Håkon* 151
*Jensen, Jens Kjeld* 24, 140
*Joensen, Emil* 162
*Joensen, Georg* 33
*Joensen, Joen* 164
*Joensen, Ove* 138

Die zwei nordischen Sonderbuchstaben Æ (æ) und Ø (ø) stehen am Ende des Alphabets und sind dementsprechend eingereiht. A (a) steht stets vor Á (á), D (d) vor Ð (ð), I (i) vor Í (í) usw.

**K**amban, Grim 28
Kamarinum, Magnus á 110
Koch, Peter 126
Köppen, Wladimir Peter 17
Kruse, Niels 94

**L**assen, Teitur 44
Lisberg, Jens Olivur 162

**M**almros, Nils 113
Margrethe II. 102, 138, 146
Matras, Christian 113
Mikines, Sámal Joensen 118
Mortensen, Johann 160

**N**ielsen, Ole Jakob 82 f.
Nólsoyar Páll 139, 31, 58, 79, 164

**O**lsen, Hans Oli 64
Olsen, Hans Pauli 41, 57, 58, 65, 101, 170
Onundarson, Thorkil 110

**P**álsdóttir, Eivør 44
Patursson, Bjørn u. Lükka 145
Patursson, Tróndur 40 f., 63, 64, 66, 79, 102, 124, 149
Petersen, Óli 96, 174 (Karikatur)
Petersen, Petur Martin 100
Poulsen, Poul, siehe Nólsoyar Páll

**R**agnarsdóttir, Kolbrún 65
Rami, Óli (Sagengestalt) 120
Rami, Tóri (Sagengestalt) 120, 210
Rossum van (Kardinal) 39

**S**igurdsson, Sverri 79
Skovgaard, Joakim 126
Sloan, William Gibson 38
Smith, Ruth 165

Snæbjørn 161
Steen, Ola 65
Stössinger, Verena 43
Svabo, Jens Christian 51
Sverre (König) 79
Svinoya-Bjarni 132

**T**eitur, siehe Lassen, Teitur
Thomsen, Kári 84
Tróndur í Gøtu 101, 154, 170
Tryggvason, Olav 29, 151
Tyr (Heavy-Metal Band) 44

**V**ogt, Norbert D. 43

**W**aag, Einar 126
Wildraut, Detlef 43
Wisbar, Frank 113

# Bildnachweis

Alexander Wachter:
alle Abbildungen außer den unten aufgeführten

Archiv Edition Elch:
Seite 24 / 33

Faroe Islands Tourist Board (2000):
Seite 119 unten

Óli Petersen:
© Wanderer auf Seite 174
Petersen ist der bekannteste färöische Karikaturist und Cartoonist.

Die zwei nordischen Sonderbuchstaben Æ (æ) und Ø (ø) stehen am Ende des Alphabets und sind dementsprechend eingereiht. A (a) steht stets vor Á (á), D (d) vor Ð (ð), I (i) vor Í (í) usw.

| | 500 | Buslinie |
| --- | --- | --- |
| | 7 | Fährlinie |

## Buspreise
bitte unter ww.ssl.fo einsehen.

## Fährpreise

| | Kurz-strecken | Suðuroy | Mykines |
| --- | --- | --- | --- |
| **Erwachsene** | | | |
| Rückfahrkarte | 45 | 90 | 120 |
| Zehnerkarte | 380 | 765 | |
| Monatskarte | 500 | 1000 | |
| **Kinder und Rentner** | | | |
| Rückfahrkarte | 25 | 45 | 60 |
| Zehnerkarte | 190 | 380 | |
| Monatskarte | 250 | 500 | |
| Studenten | 36 | 72 | 96 |
| **Fahrzeuge (einschl. Fahrer)** | | | |
| Auto unter 5 m | | | |
| Rückfahrkarte | 160 | 225 | |
| Zehnerkarte | 1.400 | 1.900 | |
| Auto unter 5 m | | | |
| Monatskarte | 1.690 | 2.250 | |
| Auto mit Anhänger | 320 | 450 | |
| Auto mit Wohnwagen | 320 | 450 | |
| Fahrrad | 20 | 30 | |
| Motorrad | 40 | 60 | |

Preisänderungen vorbehalten!
Bitte informieren Sie sich vor Ihrer Reise über die aktu
Preise bei www.ssl.fo.

# Unvergessliches Hotel Føroyar

Hotel Føroyar ist das Top Hotel auf den Färöern. Durch seine traumhafter Lage ist es der optimale Ausgangspunkt für all Ihre Aktivitäten während Ihres Aufenthalts. Das Hotel verfügt über 106 Zimmer, davon 4 Suiten und 4 Familienzimmer – alle mit einzigartigem Ausblick.

FO-100 Tórshavn   Färöer Inseln   Tel. 00298 317500   hf@hotelforoyar.com   hotelforoyar.com

# Hautnah erleben

Wir machen es Ihnen leicht: Lassen Sie sich von 62°N über die bestmögliche Gestaltung Ihres Färöeraufenthaltes beraten. Auch die praktische Seite ist bei uns in guten Händen. Sie können also ganz unbekümmert Ihre Reise genießen

- » Flug
- » Hotel
- » Leihwagen
- » Ferienhäuser
- » Ausflüge
- » Pauschalreisen
- » Rundreisen
- » Themenreisen
- » Gruppenreisen

Buchen Sie Ihre Reise auf 62n.fo/en

62°N

part of the Faroe Islands
Unspoiled, Unexplored, Unbelievable